KB067738

Remarkable Service
리마커블 서비스

리마커블 서비스

초판 1쇄 발행 | 2009년 2월 20일
초판 14쇄 발행 | 2019년 3월 5일

지은이 | 장정빈
펴낸이 | 이성수
편집 | 황영선, 이경은, 이효주, 박현지
마케팅 | 최정환

펴낸곳 | 올림
주소 | 03186 서울시 종로구 새문안로 92 광화문오피시아 1810호
등록 | 2000년 3월 30일 제300-2000-192호(구 : 제20-183호)
전화 | (02)720-3131
팩스 | (02)6499-0898
이메일 | pom4u@naver.com
홈페이지 | http://cafe.naver.com/ollimbooks

값 | 15,000원

ISBN 978-89-93027-04-4   03320

※이 책은 올림이 저작권자와의 계약에 따라 발행한 것이므로
    본사의 허락 없이는 어떠한 형태나 수단으로도 이 책의 내용을 이용하지 못합니다.
※잘못된 책은 구입하신 서점에서 바꿔 드립니다.

고객의 마음과 지갑을 여는 힘

Remarkable Service

리마커블 서비스

장정빈 지음

올림

머리말

고객과 기업이
함께 행복해지는 길

우리나라에 고객만족cs경영이 본격적으로 도입된 지도 20년이 되어갑니다. 1990년대 초 많은 기업이 CS경영을 도입하면서 초창기에는 인사, 표정, 말씨, 전화응대 등 태도 훈련에 집중했고, 그다음으로 제도와 규정, 절차 등을 고객중심적으로 개선하는 데 집중했습니다. 서로 우수한 사례들을 교환하고 활용하여 전체적으로 많은 발전을 이루어냈습니다. 특히 선도적인 기업들은 이러한 고객중심적인 경영을 통해 괄목할 만한 혁신성과를 달성하기도 했습니다.

심리학에 '고슴도치의 딜레마'라는 말이 있습니다. 자신의 신선한 아이디어를 경쟁상대가 바로 알고 모방해서 경쟁상대의 레벨도 계속 높아지는 것이 바로 여기에 해당됩니다. 결과적으로 경험이 많고 수준이 높은 고객일수록 더 까다롭게 구매하며, 잘 알려진 브랜드의 제품이나 서비스에는 더욱 익숙해져서 기업들이 많은 노력과 투자를 한다 해도 특별한 차이를 느끼지 못하고 있습니다. 고객만족을 위해 그렇게 열심히 활동하는데도 고객들이 알아봐주지 않으니 기업들의 고민도 덩달아 커져만 갑니다. 마치 『거울나라의 앨리스』에 등장하는 붉은 여왕의 세계처럼 주변 경치가 함께 움직이기 때문에 아무리 열심히 달려도 앞으로 나아가지 못하는 이치와 같습니다. 서비스 개선을 하지 않으면 나만 손해인 것 같고, 노력을 해도 이익을 보지 못하는 가운데 적절한 타협 상태를 유지하는 '죄수의 딜레마'를 보고 있는 듯합니다.

기업은 당연히 고객만족도가 높을수록 성장성과 수익성도 높아지리라는 기대를 가지게 됩니다. 하지만 현실은 그렇지 않습니다. 최근 CS경영의 최대 이슈 가운데 하나는 고객만족도는 좋아지는데 시장점유율은 뚜렷한 변화를 보이지 않는다는 점입니다. 무엇이 문제일까요? 제가 보기에는 '특별하지 않기 때문'입니다. 예전과 별다름 없는 서비스를 반복하면서 다른 결과를 기대한다는 것은 어리석은 일입니다. 더군다나 세상은 항상 우리보다 더 참신하고 뛰어난 아이디어를 가진 이들로 넘쳐납니다. 이것이 우리가 계속 배우고 실천해야 하는 이유입니다.

고객만족과 시장점유율에 대한 고민과 딜레마에 대한 해결방법으로 저는 고만고만한 친절과 표준화된 매뉴얼에 의지한 '평범한 서비스'에서 이제는

'메모러블memorable한 특별한 경험과 감성서비스'로 건너뛸 것을 제안합니다. 현대의 고객들은 감성으로 구매하고 이성으로 합리화한다고 합니다.

이제 평범한 상품과 서비스를 마케팅과 결합시켜 성공을 꾀하는 시대는 갔습니다. 세스 고딘의 말처럼 "지루하고 안전한 것의 탄생이야말로 사라지는 방법의 탄생"입니다. 상품이든 서비스이든 리마커블remarkable해야 고객의 눈을 사로잡습니다. '누런 소'가 아니라 '보랏빛 소'여야 합니다.

잊을 수 없는 고객경험은 부가가치를 낳는 원동력입니다. 200원짜리 원두커피를 스타벅스에서는 경험이라는 요소를 가미하여 4000원짜리로 팔고 있습니다. 평범한 서비스에서 특별한 경험으로 업그레이드되어야 하는 까닭이 여기에 있습니다.

세스 고딘의 '리마커블'과 고객경험의 '메모러블'은 둘 다 특별하다는 의미를 가지고 있습니다. 그래서 이 책의 제목도 『리마커블 서비스』가 되었습니다.

레퍼런스reference는 '참고문헌'이라는 의미입니다. 우리는 자기의 지식이나 경험, 관점의 범위 내에서 세상을 보고 느낍니다. 레퍼런스가 다르고 세상을 보는 창이 다르기 때문에 똑같은 영화를 보아도 그것을 느끼고 받아들이는 것은 사람마다 천차만별입니다.

이 책은 우리나라 CS경영의 1세대라고 할 수 있는 제가 지난 20여 년간 쌓아온 서비스에 관한 지식과 경험, 그리고 저 나름대로의 독특한 시선과 관점을 반영하고 있습니다. 예를 들어, 저는 서비스 표준화의 필요성을 강조함과 동시에 규격화되고 기계적인 서비스 표준화의 폐해를 항상 우려합니다. 또한 고객만족도와 재무성과의 상관관계에 주목합니다. 우리는 아직 고객만족을 재무성과로 연결하는 체계적인 전략을 갖고 있지 못하기 때문입니다. 그래서 저는 기회 있을 때마다 밭의 잡초를 제거하려고 애쓸 것이 아니라 그곳에 꽃밭을 만드는 것이 더 중요하다고 말합니다. 이것이 고객 불만에 대처하는 저의 레퍼런스입니다. 고객은 하느님도 신경을 쓰지 않는 곳조차 촉각을 곤두세우고 바라봅니다.

저는 이 책에서 고객의 생각이 미치고 시선이 닿는 곳을 구석구석 재조명하고 다른 시각으로 클로즈업하여 새로운 트렌드와 전략을 담으려고 노력했습니다. 이를 저의 성장과정과 경험에 함께 녹여내어 저만의 체취가 듬뿍 담긴 이야기를 만들고자 애썼습니다. 그래서 관념적이고 추상적인 이론서가 아닌, 스토리가 담긴 쉽고 재미있는 '손에 잡히는 서비스'를 선물하고 싶었습니다.

"왜 이렇게 약속날짜를 잡아둔 사람처럼 서둘러 글을 쓰십니까?"

주말과 저녁시간을 모두 원고 정리에 바치는 저를 위로한다며 점심을 사주러 왔던 후배가 건넨 말입니다. 혹시 생각한 것을 잊어버릴까 봐서? 틀린 말은 아니지만 꼭 맞는 말도 아닙니다. 저는 책을 쓰기 위해 생각하고 정리하면서 참 많이 깨닫습니다. 그리고 제가 쓴 책을 다시 읽으면서 공부합니다. 이것이 제가 책을 쓰는 진정한 이유일지 모릅니다.

올 겨울은 많은 것을 공부한 것 같아 참으로 뿌듯하고 행복합니다. 몇 달을 꼬박 원고지에 묻혀 살았습니다.

연말연시에 "웬 약속이 그리 많으냐?"고 섭섭해했던 분들께 많이 죄송합니다. 제가 부리나케 퇴근해서 밤 늦게, 더러는 새벽까지 만나왔던 것은 바로 원고지였습니다. 그렇게 설날마저 넘겨버렸지만 늦게나마 이 책을 들고 새해인사를 드려야겠습니다.

집필을 마치고 나니 새삼 과거 6년 동안의 교사생활이 떠오릅니다. 배우고 가르치는 데 필요한 능력과 자질을 익히게 해준 시간에 감사하며, 이제는 그 시절을 조금 덜 그리워할 수 있게 되어 다행입니다. 그때를 열심히 살지 않았더라면 저는 지금도 그리움 속에 아쉬움을 묻어두고 있겠지요.

회사는 어떤 사람에게는 돈을 벌어 생계를 유지하는 일터일 뿐이고, 어떤 사람에게는 평생 활용할 수 있는 지혜와 지식을 익혀서 전문가로 성장하는 배움터가 됩니다. 어느 쪽이든 각자의 선택에 달려 있지만, 저는 다행스럽게도 항상 후자를 선택했고 많은 선배와 동료, 후배들에게서 큰 도움과 자극을 받았습니다.

원고를 쓰면서 제일 많이 생각난 분들은 주택은행과 국민은행에서 연수원 교수로서 그리고 서비스, 마케팅, 콜센터, 영업현장 등 다양한 분야에서 경험을 쌓고 공부하게 해준 동료 및 선배들이었습니다. 제가 지금 몸담고 있는 글로벌은행인 HSBC에서도 고객경험 업무를 맡아 다양하고 신선한 관점과 경험을 쌓고, 더구나 실무자처럼 일하며 고객과 직접 접하는 행운을 잡게 해준 분들을 잊을 수가 없습니다.

이 책이 나오기까지 물심양면으로 응원해준 직장동료들, 휘갈겨 쓴 내 원고를 정성스럽게 정리하고 다듬어준 도서출판 올림의 식구들께 감사하다는 인사를 전합니다. 독자 여러분께는 소설 같은 스토리를 담은 일곱 번째 책으로 다시 만나뵐 것을 약속드립니다.

2009. 2.
마포에서 장정빈 드림

차례

2 고객 안에 숨어 있는 가치를 선물하라

마음을 움직이는 CS경영

서비스는 짧고 경험은 길다

특별함을 만드는 CRM & 고객경험

4 # 한 번의 거래를 영원한 관계로

고객감동의 현재와 미래

마음이 열리면 지갑도 열린다

세일즈로 이어지는 고객만족

내 고객 평생 내 곁에

평생고객을 만드는 CS전략

1

생각의 회로를 다시 설계하라

평범함을 거부하는 서비스 마인드

"저, 우동 1인분입니다만…"

　다시 12월 31일을 맞이했다. 지난해 이상으로 몹시 바쁜 하루를 끝내고 10시를 막 넘긴 참이어서 가게를 닫으려고 할 때 드르륵, 하고 문이 열리더니 두 사내아이를 데리고 한 여자가 들어왔다.

　여주인은 여자가 입고 있는 체크무늬 반코트를 보고, 1년 전 섣달 그믐날의 마지막 손님들임을 알아보았다.

　"저…, 우동… 1인분입니다만……, 괜찮을까요?"

　"물론입니다. 어서 이쪽으로 오세요."

　여주인은 작년과 같은 2번 테이블로 안내하면서,

　"우동 1인분!" 하고 커다랗게 소리쳤다.

　"네엣! 우동 1인분!"이라고 주인은 대답하면서 막 꺼버린 화덕에 불을 붙인다.

"저, 여보. 서비스로 3인분 내줍시다."

조용히 귀엣말을 하는 여주인에게,

"안 돼요. 그러면 도리어 저분들의 마음을 상하게 될지도 몰라요"라고 말하면서 주인은 둥근 우동 한 덩이 반을 삶는다.

20년 전 쯤 일본 국회 예산심의 회의실에서 어느 의원이 낭독해서 국회의원들의 눈물샘을 자극했다는 『우동 한 그릇』에 나오는 이야기다. 우리나라 초등학교 교과서에도 실린 이 이야기는 드라마로도 만들어져 전 일본 열도를 눈물바다로 만들었다고 한다.

속담에 "말 한마디로 천 냥 빚을 갚는다"고 했다. 사람들은 따뜻한 말한마디, 사소해 보이는 작은 일에서 감동을 받는다. 비록 작은 것이지만 사람을 생각하는 큰 마음과 사랑이 담겨 있기 때문이다. 처지가 딱해 보이는 세 모자에게 공짜로 우동 세 그릇을 줄 수도 있었지만 그들의 자존심이 다칠까 봐 슬쩍 반 덩이를 더 넣어 푸짐한 1인분을 만들어주는 마음 씀씀이, 이것이 진정으로 고객의 마음을 배려하고 존중하는 고객중심의 마음가짐이다.

사람을 살리는 말, 죽이는 말

그러나 우리 주변에는 『우동 한 그릇』에 나오는 주인처럼 상대의 마음을 상하게 할까 봐 조심하는 사람들보다 실수로든 고의로든 상처를 주거나 심지어 죽음에 이르도록 내모는 경우가 종종 있다. 최근 어느 은행에서도 이런 일이 있었다.

"얼마 되지 않는 돈이지만 신경 써드리겠습니다."

투자한 원금의 절반 이상을 잃은 한 고객과 상담하던 담당자가 고객에게 이렇게 말했다.

전화를 끊은 뒤 고객은 일이 도무지 손에 잡히지 않았다. '자존심으로 여태 살아온 난데, 이런 말을 듣다니…' 고객은 모욕을 당했다는 생각에 너무나 수치스러워 어쩔 줄 몰라 하다가 고객센터에 전화를 걸었다.

"저는 여러 다른 금융기관과 거래를 하고 있지만 이런 말은 처음 들어 봤습니다. 이 은행은 도대체 어떤 기준으로 사람을 뽑고 있는지 알아야겠습니다. 오늘 서울 본사로 갈 겁니다. 가서 인사담당자든 관계부서 분이든 의견을 들어야겠습니다."

나는 담당직원이 고객의 자존심을 상하게 하려는 의도는 아니었을 것이라고 본다. 은행과 담당자의 입장에서 보자면 '얼마 되지 않은 돈'을 관리하느라 많은 노력과 시간을 투자한다는 것이 탐탁지 않았을 것이다. 큰돈을 가진 고객을 상대로 이익을 도모하는 영업방식에 골몰한 나머지 무의식적으로 튀어나온 말 실수였을 것이다. 하지만 어쨌거나 한번 뱉은 말은 다시 주워담을 수 없다. 고객중심의 말하기에서 벗어난 담당자의 한마디가 단순한 실수로 끝나지 않는 것이다.

그렇다면 상대를 배려하는 고객중심의 말하기는 어떤 것일까?

얼마 전 아들이 S병원에 수술차 입원했다. 대부분의 병원에는 면회시간이 정해져 있다. 나는 퇴근시간이 되자마자 허겁지겁 뛰어갔다. 그런데 병원을 들어서자마자 "면회시간이 끝났으니 방문객은 나가주십시오" 하는 안내방송이 나오고 있었다. 그리고 규정대로 병실에 들어가지 못하게 해서 그날은 헛걸음을 하고 말았다.

미국의 병원에서는 면회 허용시간이 끝나갈 때 이렇게 안내방송을 하는 곳이 많다고 한다.

"작별인사를 나눌 때까지는 5분이 남아 있습니다."

5분 뒤에 나가달라는 뜻이지만, 듣기에 훨씬 부드럽지 않은가.

골프에서 동료가 티샷을 할 때는 멀리 떨어져 있어야 하는데, 어쩌다 티잉그라운드에 올라가는 사람이 있으면 이내 "올라가시면 안 돼요!"라고 소리치는 캐디를 종종 만나게 된다. "한 분씩만 올라가 주시겠습니까?"가 더 고객중심적인 표현이다.

사람들은 말을 너무 쉽게 생각하는 경향이 있다. 자신이 한 말이 듣는 이에게 비수가 될 수도 있다는 걸 생각지 못한다. 헌법에 "모든 국민은 신체의 자유를 가진다"고 명시되어 있듯, 누구나 타인의 신체를 함부로 대해서는 안 된다고 알고 있지만, 정작 육체적 상처보다 더 깊고 오래 가는 마음속 상처는 대수롭지 않게 여긴다. 하느님도 이 점을 염려한 모양인지 평생의 교훈으로 삼으라는 말씀을 남겼다.

한 소녀가 하느님과 인터뷰하는 꿈을 꾸었다. 하느님이 물었다.

"그래, 나를 인터뷰하고 싶다고?"

그러자 소녀가 물었다.

"저희가 어버이로서 당신의 자녀들에게 줄 교훈이 무엇인가요?"

"사랑하는 사람에게 상처를 주는 데는 단 몇 초밖에 걸리지 않지만, 그 상처를 치유하는 데는 몇 년이 걸릴 수도 있다는 걸 명심하려무나. 가장 많이 가진 사람이 부자가 아니라, 더 이상 필요한 것이 없는 사람이 진정한 부자라는 것도 알았으면 한다. 마지막으로 두 사람이 똑같은 것을 바라보더라도, 그것이 서로 다르게 보일 수도 있다는 사실을 생각하렴."

 말로써 마음의 상처를 주는 데는 단 몇 초면 충분하다. 하지만 그 상처를 치유하는 데는 몇 년이 걸리기도 한다.

 「뉴욕타임스」는 한국의 톱스타 최진실 씨의 자살을 이례적으로 크게 보도하면서, 동료 연예인과의 채무관계와 관련해서 인터넷상에 떠도는 소문과 악성댓글이 최 씨의 자살에 영향을 미쳤다고 지적했다. 한국은 전 세계에서 가장 왕성한 온라인 커뮤니티를 가지고 있고, 또한 자살률이 높은 국가 중 하나라는 말도 덧붙였다. 그토록 왕성한 온라인 커뮤니티상에서 집중적인 악담의 포화를 맞고 성할 사람은 별로 없을 것이다.

 말은 강한 힘을 지니고 있다. 셋이서 한 그릇밖에 시키지 않았는데도 우동집 주인은 "고맙습니다. 새해 복 많이 받으세요!"라며 큰 소리로 인사를 한다. 이야기의 주인공 아들은 "그 인사는 '지지 말아라! 힘내!'라고 말하는 것 같았다"고 얘기했다. 좋은 일 생기라고 힘을 보태는 말은 덕담이 되지만 그 반대라면 악담이 된다. 욕설을 들었을 때 화가 나는 것도 말의 부정적인 힘 때문이다. 덕담을 많이 들으면 일이 잘 풀리고 악담을 많이 들으면 일이 엉켜 풀리지 않는다. 말이 가진 힘을 이용해서 어떤 긍정적인 결과를 가져올지는 말하는 사람에게 달려 있다.

 "사람은 말투에서, 옷감은 염색에서, 술은 냄새에서, 꽃은 향기에서 그 됨됨이를 알 수 있다"는 독일 속담도 있지만, 말이 곧 그 사람의 정신이고 품격이다. 인간의 앎과 언어의 관계를 규명한 영국의 철학자 비트겐슈타인은 "언어의 한계가 곧 내 세계의 한계"라고 말했다. 인간은 말로 사유하고 사유한 것을 말로 전달한다는 것이다. 비트겐슈타인의 논리에 따르면, 컴퓨터라는 말을 알지 못하는 사람은 컴퓨터를 사유하지 못하고, 컴퓨터에 대해서 사유한 것을 말로 전달하지 못한다. 사유를 정신세계로 바꾸어놓으면, 우리의 정신세계는 우리가 아는 말의 세계만큼의 한계를 가지게 되는 것이다. 그러므로 말은 정신이고, 정신은 곧 말이다.

최고의 배려 '소리없는 말'

사람은 입에서 나오는 말로만이 아니라 표정과 몸짓으로도 자신의 감정과 심리를 전달한다. 소리가 있는 말만 말이 아니라는 얘기다. 청각장애인들은 약속된 손의 대화법, 곧 수화로 말하고 듣는다. 감정과 심리를 담았으되 소리만 없는 말이 수화다. 표정과 몸짓, 손짓도 감정과 심리가 담긴 '소리만 없는' 말이다.

"말도 행동이고 행동도 말의 일종이다." 미국의 사상가인 에머슨이 한 말이다. 사소한 것 같지만 부드럽고 다정한 말투, 반갑게 미소 짓는 표정, 단정한 옷매무새, 겸손한 매너와 에티켓은 멋진 말 한마디 이상의 위력을 지닌다.

영국 빅토리아 여왕이 런던에서 많은 사람을 초대하여 파티를 열었다. 초대받은 사람 가운데는 영국의 식탁 매너를 모르는 아프리카 추장이 있었다. 식사 마지막에 레몬 한 조각이 들어 있는 물이 담긴 핑거볼식후에 입과 손을 씻는 물이 담긴 작은 그릇이 나오자 잠시 고민하던 그는 그 그릇을 두 손으로 들고 마셔버렸다.

잠시 침묵이 흐른 뒤 여기저기서 웃는 소리가 들리기 시작했다. 이때 조용히 이를 지켜보던 빅토리아 여왕은 자신도 핑거볼의 물을 마셨다. 잠시 후, 그 자리에 있던 모든 사람이 핑거볼에 담긴 물을 마셨다.

어느 두 젊은이가 오랜 연애 끝에 결혼을 약속하여 양가 부모님을 모시고 서울의 한 호텔 레스토랑에서 상견례를 하기로 했다. 그런데 신부 쪽 부모는 평생을 시골에서 지낸 어른들이라 호텔 레스토랑이 처음이었다. 혹시 부모님이 실수라도 하실까 봐 걱정이 이만저만 아니었던 딸은 상견례 전 부모님께 포크와 나이프 사용법을 자세히 설명해주었다.

드디어 운명의 그날, 상견례가 끝나고 식사를 하게 되었는데, 딸은 부모님이 나이프와 포크를 제대로 쓰실지에만 신경을 곤두세우고 있었다. 그런데 정작 문제는 다른 곳에서 터지고 말았다. 신부 아버지가 냅킨을 보고는 머리에 쓴 것이다. 자리가 자리인 만큼 격식을 갖춰 예의를 차리라고 놓아둔 모자로 착각을 한 것이다. 신랑 가족은 말할 것도 없고, 딸도 이 돌발사태에 어찌할 바를 몰랐다. 상견례 자리가 완전 웃음판으로 바뀌거나 잘못하면 혼사가 깨질 수도 있는 상황이었다.

그때 잠시 망설이고 있던 신랑 아버지는 신부 아버지가 한 것처럼 냅킨을 머리에 쓰고는 아무 일도 없었던 듯이 식사를 시작했다. 그러자 당황했던 다른 사람들도 이내 신랑 아버지의 깊은 속뜻을 알아채고는 즐겁게 식사를 할 수 있었고 상견례는 무사히 마무리되었다.

매너는 곧 배려다. 배려가 '도와주거나 보살피려고 마음을 써주는 것'이라면, 매너나 에티켓은 그 배려가 눈에 보이도록 하는 것이라고 말할 수 있다. 한국과 영국에서 있었던 두 사례는 매너나 에티켓에는 어긋나지만 상대의 마음을 다치지 않게 하려는 최고의 배려라 할 만하다. 중요한 것은 '상대를 배려하려는 마음가짐'이지, 그것을 표현하는 매너 그 자체가 아닌 것이다.

어느 퀴즈대회에서 '테이블 앞의 상대방이 포크와 나이프를 바꾸어 들었을 경우 바른 예절은?'이란 문제가 있었는데, 정답은 '그것을 알아차린 사람도 포크와 나이프를 바꾸어 든다' 였다고 한다.

진정 고객을 배려하고 싶다면 예절이나 매뉴얼, 지침 같은 형식에 얽매어 무엇이 옳고 무엇이 그른가를 따지기에 앞서 고객의 마음이 다치지 않도록 마음을 써주어야 한다. 그것이 진정한 배려이며 최고의 서비스다.

소와 사자의 결혼

옛날에 소와 사자가 살고 있었다. 서로를 너무나 사랑한 둘은 결혼했고, 소는 사랑하는 사자를 위해 매일 아침 들판에 나가 가장 싱싱하고 맛있는 풀을 베어 사자에게 주었다. 사자도 이에 질세라 사랑하는 소를 위해 매일 초원으로 나가 사냥을 해 부드러운 살코기만을 정성껏 골라 소에게 주었다.

그러나 날이 갈수록 둘의 갈등은 깊어져 소는 사자가 주는 살코기에 짜증이 났고, 사자도 소가 주는 풀이 싫어졌다. 결국 둘은 헤어졌다. 소는 소대로, 사자는 사자대로 각자의 방식대로만 서로를 이해하고 배려하면서 자신은 '최선을 다했다'고 생각했기 때문이다.

소와 사자는 서로 헤어지면서도 "너 때문이다. 나는 너에게 최선을 다했다"고 주장한다. 자신의 입장만 주장하지 않고 서로를 이해하고 배려했다면 소와 사자는 헤어지지 않았을 것이다. 자신의 눈으로만 세상을 바라보는 것은 참된 최선이 아니다. 아니, 자기중심의 최선일수록 상대에게는 최악이다.

『화성에서 온 남자, 금성에서 온 여자』라는 책은 많은 남녀가 갈등과 대립 속에서 위험스럽게 살아가고 있는 원인을 재미있게 설명한다. 남자는 원래 화성이라는 별에서 왔고 여자는 금성이라는 별에서 왔기 때문에, 부부는 서로 생각하는 것이 다르고 좋아하는 것이 다르고 감정을 표현하는 어휘가 다르고 생활하는 방식이 다르다는 것이다.

어디 남자와 여자만 다르겠는가. 사람마다 타고난 모습에서부터 재능, 기질, 성격, 취미와 생각까지 모두 다르다. 나는 남자와 여자만 서로 다른 별나라에서 온 것이 아니라 기업과 고객도 서로 다른 별나라에서 왔을 것이라는 생각을 해본다. 기업은 화성이라는 별나라에서 왔고, 고객은 금성이라는 별나라에서 왔다. 그래서 기업과 고객은 서로 사용하는 단어의 의미가 다르고, 항시 서로 다른 생각을 하고 있다. 기업은 어떻게 하면 싸게 만들어 비싸게 팔 것인지를 생각하고, 고객은 어떻게 하면 좋은 제품을 싸게 살 것인가를 생각한다. 그럼 기업은 어떻게 '나만의 최선'을 다하는가. 몇 가지 사례를 보자.

우리 서비스센터와 떨어져 있기 때문에…

"경기도 용인지역에서 지속적으로 서비스를 받는데 출장비 등의 비용이 너무 과하다. 경기도 용인지역에 서비스센터가 없는 것이 고객의 책임은 아닌데 팔 때는 온갖 미사여구를 동원해서 팔고는 이제 와서 서비스센터가 수원이나 서울에만 있다고 출장비를 더 달라고 한다. A/S 기사의 이동에 드는 비용과 시간 때문이라지만 정말 불공정하다. 미국에 있을 때도 이 회사 제품을 사용했는데 A/S가 이처럼 불편하고 비용이 과다하지는 않았다. 한국에서 제품이 우수하다고 인정받으려면 기술력으로 좋은 신제품을 만드는 것도 중요하지만 A/S로 고객의 충성도를 높이는 것도 매우 중요하다고 생각한다.”

국내에 진출해 있는 어느 외국계 전자회사 홈페이지에 올라와 있는 '고객의 소리'다. 이 회사는 그간 A/S 기사 출장비를 서비스센터와 고객 거주지까지의 거리에 따라 차등 적용해왔다. 물론 회사 입장에서 생각해보면 일리가 없는 것도 아니다. A/S 기사가 먼 거리까지 가자면 그만큼 시간과 비용이 많이 소요될 것이다. 그러나 고객 입장에서 보면 전혀 얘기가 달라진다. 서비스센터를 어디에 배치하느냐는 의사결정에 고객이 관여한 바가 없고, 고객이 더 많은 비용을 대서 책임질 일이 아닌 것이다. 이 회사는 고객의 의견을 바로 반영했다. 서비스센터와 고객 거주지까지의 거리에 상관없이 동일한 출장비를 받기로 하고 출장비 자체도 인하했다.

고객의 소리에 귀를 기울여 고객의 눈높이에 맞게 행동한 직원들과 경영자의 신선한 마음의 회로를 칭찬하고 싶다. 곳곳에서 고객에게 상처를 입히는 지뢰를 묻어놓고 자기중심적으로 움직이는 회사를 우리는 오늘도 수없이 목격하기 때문이다.

휴일에는 곤란해

내가 어렸을 때 자장면은 졸업과 입학, 또는 기념할 만한 날에만 먹을 수 있는 특별 메뉴였다. 나뿐만 아니라 누구에게나 이렇게 특별한 기억을 되살려주는 음식 같은 게 있을 것이다.

지금도 가끔은 자장면으로 그때의 허기 같은 걸 채울 때가 있는데, 동네 중국집에다 자장면을 주문하면 꼭 따라오는 것이 있다. 바로 쿠폰이다. 그런데 이게 영 쓸모가 없다. 쿠폰 아래쪽에 어떤 글이 씌어져 있는지 아는가?

"공휴일에는 사용할 수 없습니다."

이건 애써 쿠폰 10장을 모은 단골고객에게 '한가한 평일에나 와서 음식을 먹으라'는 이야기다. 진심으로 고객을 위한 것이 되려면 당연히 '우리 음식점의 단골고객이 되어주셔서 감사합니다. 공휴일에도 가족과 함께 오시면 최고로 모시겠습니다'라고 써 있어야 한다.

최악의 서비스 '나만의 최선'

고객을 배려하지 않는 '나만의 최선'에서 빠뜨릴 수 없는 곳 중의 하나가 콜센터다. 어느 신문에 이런 기사가 실린 적이 있다.

서울에 사는 김 모 씨는 전에 다녔던 회사에서 퇴직금을 제대로 받지 못해 상담을 받기로 했다. 김 씨는 "자세한 상담은 1번을 누르세요"→"퇴직금 관련은 1번을 누르세요"→"주민등록번호 13자리를 누르세요"라는 음성안내에 꼬박꼬박 따랐다. 하지만 "잠시 기다리라"는 음성안내가 나온 뒤에도 상담원은 연결되지 않았다. 대신 "모든 상담원이 통화 중입니다. 상담이 끝나는 대로 연결해드리겠습니다"라는 음성안내만 나왔다. 몇 분 뒤 다시 전화를 걸었지만 똑같은 과정만 되풀이되고 상담원의 목소리는 들을 수가 없었다. 결국 세 차례 전화 모두 상담원과 통화하는 데 실패했다. 김 씨는 "주민등록번호까지 입력하게 만든 뒤에 상담원 연결이 안 된다고 하는 건 뭐냐? 상담원 목소리도 못 들을 전화를 왜 두는 거냐"라며 분통을 터뜨렸다.

고객들이 자동응답시스템ARS의 가장 짜증나는 요소로 꼽는 것이 지나치게 많고 복잡한 메뉴다. 이럴 때 고객은 상담원을 찾는다. 그리고는 '살아 있는' 진짜 상담원과 연결하려고 0번 혹은 9번 버튼을 눌러댄다. 그런데도 거의 모든 회사의 ARS시스템이 계속해서 안내말만 나오고 '최선을 다해서' 상담원과 연결되지 않도록 설계되어 있다. 더욱 기가 막힌 것은 급해서 0번을 눌렀을 때 '잘못 눌렀습니다. 다시 눌러주십시오' 하고 함정을 만들어놓는다는 사실이다. 어떤 회사는 고객이 알고 있는 9번, 0번이 아닌 5번, 7번에 상담원을 연결할 수 있게 해놓았다가 고객들의 불만과 항의가 빗발치자 다시 조정하는 해프닝을 벌이기도 했다. 급해죽겠는데 기껏 "죄송합니다. 잘못 누르셨습니다"라는 안내멘트를 듣는 사람의 기분이 어떻겠는가?

ARS를 이용한 셀프서비스 시스템은 원래 극장의 영화 상영시간 조회 같은 가장 기본적인 정보를 제공하기 위한 장치였다. 그러나 IT기술이 발전하면서 기기에 다양한 메뉴가 추가되었다. 기업들은 운영비 절감에도 큰 도움이 되고, 고객도 간단한 정보 하나를 얻기 위해 장시간 기다리지 않아도 되니 일거양득 아니냐고 생각하게 되었다. 그런데 이제 기업들은 이러한 ARS의 효율과 매력에 심취한 나머지 시간이 걸리고 귀찮다 싶은 모든 서비스 업무를 몽땅 ARS화하거나 고객에게 미루어버리게 되었다.

"사업에 활용되는 어떤 기술이든 첫번째 규칙은 효율적인 운영을 자동화하면 효율을 증폭시킨다는 점이다. 두번째 규칙은 비효율적인 운영을 자동화하면 비효율을 증폭시킨다는 것이다."

빌 게이츠의 이야기다.

생각의 회로를 바꾸려면

거듭 강조하거니와 생각의 회로를 고객에 맞게 바꿔야 한다. 남들과 확실하게 다른 철학과 서비스를 보여주는 것이 진정한 경쟁력이다. '나만의 최선'을 다하는 서비스 정글에서는 어디서 맹수가 나타날지 모르고 어디서 지뢰를 밟게 될지도 모른다. 덫이나 함정에 빠져서 오도 가도 못하게 되는 일이 발생할 수도 있다. 그렇다면 '나만의 최선'에서 빠져나오려면 어떻게 해야 할까?

가장 좋은 방법은 역시 '정글로 가는' 것이다. 즉, 기업 구성원 스스로가 고객이 되어보는 것이다. 직원들이 제품을 직접 사용해봄으로써 고객이 자사 제품을 사용하는 진짜 이유가 무엇이고, 어떠한 점이 부족한지를 고객 관점에서 느껴볼 필요가 있다.

'정글로 가라'는 말은 마케팅을 가장 잘하는 회사로 알려진 P&G의 모토이기도 하다. 즉, 사자가 어떻게 사냥을 하는지 알고 싶으면 동물원으로 갈 게 아니라 정글로 가야 한다는 것이다. 그래서 P&G는 직원들에게 직위의 고하를 막론하고 감이나 고정관념을 떨치고 고객들의 생생한 목소리를 들을 것을, 고객들과 개인적으로 접촉할 것을 요구한다.

'다른 사람의 신발을 신고 직접 걸어보아야' 상대방의 심정을 헤아릴 수 있다. 다른 사람의 신발을 신어보려면 먼저 자신의 신발을 벗어야 한다.

나만의 최선, 나의 고정관념을 버려야 한다. 내 신발을 벗고 다른 사람의 신발을 신어봐야 어디가 이상하고 불편한지를 알게 된다. 그래야 나의 함정을 깨닫고 고객의 생각의 회로를 제대로 알 수 있다.

『인공두뇌 심리학』이란 책을 쓴 맥스웰 멀츠 박사는 인간은 자신만의 생각의 회로를 가지고 있는데, 이 생각의 회로대로 같은 행동을 반복하기 때문에 습관을 만들게 된다고 말한다. 그렇다면 습관을 바꾸는 것, '나만의 최선'에서 빠져나오는 방법은 생각의 회로부터 바꾸는 것이다. 생각의 회로를 바꾸려면 먼저 정글로 뛰어들어야 한다.

내가 사흘 동안 볼 수 있다면…

　첫째 날, 나는 친절과 겸손과 우정으로 내 삶을 가치 있게 해준 설리번 선생님을 찾아가 이제껏 손끝으로 만져서야만 알던 그녀의 얼굴을 몇 시간이고 물끄러미 바라보면서 그 모습을 내 마음속에 깊이 간직해두겠다. 그러곤 밖으로 나가 바람에 나풀거리는 아름다운 나뭇잎과 들꽃들 그리고 석양에 빛나는 노을을 보고 싶다.

　둘째 날, 먼동이 트며 밤이 낮으로 바뀌는 웅장한 기적을 보고 나서, 서둘러 메트로폴리탄에 있는 박물관을 찾아가 하루 종일 인간이 진화해온 궤적을 눈으로 확인해볼 것이다. 그리고 저녁에는 보석 같은 밤하늘의 별들을 바라보면서 하루를 마무리하겠다.

　마지막 셋째 날에는 사람들이 일하며 살아가는 모습을 보기 위해 아침 일찍 큰

길에 나가 출근하는 사람들의 얼굴 표정을 볼 것이다. 그리고 나서 오페라 하우스와 영화관에 가 공연들을 보고 싶다. 그리고 어느덧 저녁이 되면 네온사인이 반짝거리는 쇼윈도에 진열되어 있는 아름다운 물건들을 보면서 집으로 돌아와 내가 이 사흘 동안만이라도 볼 수 있게 해주신 하느님께 감사의 기도를 드리고 다시 영원히 암흑의 세계로 돌아가겠다.

이 글은 「애틀랜틱 먼슬리」 1933년 11월호에 실린 것으로 「리더스 다이제스트」가 '20세기 최고의 수필'로 꼽은 글이다.
어느 날 헬렌 켈러가 숲 속을 다녀온 친구에게 이렇게 물었다.
"숲 속에서 뭘 보았어?"
친구는 심드렁하게 대답했다.
"별로. 뭐 특별한 건 없었어."
헬렌 켈러는 도무지 이해가 가지 않았다. 두 눈을 뜨고도 두 귀를 열고도 특별히 본 것도 들은 것도 없다니…. 이 일이 있고 헬렌은 「내가 사흘 동안 볼 수 있다면」이란 이 글을 썼다고 한다. 우리가 늘 마주하는 일상의 모습들이 헬렌 켈러에게는 한 번도 경험하지 못했던 '일상의 기적'인 것이다. 그래서 그녀는 외친다. "내일이면 귀가 안 들릴 사람처럼 새들의 지저귐을 들어보라. 내일이면 냄새를 맡을 수 없는 사람처럼 꽃향기를 맡아보라. 내일이면 더 이상 볼 수 없는 사람처럼 세상을 보라!"
우리는 단 한 번뿐인 소중한 생명의 기적, 내일이면 다시는 없을지도 모를 이 경이로운 기적의 순간을 항상 감사하는 마음으로 살아야 한다.

서비스 마인드, 하루아침에 이루어지지 않는다

서두에 헬렌 켈러의 글을 인용한 것은, 서비스는 감사하는 마음으로부터 출발해야 한다는 것을 강조하고 싶었기 때문이다. 우리가 세상을 바라보는 창 또는 관점, 즉 시각의 패러다임을 감사하는 마음으로 바꾸지 않으면 CS경영은 공염불에 그친다.

CS경영의 성공은 경영이념과 비전이 강력한 서비스 중심의 기업문화를 뒷받침하고 있는가에 달려 있다. 서비스 마인드 교육은 서비스의 개념, 비전과 목표, 추진전략, 서비스 행동지침 등에 관하여 전 직원의 생각을 한 방향으로 통일하는 과정이다. 서비스 마인드 교육으로부터 시작하여 서비스 마인드가 지속적인 행동으로 나타날 때 비로소 CS경영은 성공했다고 말할 수 있다. 어쩌다 한 번 교회에 가서 설교를 듣는다고 절로 신앙심이 깊어지는 것은 아니다. 매주 교회에 가서 설교도 듣고, 찬송도 하고, 성경을 읽으며 쉬지 않고 기도하면서 신앙심은 깊어간다.

중국에서 피자점을 열었던 한 한국인 경영자가 마인드 혁신의 어려움에 대해서 이렇게 호소를 해왔다.

"화장실 청결 관리가 가장 급선무였습니다. 자발적으로 관리하는 법이 없었죠. 시간을 정하고 담당자를 정했습니다. 그리고 본을 보이기 위해 저도 직접 매일 시간을 정해서 청소를 했습니다. 이건 이렇게, 저건 저렇게 사소한 것까지 관리요령을 정리해주었습니다. 그러자 직원들이 규칙에 따라와주고 손님들도 알아주는 것 같았어요. 나는 흐뭇해서 손님들의 평가가 좋다면서 직원들을 격려했습니다. 그렇게 한두 달이 지났습니다. 나는 화장실 청결 문제는 마음을 놓았고, 다음으로 주방의 관리라든가 식

자재 관리, 고객응대에서 드러나는 문제점들에 집중해서 신경을 쓰기 시작했어요. 그러자 화장실은 도로 엉망이 되어버리더군요. 남에게 미루거나 건성으로 하는 거예요. '첫째도 청결, 둘째도 청결' 하면서 강조하니까 겉으로 하는 척 시늉을 했던 거지, 마음속으로는 아직 아니었던 거지요."

경영혁신과 고객만족의 성과가 일시적으로 드러난다 해도 그것으로 성공한 것이 아니었다는 것이다. 다시 원점으로 회귀하려는 직원들의 타성과 관습의 벽이 너무 두터웠다고 할까. 마치 스프링에 압력을 가하면 줄어들지만 압력을 빼면 처음으로 되돌아가는 원리와 같은 것이다. 조직 구성원 전체가 고객중심적으로 거듭나게 하려면 신앙심이 깊어지는 원리와 방법으로 서비스 마인드를 교육해야 한다. 또한 이를 지속적으로 유지해야 한다. 그렇지 않으면 생각의 회로는 결코 방향을 바꾸지 않는다.

어느 일본인이 쓴 『맞아 죽을 각오를 하고 쓴 한국, 한국인 비판』이라는 책을 읽은 적이 있다. 그는 성수대교가 무너지고, 삼풍백화점이 주저앉고, 신행주대교가 붕괴된 것을 언급하면서 이 모두가 마음가짐의 문제라고 지적했다.

"한국 건설업체들은 중동이나 동남아 등지에서 많은 실적을 쌓았다. 그러나 한국 업체들이 지은 그 많은 공장과 건물이 무너지거나 망가졌다는 소문을 들어본 기억이 없다. 오히려 가장 짧은 시간에 공사를 마치면서도 튼튼하다는 칭찬이 자자하다. 그런 한국 업체가 왜 국내에서는 그렇게 튼튼하고 안전한 구조물을 만들지 못하는가?"

그러면서 그 이유를 다음과 같이 진단했다.

"외국에서 시공할 때에는 외국 업체들의 감리를 철저하게 받아야 한다. 이렇게 하면 사고는 일어나지 않는다. 그러나 한국에서는 시공에서부터 감리까지 모두 한국 업체들끼리 하기 때문에 방심하게 되는 것이 아닐까. 결국 중요한 것은 기술이 아니라 마음이다. 내가 만든 물건, 내가 지은 건물을 이용하는 사람들이 나에게 감사하는 마음을 느끼도록 철저하게 잘 만들고 안전한 건물을 만들겠다는 개개인의 각오가 없는 이상 한국은 세계무대의 주인공이 될 수 없다."

서비스의 키워드는 '고맙습니다'

개인의 마음가짐과 각오를 촉구하는 일본인의 지적은 우리 자신을 뼈 아프게 되돌아보게 한다. 그가 말하는 마음가짐은 국민들에게 서비스하는 정부나 지자체의 공무원에게 특히 요구된다.

얼마 전 수도권 어느 지방자치단체의 세무공무원들을 대상으로 강의를 하게 되었는데, 그때 문득 이런 생각이 스쳤다. '나는 세금을 납부하고 있지. 그런데 왜 징수당하는 것 같은 생각이 들까?'

그런데 나만 그런 것이 아니라 납세자들 대부분이 이런 생각을 갖고 있는 것 같다. 납세와 관련해서 고객다운 대접을 받고 있다고 말하는 사람을 만나기는 쉽지 않다. 도리어 세무공무원들에 대해서 자신이 열심히 일해서 번 돈을 빼앗아가는 존재처럼 여기고 있다.

그런데 다행히도 어느 신문의 독자투고란을 읽다가 나의 생각을 바꾸어주는 반가운 글을 보게 되었다.

경기도의 한 시민이 불가피한 사정으로 취득세를 내지 못하고 있다가 걱정이 되어 파주시청에 전화를 했다. 담당자로부터 어려우면 분납이 가능하다는 말을 듣고 한꺼번에 다 내지 못하고 일부만 납부했다.

며칠 후 뜻밖에도 파주시청에서 전화를 걸어와 "어렵게 내주신 세금 정말 감사합니다. 아껴서 꼭 필요한 데 쓰겠습니다"라는 감사의 말을 전해왔다. 지금까지 세금을 내왔지만 이런 상쾌한 충격과 감동은 처음이었다고 그 시민은 말했다.

나 역시 이 글을 보면서 공무원에 대해 가졌던 선입견이 확 깨졌다. 비로소 공무원들이 국민을 고객으로 대접하기 시작했다는 사실을 확인했기 때문이다.

일본 마쓰시타전기의 창업자 마쓰시타 고노스케의 책에 이런 일화가 있다.

메이지정부가 들어서고 처음으로 소득세가 제정되었을 때의 일이다. 오사카 세무서장의 초청으로 지역의 유명한 부자들이 한 식당에 모였다. 관존민비가 철저하던 시절이니 부자들이 불안한 마음으로 앉아 있는데 세무서장이 들어왔다. 그는 상석이 아니라 말석에 앉더니 정중하게 인사를 했다.

"이번에 모든 사람의 수입에 맞춰 소득세라는 것을 새로이 걷게 되었습니다. 잘 부탁드립니다."

그리고 부자들을 후하게 대접했다.

마쓰시타는 이 일화를 통해 상대의 마음을 우선 배려하는 것이 인간관계의 기본이라는 것을 강조하면서 이렇게 말한다. "정치인이 세금을 이야기하며 입가에 웃음을 띠거나 빈정대듯 말해서는 안 됩니다. 머리를 숙이고 최대한 겸손하게 '세금을 많이 내주셔서 고맙습니다. 아껴 쓰고 좋은 곳에 쓰겠습니다'라고 말해야 합니다."

납세자는 고객이고 고객은 존중받아야 마땅하다.

'세금을 내주셔서 감사하고 유용한 데 잘 쓰겠습니다.'

납세자를 진심으로 고객으로 대하는 이 서비스 마인드는 얼마나 신선한가. 너무 원칙적인 해석으로 들리겠지만, 나는 서비스의 키워드는 고객과 직원이 주고받는 '감사합니다', '고맙습니다'라는 말이라고 생각한다.

고객은 회사의 운명

내 직장과 고객에게 감사하는 마음은 정신건강에도 매우 유익하다는 연구결과가 있다. 스트레스 관리의 대가인 한스 셀리 박사는 감사가 스트레스 해소에 가장 좋다고 말한다. 감사하는 마음이 스트레스를 치료하는 가장 강력한 중화제라는 것이다.

감사한다는 것은 너와 나, 모두를 위해 좋은 일이다. 내가 다니는 직장과 고객도 마찬가지다. 직장은 스트레스를 주는 곳이 아니라 내 능력을 펼칠 수 있는 기회의 장이고, 고객은 귀찮은 존재가 아니라 일의 목적이고 내 월급을 주는 고마운 분이다.

"우리가 모실 유일한 상사는 바로 고객이다. 왜냐하면 고객은 어떤 회사의 제품을 사지 않고 단지 자기 돈을 다른 데 쓰는 것만으로도 그 회사의 최고경영자로부터 말단사원에 이르는 그 누구도 간단히 파면시킬 수 있기 때문이다."

샘 월튼이 한 이 말은 고객이 우리의 생존과 성장을 결정하며, 만족한 고객이 기업의 수익에 절대적인 영향을 미친다는 사실을 간명하게 알려준다.

회사를 지탱해나가는 힘은 바로 고객이다. 회사와 고객의 관계는 배와

물의 관계와 같다. 커다란 배가 바다에 떠 있는 것은 그만큼 배를 밀어 올리는 물의 힘, 즉 부력이 있기 때문이다.

물은 배를 띄우는 것이지만 水所以載舟
배를 뒤집어 가라앉히는 것이기도 하다 亦所以覆舟.

진수의 『삼국지』에 나오는 말이다. 여기서 배는 왕, 물은 백성을 비유한다. 물은 큰 배를 힘차게 받쳐주다가도 가라앉힐 때는 사정이 없다. 그러나 결코 물을 탓할 수는 없는 일이다.

우리 회사는 가라앉지 않도록 떠받쳐줄 충분한 고객을 확보하고 있는지, 또 일시적이 아니라 평생 받쳐줄 만큼 사랑하고 있는지를 점검할 때가 되었다. 단순히 '만족하는 고객'이 아니라 기왕이면 '열광하는 팬'을 만들어야 하는 것이다.

고객에게 기억되는 서비스 스킬

나는 "어떤 서비스가 좋은 서비스입니까? 현장에서 바로 활용할 수 있도록 구체적인 스킬을 좀 가르쳐주십시오"라는 요청을 자주 받는다. 내 대답은 간단하다.

"고객이 저 출구를 나가면서, 집에 가서 생각해보더라도, 그리고 바로 알아채지는 못했지만 나중에 생각해보니까 '그 직원, 그 회사 참 고맙다'는 생각이 들게 하려면 내가 어떻게 해야 하는지 스스로에게 물어보라. 그리고 당신의 영혼이 대답하는 대로 따라라."

'이 세상에서 가장 먼 거리는 머리에서 손까지의 거리'라는 말이 있다. 스스로 물어 영혼이 대답하는 것은 바로바로 실천에 옮겨야 한다.

결국 훌륭한 서비스란 우리가 먼저 감사하는 마음을 표현하고, 그래서 고객이 우리의 서비스에 '감사하는 마음'이 들도록 꾸준히 노력하는 실천일 것이다.

그렇다고 고객을 맞이하거나 배웅할 때 로봇처럼 기계적으로 "고맙습니다", "감사합니다" 한다고 해서 고객이 감동하지는 않는다. 성의가 깃들어 있다는 느낌이 들도록 하는 몇 가지 방법을 소개한다.

첫째, 이름이나 직책을 불러주면서 고마워하는 이유를 간단히 덧붙여 주는 것이다. 예를 들어 "정 사장님, 크게 거래해주셔서 감사합니다", "이 과장님, 일부러 먼 곳까지 찾아와 주셔서 고맙습니다", "손님, 기다려주셔서 정말 감사합니다", "김 사장님 덕분에 이번에 승진을 하게 되었습니다"라고 인사한다.

둘째, 말로건 글로건 불특정다수가 아니라 고객 한 사람을 향한 인사라는 것을 분명히 나타낸다. 모든 여자를 사랑하는 것은 어느 한 여자도 사랑하지 않는 것이다. 선거 유세를 하는 정치인이 "존경하는 국민 여러분"이라고 말하지만, '저 사람이 나를 진짜로 존경하는구나' 하고 믿는 사람은 아무도 없는 것과 마찬가지 이치다. 이메일, DM, 문자메시지를 보낼 때도 무더기로 발송하지 마라. 자신의 이름이 담기고 신선한 느낌을 주는 것이 아니면 고객은 아예 읽어보지도 않는다.

고객에게 감사하다는 뜻을 나타내면서 인상적인 DM이 되게 하려면 이름과 직책은 자필로 기재하고, 특히 상대의 현재 직위를 틀리지 않도록 유의한다. 감사와 안부 메시지는 더욱 정성이 담겨야 한다. 일상적인 내용보다는 진심 어린 축하, 격려, 감사의 마음이 그대로 전달될 수 있는 구체적인 내용으로 보낸다. 형식적인 인사말, 자신이 하고 싶은 말을 적지 말고 고객에게 힘과 기쁨이 되는 말을 적는다. 대부분의 사람이 보내는 안부 메시지는 상대방에 대한 관심이나 배려보다는 '잊지 말고 기억해주세요'라는 홍보성 메일이 많은데, 이런 메시지는 스팸일 뿐이다. 문자메시지도 받는 사람의 이름을 적어 감사를 표시해야 한다.

데일 카네기가 말했듯, 누구에게나 자신의 이름은 그 어떤 것보다도 기분 좋은 중요한 말이다. 이름을 적어주면 친근감을 느끼게 된다. 자신에게만 보낸 메시지라는 것을 알게 되기 때문이다.

오늘은 어쩔 수 없어

1919년 뉴욕의 호텔왕 레이먼드 오티그는 뉴욕에서 파리까지 날아가는 사람에게 상금 2만 5000달러를 주겠다고 공언했다. 그러자 거액의 상금을 탐낸 많은 사람이 대서양 논스톱 횡단에 도전했다. 그러나 모두 도전에 실패했고 목숨을 잃기도 했다.

1927년 5월 20일, 뉴욕 커티스 비행장에서 비행기 한 대가 파리를 향해 이륙했다. 이 비행기에는 25살 난 청년 찰스 린드버그가 타고 있었다. 그런데 비행기에 탑재된 연료로는 6000킬로미터밖에 날 수 없었다. 뉴욕에서 파리까지 대서양을 횡단하기에는 빠듯한 양이었다. 린드버그는 연료를 조금이라도 더 싣기 위해 방향탐지기, 라디오, 무전기, 심지어 낙하산마저 싣지 않았다. 그리고 마침내 1927년 5월 21일, 그는 뉴욕을 출발한

지 33시간 30분, 총 5800킬로미터를 논스톱으로 날아 대서양 단독 횡단에 성공함으로써 일약 영웅이 되었다.

린드버그가 성공할 수 있었던 이유는 '단 한 방울의 연료라도 더 싣기 위해 낙하산마저 포기했던, 죽음을 각오한 마음가짐'에 있었다. 누구나 성공하고 영웅이 될 수는 없다. 목표를 위해 마지막 생명줄인 낙하산마저 버리고 한 방울의 연료를 택할 수 있는 그런 사람만이 진정한 영웅이 될 자격이 있다. 린드버그의 위대함은 이처럼 조금의 느슨함도 인정하지 않는 철저한 돌파정신에 있다.

서비스에 느슨함이 끼어들 여지가 있어서는 안 된다. 지식경제부에서 주관하는 '서비스 품질 인증제'가 있다. 전문가로 구성된 심사위원회가 기업이나 기관의 서비스 품질 수준을 객관적으로 평가하여 성과가 탁월한 기업에 인증서를 교부하는 제도다. 나도 몇 년 전부터 심사위원으로 활동하고 있는데, 언젠가 한 건축회사의 전화응대 서비스 평가기준을 보았더니 이런 식으로 되어 있었다. 전화를 받을 때는 먼저 인사말과 소속, 성명을 밝히도록 서비스 표준이 설정되어 있다. 그런데 20점 배점의 이 항목에 '여보세요' 하고 응답만 해도 최소 6점, 전화벨 역시 10번 이상 울린 다음에 받더라도 10점 배점에 최소 5점을 받게 되어 있다. 조금 극단적으로 표현하자면, 서비스 표준이고 뭐고 제멋대로 해도 50퍼센트는 점수가 채워지도록 느슨하게 설계되어 있었다.

최근 어느 수도권 자치단체의 시설관리공단에서 발견한 민원처리 기준도 마찬가지였다. 기준에 따르면 민원 접수 후 7일 이내에 민원 고객에게 회신하게 되어 있는데, 놀랍게도 달성률이 99퍼센트 이상에다 평균 처리 일수도 1.5일 정도로 우수하게 나타났다. 왜 처리기한을 이처럼 느슨하게 정했느냐고 내가 물었더니, 담당자가 바빠서 조사나 처리 기한이 오래 걸리는 민원도 있기 때문에 거기에 맞추기 위해서라는 답이 돌아왔다.

초인종을 누르고 나서 문이 열릴 때까지 초조하게 기다리는 시간을 가리키는 '초인종효과'까지 들먹이지 않더라도, 자판기에서 커피가 다 내리기 전에 컵을 꺼내고 버스가 서기도 전에 차도로 내려가 서는 성질 급한 우리 고객에게 점수를 매기라면 벨이 10번 울려야 받는 전화에, 일주일이 넘어서야 대답을 들을 수 있는 민원 처리에 절대로 50점을 주지는 않을 것이다. 린드버그의 비행처럼 목숨을 내던지지는 못하더라도 죽을 둥 살 둥 노력해야 달성할 수 있는 서비스 표준이고 목표여야 하는 것이다.

『좋은 기업을 넘어 위대한 기업으로』를 쓴 짐 콜린스는 "평범함은 위대함의 적"이라고 말했다. 평범도 죄악인 것이다. 가능성을 향해 두려움 없이 뛰어든 린드버그처럼, 서비스에도 목숨을 걸고 목표를 향해 도전하는 용기가 필요하다. '깊은 수렁을 두 걸음에 건널 수 없다'는 중국 속담처럼 단숨에 건너뛰는 서비스를 실천해야 한다.

지속적으로 성장하는 기업과 개인은 언제나 주어진 목표보다 더 이상적인 목표를 설정한다. 자신이 현재 할 수 있는 것보다 조금 더 높은 수준의 목표를 설정한 다음, 그것을 성취했을 때 더 자부심을 느끼고 스스로 더 강력한 동기가 생겨난다는 것을 아는 것이다.

평범하거나 느슨한 기준으로 목표를 달성하느니 차라리 목숨을 거는 목표로 실패하는 것이 낫다. 호주의 사업가 필 다니엘스는 "뛰어난 실패에는 보상을 하라. 평범한 성공에 대해서는 벌을 주라"고 말했다.

서비스의 탁월성을 방해하는 느슨한 기준과 평범함은 도대체 어디서 비롯되는 것일까? 기업의 서비스 품질에 나쁜 영향을 미치는 사고방식은 무엇일까? 그것은 '오늘은 어쩔 수 없어'라는 생각이다.

지난 6월의 일이다. 제주도에서 강의가 있어 티켓을 예약하려고 모 항공사에 전화를 걸었다. 대뜸 "약 10분 후에 직원에게 연결된다"는 안내멘트가 흘러나왔다. 순간 귀를 의심했지만 더러 시스템 고장으로 이런 황당한 안내가 나오겠거니 하면서 휴대폰을 귀에 대고 기다렸다. 1분, 2분이 지나고 5분이 지나고 10분이 지났다. 전화는 정확히 12분 만에 직원과 연결되었다. 그사이 전화량이 많아 연결이 지체되고 있다는 멘트를 지겹게 들은 터라 첫마디부터 "도대체 12분을 기다리는 게 말이 돼요?"라고 상담원에게 따졌더니 "정말로 죄송합니다" 하고 사과한다. 일단 항공권을 예약하고 난 다음 "오늘 무슨 일이 있느냐?"고 물었다. 그러자 최근 유가가 올라서 7월 1일부터 국내선에도 유류할증료가 부과되는데, 7월 이후에 탑승하더라도 오늘까지 예약한 고객에게는 할증요금이 부과되지 않기 때문에 이 시간에 예약전화가 폭주했다고 이유를 설명했다.

그래도 나는 납득이 되지 않았다. 항공사 입장에서야 아주 특별한 경우만을 대비해 콜센터 직원을 늘릴 수 없었을지 모른다. 문제는 '오늘은 어쩔 수 없어'라면서 항공사 책임자들이 서비스가 나빠지는 것을 알고도 지레 포기하고 그에 따르는 고통은 모두 고객들이 감수하게 내버려두었다는 것이다. 하지만 탁월한 항공사라면 비상계획을 세웠을 것이다.

나쁜 서비스는 오래 기억된다

여기 두 종류의 고객이 있다. 한쪽은 경험이 많지 않은 일반 고객이다. 그래서 특정 제품이나 서비스에 대해 아는 것이 별로 없다. 다른 쪽은 경험이 많은 수준 높은 고객이다. 몹시 까다롭게 구매하고 브랜드 가치가 높은 제품이나 서비스에 상당히 익숙하다. 요즈음 우리가 만나는 고객들의 상당수는 바로 후자와 같은 유형이다. 그런 만큼 세심하게 신경을 쓰지 않으면 고객들은 곧바로 달아나버리고 만다. 경험상 수준 낮은 서비스를 용납할 수 없는 것이다.

경험요인이 고객만족에 미치는 비교효과를 일러 '페덱스효과'라고 한다. 오늘날 서비스에서도 가장 중요하게 거론되는 말이다. 페덱스가 우편물을 바로 다음 날까지 처리하겠다는 약속을 일상적으로 실행하기 전까지는 배달속도가 얼마나 중요한지를 고객들은 미처 깨닫지 못했다. 그러나 이제 페덱스의 신속한 배달은 다른 모든 우편과 택배 서비스의 표준이 되었다.

어느 한 분야의 세계적 서비스 수준은 다른 분야의 모든 고객의 기대수준에 지대한 영향을 미친다. 페덱스의 스피드, 디즈니의 친절, 리츠칼튼 호텔의 고품격 서비스는 하나의 표준이 되어 다른 산업 분야의 서비스에까지 파급되고 있다. 이제 사람들은 '페덱스나 제너럴일렉트릭의 콜센터는 벨이 두 번 울리기 전에 전화를 받는데, 내가 거래하는 은행이나 병원, A/S센터, 세탁소는 왜 그렇지 못한가?'라고 생각한다. 항공사에 전화를 건 고객의 기대치도 20초나 30초 정도가 되어버렸다.

서비스는 눈에 보이지 않는다. 그래서 자칫 '어쩔 수 없다'고 생각하고 불량서비스를 출고하는 일이 종종 생긴다. 자동차나 휴대폰처럼 눈에 보이는 제품은 파업시기에도, 휴가철에도, 피로가 누적된 시간에도 불량품이 나오는 경우가 거의 없는 데 비해, 서비스의 품질은 획기적으로 개선되지 않는다. 그것은 제품은 시장에 나오기 전에 철저한 품질검사를 거치지만, 서비스에서는 '오늘만큼은 예외야'라는 생각이 자리하고 있기 때문이다. 콜센터 매니저나 상담원이 '콜 포기율이 이 정도면 괜찮아'라고 받아들이면 당장 마음은 편할지 모른다. 하지만 고객은 불편할 것이고 오랫동안 부정적 경험을 잊지 않을 것이다. 매일같이 제때 오던 버스도 한 번 늦게 나타나면 늘 정시에 도착했던 기억은 싹 사라지고 늦게 오는 버스라는 기억만 남게 된다. 좋은 서비스보다 나쁜 서비스가 언제나 오래 기억되는 법이다.

서비스는 무형의 상품이다. 이는 곧 형태가 없다는 말인데, 이것을 '존재하지 않는 것'으로 받아들이면 곤란하다. 좋은 서비스건 나쁜 서비스건 서비스는 사라지는 것이 아니다. 다만 고객의 가슴속으로 이동할 뿐이다. 그러므로 무형성은 '존재하지 않는다'가 아니라 '단지 보이지 않는다'는 뜻일 뿐이다.

'플랜 B'를 세워라

내가 외국계 회사에 처음 입사하고 나서 참 인상적이었던 것은 '플랜 B'에 아주 철저하다는 점이었다. 플랜 B란 '제1안이 실패했을 때를 대비한 제2안'으로, 모 항공사의 사례에서 보듯 예약전화가 폭주할 때의 '비상계획'쯤 될 것이다.

비즈니스 세계에서 '괜찮아' 해도 정말로 괜찮은 날은 단 하루도 없다. 최고 품질의 서비스는 한마디로 고객과의 일관된 약속이기 때문이다. 고객이 기꺼이 비싼 가격을 치르고 유명 브랜드 제품을 구매하고, 일류 회사와 제품이나 서비스를 계약하는 것은 항상 최고의 서비스를 제공하겠다고 약속한 기업을 믿기 때문이다. 그래서 일류 기업은 고객과의 약속을 지키기 위해 큰 지진 등 비상사태에서부터 사소한 고장에 이르기까지 각종 상황에 철저히 대비하는 플랜 B를 수립하고 모의실험을 끝도 없이 반복한다. 특별한 사정과 장애물은 항상 나타나게 마련이다.

잘 모르는 상대를 파악하는 가장 쉬운 방법은 약속시간을 잘 지키는지 여부를 보는 것이다. '사람은 자기를 기다리게 하는 자의 결점을 계산한다'는 프랑스 속담이 있다. 신뢰를 잃는 최선의 방법은 늦게 나타나 상대를 기다리게 하는 것이다. 늘 약속시간에 늦는 사람은 어느 조직에서나 정해져 있다. 아마도 지극히 낙관적인(?) 사람일 것이다. 이들은 삶에 아무런 장애물을 예상하지 않는다. 집을 나서자마자 버스가 오고, 택시는 늘 기다리고 있고, 길은 전혀 막히지 않고…. 그러나 그런 경우는 드물기 때문에 결국 조금만 어긋나도 늦을 수밖에 없다. 이런 상황이라면 지하철 같은 확실한 교통수단을 선택하든가 차가 막힐 경우를 예상해서 30분 정도 일찍 출발해야 한다. 늘상 시위대가 있는 길이라면 우회도로를 점검해두어야 할 것이고 갑작스런 방해물이나 비상사태에 대비하여 플랜 B를 항상 준비하고 있어야 한다.

150년 동안 전 세계 명품업계 중 부동의 1위를 차지하고 있는 루이뷔통은 고객의 수요가 폭증하고 고객이 기다리는 한이 있더라도 완벽한 제품만 출시한다. 그들은 '얼마나 많이'가 아니라 '얼마나 완벽한가'가 더 중요하다고 말한다. 절대로 세일을 하지 않는 것으로도 유명하다. "다른 업체들은 그해에 남은 물량을 세일해서 처분하지만 우리는 그냥 폐기처분해버립니다. 그냥 모조리 없애버리죠"라고 그들은 말한다.

명품업체들이 한결같은 명품서비스를 창출해내는 것은 바로 이처럼 제품 수요가 급증했을 때, 정전이 되었을 때, 지진이 일어났을 때, 갑자기 전화가 폭주했을 때 같은 큰 사고에서부터 사소한 고장에 이르기까지 모든 경우에 대비해 끊임없이 모의실험을 했기 때문이다. 그들은 항상 이렇게 생각한다.

'제품과 서비스를 팔지 말고 일관된 경험consistent experience의 품질을 팔아라. 그리고 고객에게 항상 기대 이상의 긍정적인 경험이 되도록 누구나 할 수 있는 평균적인 성취에 도취되지 말고 심장을 두근거리게 할 만큼 최고 수준의 기준을 설계하라.'

우리나라에서 제일 높은 백두산은 2744미터다. 우리는 백두산이 대단히 높다고 생각한다. 그런데 히말라야에 견주면 생각이 달라진다. 8000미터급 봉우리에 오르려면 보통 5500미터쯤에 베이스캠프를 설치한다. 남들이 생각지 못한 위치기준에 서면 그 순간 모든 것이 바뀐다. 승부가 결정나기도 한다.

느슨하고 평범한 기준으로는 부족하다. 린드버그처럼 목숨을 거는 각오로 도전하라. 어떤 이유에서든 엉망인 서비스를 어쩔 수 없었던 일이라고 속 편하게 받아들이지 말라. 한결같이 약속을 지킬 수 있도록 비상계획을 세워두어라.

관객은 가방을, 주인은 걸레를

내 고향은 남해안이다. 고흥반도 끝자락에 붙어 있는 시골마을로, 올해 여든이 되신 어머니와 남동생이 지금도 농사를 짓고 있다.

명절 때 고향에 가보면 우리나라 여느 농촌과 마찬가지로 대부분 도시로 떠나버린 자식들을 대신해서 노인들이 마을을 지키고 있다. 아기 울음소리를 들어본 적이 언제인지 아득하고 책가방 멘 아이를 본 기억이 없다. 주인이 떠난 후 먼지만 뒤집어쓴 볼썽사나운 빈집들만 늘어난 지금, 100여 가구가 옹기종기 모여 살던 정겨운 마을은 추억 속의 풍경이 되었다.

30여 년 전만 하더라도 논이 오륙십 마지기 되는 부잣집에는 주인이 머슴을 데리고 농사를 짓는 모습을 흔히 볼 수 있었다. 그런데 머슴과 주인의 농사짓는 자세와 태도는 내 어린 눈으로 보아도 아주 달랐다. 머슴은

1년이 지나면 새경으로 쌀 몇 가마니를 받는다. 뼈 빠지게 일하든 몸을 사려가면서 일하든, 1년이 지나면 약속된 새경을 받는다. 머슴은 무리해서 죽어라고 일할 필요가 없다는 생각에 주인 눈치 보아가며 대충대충 일을 한다. 더 열심히 일해봐야 오늘날처럼 보너스가 있는 것도 아니니 당연할지 모른다.

그러나 그중에도 어떤 집 머슴은 주인보다 더 열심히 일하고 더 창의적인 방법으로 농사를 짓는다. 주인이 그 보답으로 논밭을 떼어주고 따로 살림을 차려주어 새롭게 자기 삶을 살아간 머슴도 있었다.

그러나 이런 경우는 극히 드물다. 주인이 시키는 대로 묵묵히 노예처럼 일하며 일생을 살다가 운명을 마치는 경우가 대부분이었다.

주인은 어떠한가. 주인은 일을 할 때도 언제나 주인 된 마음으로 일한다. 공에 공을 들인다. 농사를 짓는 모습이 머슴하고는 질적으로 다르다.

나는 시골 중학교를 졸업하고 나서 '큰아들이니까 함께 농사를 짓자'는 어머니의 꾐(?)에 빠져 고등학교 진학을 포기하고 농사에 매달렸다. 농사에서 제일 귀찮은 일 중의 하나는 논에서 피 뽑기였다.

피를 뽑을 때 보면, 머슴은 논 귀퉁이에 서서 눈에 띄는 피만 뽑고 대충대충 하루 일을 마치지만, 주인은 논 곳곳을 다니면서 피가 아직 있는지 벼 사이사이를 헤쳐보고 더 이상 할 수 없을 때까지 일을 한다. 피를 방치하면 그만큼 벼가 부실해지기 때문에 하나라도 더 뽑으려는 것이다. 어떻게 해서든 더 많은 수확을 거두고 품질 좋은 쌀을 생산하겠다는 마음, 이것이 바로 주인과 머슴이 가진 마음의 차이다.

자기에게 주어진 어떤 일에서 주인정신으로 일하는가, 머슴정신으로 일하는가에 따라 똑같은 시간을 일하더라도 질적으로 엄청난 차이가 생긴다.

내가 늘 잊지 못하는 상사 한 분이 계시다. 주택은행 시절 연수원장으로 모셨던 김영강 상무님이다. 그분이 연수생들에게 가장 자주 한 말씀 중에 지금도 잊혀지지 않는 것이 있다. "주부가 하는 일과 가정부가 하는 일은 질적으로 3배의 차이가 난다"는 말씀인데, 이 역시 주인정신을 강조한 말이다.

얼마 전에 어느 협회에서 요청한 특강을 다녀왔는데, 강의가 끝나고 전무님이 이렇게 물어오셨다.

"직원들에게 훌륭한 서비스에 대한 마인드를 심어주려면 어떻게 해야 합니까?"

내가 반문했다.

"전무님께서는 어떻게 생각하십니까?"

"전화응대 등 서비스 모니터링을 철저히 해서 바로 인사고과에 반영하는 것이 가장 빠른 방법 아닐까요?"

나는 이렇게 말씀드렸다.

"맞습니다. CS를 측정하고 그 성과를 반영하는 것은 서비스를 빠르게 정착시키는 데 핵심이 될 겁니다. 그런데 그보다 더 중요한 것은 직원들에게 주인정신을 찾아주는 일입니다."

『맹자』에 이런 말이 있다.

"사람들은 닭이나 강아지를 잃어버리면 찾으려 하면서도 그 마음을 잃어버리고는 찾을 줄 모르니 슬프다."

나는 맹자가 말한 그 마음이 무엇인지를 다 알 수는 없으나 그 마음에는 분명히 주인정신도 들어 있을 것이다.

'1+1=2'가 되지 못하는 까닭은?

조직이라는 집단에 속한 개인의 수가 증가할수록 그 성과에 대한 1인당 공헌도가 비례해서 늘어나지 않고 오히려 떨어지는 현상을 '링겔만효과'라고 한다. 즉, 1+1=2가 되지 못하고 1.3이나 1.7처럼 오히려 2보다 작아지는 현상이다. 혼자서 일할 때는 내 일처럼 100퍼센트의 역할을 다하다가도 집단 속에서 일할 때는 이에 미치지 못하는 성과를 내는 것이다.

100여 년 전 독일의 심리학자 링겔만은 줄다리기를 통해 집단에 속해 있는 개인의 공헌도 변화를 측정하는 실험을 실시했다. 개인이 당길 수 있는 힘을 100이라고 볼 때 2명, 3명, 8명이 되면 200, 300, 800의 힘이 발휘될 것으로 예상했으나, 실험결과에 따르면 2명일 때는 기대의 93퍼센트, 3명일 때는 85퍼센트, 그리고 8명일 때는 64퍼센트의 힘의 크기만 작용하는 것을 알게 되었다.

이 실험을 통해 집단에 속하는 개인의 수가 늘어날수록 혼자서 일할 때보다 노력을 덜 기울인다는 사실이 알려졌다. 입으로는 영차영차 외치지만 실제로는 자신의 힘을 다 쏟지 않는다는 링겔만효과도 알고 보면 '내 일이고 내 책임'이라는 주인정신의 부재에서 비롯된 것이라고 할 수 있다. 국내 기업들을 보면, 특히 일류회사 직원들의 주인의식과 충성도가 높다는 공통점을 발견하게 된다. 또한 상당수 기업들이 인사고과의 가장 중요한 기준으로 조직에 대한 충성도를 꼽고 있다. 여기서 충성도란 곧 주인의식의 다른 표현이다. 주인정신은 그만큼 중요하다. 앞의 전무님 질문에 대한 내 대답 역시도 "서비스는 '이것이 내 일'이라는 주인정신입니다"가 될 것이다.

"관객은 일이 끝나면 외투와 가방을 챙기고

주인은 일이 끝나면 빗자루와 걸레를 챙긴다."

아동문학가 강소천 선생이 남긴 명언 중의 하나다. 관객은 정시에 왔다가 공연이 끝나면 외투와 가방만 챙겨 자리를 뜬다. 하지만 주인은 아침 일찍 와서 저녁 늦게까지 빗자루와 걸레를 들고 청소를 한다. 오늘 할 일이 모두 끝나도 내일을 준비하고 나서야 자리를 뜬다.

성실한 마당쇠가 운 까닭은?

옛날 어떤 부잣집에 부지런한 젊은 머슴이 있었다. 그는 평소 주인이 시키는 대로 일을 잘했기 때문에 주인이 믿고 일을 맡기고 또 아껴주었다. 하루는 주인이 불렀다.

"마당쇠야, 오늘은 감자를 캐야겠다."

주인의 말이 떨어지자마자 마당쇠는 부리나케 밭에 달려가서 감자를 캤다. 다음 날 주인은 또 일을 시켰다.

"오늘은 감자밭에 구덩이를 크게 두 개 파야겠다."

마당쇠는 이번에도 쏜살같이 밭으로 달려가 금방 어른 키 정도의 깊이로 큰 구덩이 두 개를 팠다. 그 다음 날 주인은 또 마당쇠에게 일을 시켰다.

"오늘은 캔 감자 가운데 큰 것은 오른쪽 구덩이에 넣고 작은 것은 왼쪽 구덩이에 넣어라."

그런데 이게 어찌된 일인가? 평소 같으면 반나절도 안 되어 일을 끝내고 돌아와야 할 마당쇠가 보이지 않았다. 저녁때가 되어도 돌아오지 않자 주인이 다른 머슴들과 함께 밭에 가보았더니, 마당쇠가 훌쩍거리며 울고 있는 것이었다. 구덩이에는 감자가 한 개도 들어 있지 않았다. 까닭을 묻자 마당쇠가 울먹이며 말했다.

"작아 보이는 감자를 왼쪽 구덩이에 넣으려고 보면 작은 것 같지가 않아서 못 넣고, 커 보이는 감자를 오른쪽 구덩이에 넣으려고 보면 또 큰 것 같지가 않아서 여태 하나도 못 넣었습니다."

마당쇠가 쩔쩔맨 이유는 다름 아니다. 주인이 시킨 일만 해온 탓에 나름대로 '기준'을 세워서 큰 것과 작은 것을 판단하고 선택하는 능력을 가지고 있지 못했기 때문이다. 판단이나 선택의 경험이 없으면 사고의 자유가 주어져도 그것을 누릴 수가 없다.

'강제된 친절'은 주인정신의 적

서비스 관점에서 보면 판단과 선택의 기준은 회사의 업무처리 규정과 매뉴얼이 될 것이다. 그러나 지나치게 매뉴얼화된 표준은 기계화된 행동을 강제하기 때문에 직원들의 자율성과 창의력을 갉아먹는다. 사람은 스스로 자율성을 가질 때 동기부여가 되고, 자기 개인보다 회사 입장에서 일하게 된다.

중요한 것은 '전화는 고객보다 나중에 끊는다'처럼 구체적인 내용으로 표준화한 매뉴얼을 제시하여 서비스를 표준화하면서도, 서비스를 제공하는 직원들의 자율성과 창의성을 발휘할 수 있게 해야 한다는 점이다. 그것이 바로 서비스의 차별화 포인트다. 그래야 직원들이 머슴처럼 일하지 않고 주인처럼 자긍심을 갖게 된다.

미국의 대형 슈퍼마켓이나 식료품 체인은 종업원들의 행동지침에 관한 매뉴얼이 잘되어 있기로 유명하다. 예를 들어 '바닥에 물이 떨어지면 즉시 닦는다'와 같은 세세한 사항까지 매뉴얼화되어 있다.

1990년대 후반 미국에서 두번째로 큰 식료품 체인으로 떠오른 세이프웨이는 고객 한 사람 한 사람에게 관심을 보이는 '친구 같은 서비스'로 유명했다. 세이프웨이의 경영진들은 고객서비스 1위를 목표로, 15만 명의 전 직원이 고객을 친구처럼 대하도록 하는 구체적인 규정을 만들었다.

1993년 세이프웨이는 훨씬 더 공격적인 캠페인을 통하여 직원들에게 표준화된 행동을 실천하도록 교육했다. 행동의 제도화를 위해서는 서비스 제공 과정을 표준화해야 하기 때문이다. 직원들은 언제나 웃음을 지으며 고객들과 눈을 맞추고, 요구를 미리 예상해서 제안하고, 고객의 이름을 불러주고, 심지어 바구니까지 들어주었다.

1998년에는 서비스를 한층 강화하는 방법으로 미스터리 쇼퍼모니터요원를 채용하여 매장 직원들이 표준에 맞게 근무를 하고 있는지를 채점했다. 직원들이 먼저 고객과 눈을 마주치는지, 진심에서 우러나오는 웃음으로 맞이하는지, 고객의 요구사항을 미리 간파하고 도움을 주는지, 또 기회가 있을 때마다 고객의 이름을 불러주는지 등등이 모두 점수에 반영되었다.

채점 결과는 매번 직원휴게실에 게시되었다. 평균 이하의 점수를 받은 직원들은 재교육을 받거나 경위서 등을 써야 했고 심한 경우 해고를 당하기도 했다. 재교육 프로그램은 '스마일학교'라고 불렸는데, 이 스마일학교에 세 번 이상 입학한 직원은 해고 대상이었다. 이러한 서비스 프로그램 덕택에 1990년대 세이프웨이의 매출과 이익이 껑충 오르고 고객의 불평도 큰 폭으로 줄었다. 딱 한 가지 문제만 아니었으면 그것은 완벽한 성공이라고 할 만했다.

세이프웨이가 여직원들에게 고객을 보고 웃으라고 한 것이 문제였다. 어떤 남자 고객은 여직원이 자기를 유혹한다고 생각했다. 마침내 미소를 지으며 눈을 맞추는 행동이 성추행의 원인이 된다고 판단한 여직원들은 노조에 고충을 토로하기 시작했다.

이 서비스 프로그램이 고객을 행복하게 만들고 회사의 재정을 최고의 상태로 올리기는 했지만, 직원만족과 고객만족은 반대 방향으로 움직였다. 결국 세이프웨이는 장기파업으로 심각한 타격을 입었고, 2002년과 2003년에는 적자를 기록했다.

고객을 만족시키기 위해 직원들에게 표준행동을 강요한 결과로 직원들이 자율성과 판단력을 상실하고, 매뉴얼에 적혀 있는 대로 따라하는 머슴이 되어버린 것이다. 표준화된 친절을 기계적으로 의무화해서는 마음에서 우러나오는 서비스가 될 수 없다. 그런데도 우리나라에서는 이러한 의무화되고 강요된 친절을 통해 '고객만족도 1위 기업이 되었다'고 자랑하는 사례가 비일비재하다.

머슴에서 주인으로

청소부 아저씨에게 물었다.

"지금 무엇을 하고 계세요?"

"나는 지금 지구의 한 모퉁이를 청소하고 있다네!"

이 청소부는 자기가 하는 청소가 '돈벌이'나 '거리 청소'가 아니라 '지구를 청소하는 일'이라고 프레임하고 있다. 『나를 바꾸는 심리학의 지혜, 프레임』에 나오는 구절이다. 프레임이란 '세상을 바라보는 마음의 창', '사람들에 대한 고정관념', '어떤 문제를 바라보는 관점'을 말한다.

우리가 창을 통해 바깥을 내다볼 때 우리 눈에 비치는 세상은 그 창만큼의 크기다. 우리는 세상을 있는 그대로 객관적으로 보고 있다고 생각하지만, 사실은 프레임을 통해 채색되고 왜곡된 세상을 볼 뿐이다. 그러므로 우리가 삶의 가장 아름답고 행복한 풍경을 향유하고 싶다면 최상의 창을 갖도록 노력해야 한다.

사람은 저마다 마음의 안경을 쓰고 세상을 바라본다. 검은 안경을 쓰고 보느냐, 푸른 안경을 쓰고 보느냐는 결국 마음이라는 프레임에 달린 문제다.

미국의 트럭운송 회사인 PIE에서 있었던 일이다. 회사 간부들은 운송 계약의 60퍼센트가 잘못되는 바람에 매년 25만 달러에 달하는 손실을 보고 있다는 사실을 알게 되었다. 회사는 품질관리의 대가인 에드워드 데밍 박사를 고용해 집중적인 조사를 한 끝에 이러한 실수의 56퍼센트가 회사 일꾼들이 컨테이너를 제대로 식별하지 않았기 때문이라는 사실을 알아냈다. 데밍 박사는 일꾼들이 자신에 대해 생각하는 방식을 바꾸는 것이 최선책이라고 결론짓고, 그들을 '인부' 혹은 '트럭운전사' 대신 '물품분류 전문가', '물품배송 전문가'라고 부르게 했다.

처음에는 모두들 새 이름이 이상하다고 생각했다. 호칭을 바꾼다고 무엇이 달라지겠는가? 하지만 얼마 지나지 않아 놀라운 변화가 일기 시작했다. 새 호칭을 일상적으로 사용한 결과 일꾼들은 자신을 '전문가'라고 생각하기 시작했고, 한 달도 되지 않아 56퍼센트에 달하던 배송 관련 실수는 10퍼센트로 줄어들었다. '전문가'라는 단어로 인해 자신의 내부, 즉 마음가짐이 바뀌게 된 것이다.

머슴을 주인처럼 만드는 첫번째 길은 '지구를 청소하는 청소부'처럼 자기 일에서 의미를 찾을 수 있게 프레임을 바꿔주는 일이다.

낚시를 취미로 하는 사람과 돈을 벌기 위해 고기를 잡는 어부는 다르다. 또한 드라이브를 위해 운전하는 사람과 화물차 운전기사의 마음은 다르다. 결국 일과 레저의 차이는 어떤 일을 하느냐가 아니라 어떤 자세로 일을 하느냐에 있다.

당신이 어떤 일을 하는가에는 선택의 여지가 없다 하더라도 어떤 방법으로 그 일을 할 것인가에는 항상 선택의 여지가 있다. 그래서 구글은 '회사란 신나는 놀이터'라는 문화를 선택했다. 이왕 하는 일이라면 신나는 마음으로 해야 레저가 되고 스트레스가 쌓이지 않는다. 머슴을 주인처럼 일하게 만드는 두 번째 길은 레저처럼 신이 나서 일하게 하는 것이다.

임파워먼트empowerment는 단어의 뜻 그대로 조직에 '힘을 공급하는 것'이다. 그러기 위해서는 권한 위임을 통하여 직원들이 일일이 상사의 결재를 받지 않고도 일할 수 있는 재량권을 높여주어야 한다. 호텔 청소부가 자신의 판단으로 작은 수리를 할 수 있고, A/S요원이 웬만한 부품 교체는 상급자의 허락 없이 고객에게 그 자리에서 처리해줄 수 있어야 한다. 그래야 자기 일에 보람을 느끼고 신나게 일한다.

리츠칼튼호텔 직원들은 고객의 불편을 감지하는 즉시 문제해결을 위해 아무 과정도 거치지 않고 바로 그 자리에서 스스로 판단하여 최고 2000달러를 지출할 권한을 갖고 있다. 신뢰받는 직원들은 스스로 책임감과 주인의식을 가지고 최선을 다해 고객에게 봉사하게 되므로, 직원만족과 고객만족이라는 선순환을 거쳐 회사에 큰 이익을 안겨준다.

머슴을 주인으로 만드는 세 번째 길은 극단적인 통제와 기계화된 매뉴얼을 걷어내고 리츠칼튼처럼 권한과 자율성으로 의욕을 북돋는 것이다.

회사를 가건 식당을 가건 우리는 누가 손님이고 누가 주인인지를 금방 구별해낸다. 주인과 손님은 외투를 챙기느냐 빗자루를 챙기느냐처럼 기본적인 생각과 행동이 다르다. 손님은 머물다 가는 입장이지만 주인은 지키고 발전시키는 사람이다. 손님은 오늘을 기억하지만 주인은 내일을 기약한다. 매뉴얼이나 지침에 얽매이지 않고 상사의 결재 없이도 내 일처럼 고객을 위해 권한과 책임을 행사하는 사람이 주인이다.

「하이눈」이라는 영화에서 주인공 게리 쿠퍼가 마을사람들을 향해 던진 유명한 말이 있다.

"내가 원하는 사람은 총을 잘 쏘는 사람이 아닙니다. 내가 원하는 사람은 이 일이 나의 일이라고 생각하는 사람입니다."

고객의 문제해결을 도와주고 그들 스스로 의사결정을 내릴 수 있는 명예로운 전문가라는 긍정적인 태도로 자부심을 가지고 일하는 세일즈맨은 주인이다. 꼭 다시 찾아주시라고 마음과 정성을 다하는 점원은 주인과 다름없다. 그의 서비스가 허술할 리가 없다.

고객들은 모두 주인같은 직원에게 서비스를 받고 싶어한다. 당신은 주인인가, 머슴인가?

천국과 지옥의 식사

어떤 사람이 천국과 지옥을 구경하게 되었다. 마침 지옥은 식사시간이었다. 그곳에서는 모두 겸상을 하고 있었는데, 팔보다 훨씬 긴 젓가락으로 먹되 한번 떨어뜨린 음식은 다시 집어먹을 수 없는 규칙이 있었다. 사람들은 제각기 음식을 집어서 자기 입에다 넣으려 했지만, 젓가락이 너무 길어서 전부 떨어뜨리기만 할 뿐 한 입도 제대로 먹지 못해 아우성이었다. 그러나 천국에서는 그런 몸부림을 볼 수 없었다. 규칙도 젓가락 길이도 똑같았으나 모두들 배불리 먹고 있었다. 마주 앉은 사람의 입에다 서로 넣어주었기 때문이다.

"그러므로 무엇이든지 남에게 대접을 받고자 하는 대로 남을 대접하라"라는 성경 구절이 절로 떠오르게 하는 글이다. 서비스도 마찬가지다.

누군가 내게, 얼마나 정성을 들여 고객을 대접해야 하느냐고 묻는다면 윤용로 기업은행장님의 말씀을 들려주고 싶다.

"사랑하는 이가 아파할 때 하룻밤에 열 번을 일어나 보살핀다는 일야십기一夜十起의 정신으로 IBK 기업은행은 중소기업을 위해 노력할 것을 약속드립니다."

최고경영자의 CS경영철학을 단적으로 웅변해주는 대목이다.

고객만족의 경영철학을 한 단어로 표현한다면, '상생'이다. 천국에서처럼 서로 상대방의 입에다 음식을 넣어주는, 즉 남을 먼저 이롭게 함으로써 궁극적으로 내가 이롭게 된다는 뜻의 '자리이타自利利他'의 정신이다. 하늘은 스스로 돕는 자를 돕는 게 아니라 '남을 돕는 자를 돕는다.' 국민에게 존경받는 정치인, 고객에게 사랑받는 기업은 상대를 먼저 도와준다. 그것이 결국 이기는 전략이기 때문이다.

앞으로 나아가고 내가 이익을 얻기 위해서는 먼저 내 입장을 고집하게 만드는 고정관념이라는 밧줄을 놓아야 한다. 기업이 혁신적인 성과를 얻기 위해서도 이 고정관념이라는 줄을 놓는 것이 중요하다.

"인간은 흔히 작은 새처럼 행동한다. 눈앞의 먹이에만 정신이 팔려 머리 위에서 매나 독수리가 덮치려 하고 있는 것을 깨닫지 못하는 참새처럼 말이다."

마키아벨리의 말이다. 그의 말대로 우리는 자신이 참새처럼 눈앞의 먹이에 정신이 팔려 자신의 이익과 회사의 편의에 집착하고 있지는 않은지, 나의 줄을 바꿔 잡아서 고객의 입장과 이익을 우선적으로 반영하고 있는지를 점검해볼 필요가 있다.

반품률을 높여야 회사가 산다

어느 홈쇼핑업체에 서비스 품질 인증심사를 나갔다가 그 회사 사장님과 얘기를 나눈 적이 있다. 사장님의 고민 중 하나는 반품률과 취소율이 너무 높다는 것이었다. 나 역시 놀랄 수밖에 없었는데 상품의 취소율과 반품률의 합계가 무려 35퍼센트가 넘었다. 그러니까 100만 원어치를 팔았다면 35만 원어치는 배송하기 전에 고객이 주문을 취소하거나 제품이 맘에 들지 않아 다시 반품한다는 말이다. 그나마도 반송, 배송 등 고객접점에서의 불만율 지표를 혁신적으로 감소시킨 결과라고 했다. 결국 실제 매출액은 65퍼센트인 65만원이 되는 셈이다. 의류의 경우는 더 심해서 반품과 취소가 40퍼센트대라고 했다.

생각해보니 연간 매출액이 6000억 원인 이 회사에서 1퍼센트만 반품과 취소를 줄이더라도 대략 60억 원의 순매출 증진 효과가 생기는 셈이다. 물론 회사는 이 점에 착안해서 반품과 취소를 줄이기 위한 다양한 활동을 벌이는 동시에 이것을 직원들의 성과지표에 반영하고 있었다. 나는 이렇게 조언했다.

"취소나 반품률 자체만 보지 마시고 고객만족도가 높아지는 추세를 함께 지켜보세요. 서비스 품질개선 노력의 결과가 취소율 감소로 이어지는지가 더 중요합니다. 그렇지 않으면 영업직원들이나 콜센터 상담원들은 취소나 반품을 줄이기 위해 고객에게 책임을 돌리거나 회사 규정을 내세우며 고객과 악착같이 싸워 이기려 들 겁니다. 회사야 당연히 반품률을 줄이고 싶겠지만 고객은 반대로 반품을 가장 잘해주는 홈쇼핑을 선택합니다."

점심 한 끼 먹으면서 나눈 대화였지만 지금 생각해봐도 훌륭한 컨설팅이었다. 역설적이게도 고객은 반품을 가장 선선히 받아들여주는 홈쇼핑 회사를 선호한다.

그런 점에서 구글의 성공사례도 귀담아 들을 만한 이야기다. 1998년 두 대학생이 구글이라는 회사를 차렸을 때는 이미 전 세계 인터넷 사용자가 1억 명을 넘어서고 있었다. 검색시장도 포화상태로 야후, 알타비스타, 익사이트 등이 시장에서 치열하게 경쟁하고 있었다. 그런데 2001년 봄, 구글은 드디어 야후를 누르고 이용자가 가장 많은 검색엔진이 되었다. 불과 3년 만에 수십억 달러의 시장을 선도하는 기업이 된 것이다. 매출의 대부분은 광고수익이고, 나머지는 주로 기술 사용료였다.

구글의 성공요인은 무엇보다도 우수한 검색기능이었다. 이들은 검색시장의 성장성을 예측하고 빠르고 정확한 검색을 위해서 당시 검색포털의 유일한 돈벌이인 배너광고를 포기했다. 배너광고가 있으면 웹페이지가 뜨는 시간이 길어질 뿐만 아니라 검색과 상관없는 광고를 사용자에게 보여줘야 하기 때문에 검색의 정확성도 떨어지게 된다. 배너광고와 함께 사라진 수익원은 키워드광고가 대체했다. 이렇게 해서 당시로는 상상하기 힘들었던, '사람들을 빨리 떠나게 하는 검색포털'이 탄생하게 된다.

구글은 사용자의 니즈가 어떻게 변화해갈지를 정확히 예측해서 광고 수입이라는 달콤한 유혹을 포기하고 고객 입장에서 빠르고 쉽게 검색하게 함으로써 경쟁사보다 탁월하다는 입소문을 빠르게 만들어나갔다. 후발업체로 시작한 구글은 그렇게 해서 마침내 선두의 자리에 오르게 되었다.

지금은 사람들이 편리하게 사용하고 있는 현금자동인출기CD의 탄생 과정도 흥미롭다. 1970년대에 미국 시티은행이 CD를 처음 도입하려 했을 때, 은행 내부에서 많은 사람이 반대했다는 사실은 잘 알려져 있지 않다. 그들이 CD를 반대한 이유는 하루 종일 아무 때나 곳곳에서 현금을 인출할 수 있게 하면, 예금보다 인출액이 늘어나 큰 손해가 발생할 것이라는 우려 때문이었다.

그러나 고객은 자기가 편리한 시간에 자유롭게 인출할 수 있는 은행에 돈을 넣으려고 할 것이기 때문에 예금이 오히려 늘어나게 될 것이라고 주장한 사람도 더러 있었다. 물론 후자의 주장이 들어맞아 시티은행은 현금 자동인출기를 도입한 이후 시장점유율이 3배 이상 증가했다. 고객들은 언제 어디서나 돈을 인출할 수 있는 편리한 은행에 예금을 했던 것이다. 현금자동인출기는 고객들에게만 편리한 것이 아니라 은행직원의 업무를 기계가 대신하기 때문에 생산성 향상에도 크게 기여했다.

좋은 이익, 나쁜 이익

증권회사나 은행의 투자상품 수익은 고객이 주식이나 펀드를 사고팔 때 발생하는 수수료에서 나온다. 그러므로 거래량이 많을수록 수수료 수익도 커진다. 그렇더라도 회사는 고객의 이익과 만족이 강조되도록 모든 평가제도와 보상제도를 설계해야 한다. 당장의 매출액을 고려하지 않으면 단기적으로는 손해를 보겠지만, 고객수익률이 높은 회사로 소문이 나면서 신규고객이 늘고 기존 고객의 거래량이 늘어날 것이므로 결국 회사의 이익이 커지는 결과를 가져온다. 이렇듯 먼저 고객을 이롭게 하겠다는 자리이타의 사고방식과 경영철학이 바로 CS의 경영철학이다.

경기도 수원에서 25년간 약국을 경영한 유 모 씨는 2007년 초 서울의 K은행 프라이빗뱅킹 센터를 찾았다. 유 씨는 가급적이면 절세도 되는 유망한 펀드를 추천해달라고 했다. 그러자 담당자는 자기 은행에서 판매하는 브릭스펀드브라질, 러시아, 인도, 중국 등에 투자하는 펀드를 권했다.

유 씨는 그 펀드가 과세상품인 줄 알았지만 PB가 하도 강하게 권유를 해서 그의 말을 믿고 1억 원을 가입했다. 그 결과 유 씨는 금융소득종합과세 대상자에 포함돼 세금으로 840만 원을 더 내게 됐다. 그는 다른 은행에서 비과세되는 비슷한 펀드를 판다는 사실을 나중에야 알았다.

PB의 추천내용을 이상하게 여긴 유 씨는 K은행에서 근무하는 지인에게 물어본 결과, 자신이 K은행 PB센터를 찾은 시점이 은행의 판촉기간이었다는 것을 알았다. 지점 간 경쟁이 불붙은 상태에서 PB가 실적을 올리기 위해 고객의 피해 가능성을 외면한 채 금융상품을 추천했던 것이다.

「PB가 무서워」라는 제목으로 어느 일간지에 실린 사연이다. 이익 중에는 좋은 이익도 있지만 본인에게나 회사에 장기적으로 독이 되는 나쁜 이익도 있다. 나쁜 이익이란 쉽게 말해 유 씨가 가입한 펀드의 예처럼 고객과의 관계를 해치면서 창출된 이익이다. 나쁜 이익의 비중이 높은 기업이 건실하게 성장하기를 기대하기는 어렵다. 회사로부터 부당한 대우를 받았다고 느낀 고객은 구매를 줄이고 경쟁사로 옮겨갈 뿐만 아니라 주변 사람들에게도 해당 회사와 거래하지 말라고 열심히 선전하고 다닐 것이다.

CS경영과 일반 경영의 차이는 그 출발점을 어디에 두느냐에 있다. CS경영은 단지 이익을 확보하는 것을 경영의 출발점으로 삼지 않고 돈이 벌리는 여건, 즉 고객만족으로부터 출발하여 그 결과로서 이익을 확보하고 시장점유율을 확대하는 전략을 취한다. 고객을 만족시킨 대가로 얻는 팁을 이익으로 생각하는 사고방식과 철학이 곧 고객만족경영CSM인 것이다. 이와 반대로 고객을 만족시킨 대가가 아니라면 그것은 나쁜 이익이다.

나쁜 이익을 취하는 기업의 문제는 고객만족도가 떨어지고 고객이 이탈하는 것에 그치지 않는다. 한 가지를 더 잃기 때문이다.

"고객만족이 왜 중요한지에 대한 답은 간단합니다. 두 차례의 징벌이 가해지기 때문이죠. 고객만족도가 떨어지면 첫 번째로 고객이 떠나고, 두 번째로 투자자가 떠납니다. 주식시장의 냉담한 반응은 시장가치 저하, 투자자금 회수 등으로 이어집니다. 반면 고객만족도를 높인 기업들은 투자자들의 상품 재구매, 주가 상승, 추가투자 유치 등의 보상을 받습니다. 고객만족도가 높은 기업의 재무성과가 좋다는 것은 수많은 연구결과가 입증하고 있습니다."

고객만족경영 분야의 최고 권위자로 인정받고 있으며 미국고객만족도지수ACSI를 개발한 미시간대 클라스 포넬 교수가 한국에 와서 던진 경고다.

기업이 '지속적으로 성장할 수 있는 방법'은 고객에게 약속한 가치를 제공하고 고객을 기쁘게 하는 것이다. 고객이 주변에 적극적으로 추천하게 만드는 것, 즉 고객을 만족시킨 대가를 통하여 '좋은 이익'을 추구하는 것이다.

도대체 끝이 어디야?

앨리스는 여전히 헐떡이며 말했다.

"음, 우리 세상에서는 지금처럼 오랫동안 빨리 뛰었다면 보통은 어디엔가 도착하게 돼요."

붉은 여왕은 말했다. "느릿느릿한 세상이군. 그렇지만 보다시피 이곳에서는 네 마음껏 달려도 결국에는 같은 곳에 머물게 돼. 어딘가에 가고 싶다면 적어도 그 두 배 속도로 뛰어야 한단다."

루이스 캐럴의 소설 『거울나라의 앨리스』에 등장하는 붉은 여왕의 세계에서는 아무리 열심히 달려도 앞으로는 나아가지 못한다. 그 이유는 이렇다.

거울나라의 앨리스가 도달한 붉은 여왕의 세계에서는 주변 경치가 함께 움직이기 때문에 제자리에 머물기 위해서는 힘껏 달려야 한다. 마치 러닝머신 위에서 달리기를 멈추면 넘어지듯 말이다.

'고객이 오케이 할 때까지'라는 어느 기업의 광고카피처럼 모든 기업이 고객만족에 최선을 기울이고 있지만, 우리 고객들은 그만하면 되었다고 만족스러움을 표시하는 경우는 거의 없다. 아니 그보다는 끊임없이 불평불만을 터뜨리면서 더 좋은 서비스와 품질을 요구한다.

전시 · 컨벤션센터인 킨텍스의 CEO가 어느 잡지와 인터뷰한 내용에, 그들이 일주일 만에 수유실을 만든 사연이 들어 있었다.

"하루는 한 고객이 '이 넓은 공간에 수유실이 한 곳도 없느냐?'고 항의를 하더군요. 아차 싶어 일주일 만에 수유실을 만들었어요. 이후에 보니까 '이 수유실에 왜 소독기가 없냐'고 해요. 고객의 요구를 반영하라고 지시했어요. '계속 이런 식으로 하다 보면 끝이 없지 않느냐?'고 말하는 직원도 있었는데, 나는 '원래 고객은 그런 것'이라고 답했어요. 고객의 요구는 끝이 없는 게 당연한 거라고요. 우리는 젊은 조직이니까 늘 새로운 것을 받아들일 수 있어야 한다고요."

그래서 "고객만족에는 'Best'가 없다. 오직 'Better'만이 있을 뿐이다"라는 말이 있다.

고객은 쉽게 만족하지 않는다

현대와 같은 정보화 · 세계화 사회에서는 이런 경향이 더욱 두드러진다. 각종 정보매체의 발달로 고객들은 점점 더 똑똑해지고 있다. 특히 인터넷의 발달로 각종 제품이나 서비스에 대해 철저한 비교, 분석이 가능하기 때문에 고객을 무시하는 기업은 순식간에 매출이 급감한다.

기업만이 아니다. 내가 정부기관이나 관공서를 상대로 CS경영이나 혁신마인드 강좌를 자주 가지면서 느끼는 것이지만, 정부기관도 예외일 수 없다. 새 정부 들어 '섬기는 정부'가 국정지표의 하나가 되면서 국민에 대한 공직자의 자세가 관심의 대상이 되고, 각 부처나 지자체들도 '고객만족 행정'의 중요성을 재삼 강조하면서 민간기업 못지않게 다양한 노력을 펼치고 있다. 그 덕택에 과거에 비해 관공서의 문턱이 낮아지고 친절해졌지만, 국민들은 여기에 만족하지 않고 더욱 신속한 답변과 더 나은 서비스를 요구한다.

고객만족경영의 전문가인 칼 알브레히트의 표현대로 '고객의 기대는 계속 진화하고 있기 때문'이다. 이 점은 어느 리서치 회사가 실시한 공직자의 자세에 관한 설문조사만 봐도 알 수 있다. 이 조사에서 "옛날보다 좋아지긴 했지만 아직 고칠 점이 많다"고 응답한 비율이 무려 전체 응답자의 49퍼센트를 차지하고 있다. 진화하는 고객의 요구에 부응해 보다 빠르게, 보다 정확하게 답변을 제공했다 하더라도 고객은 아직도 부족하며 진정으로 국민을 섬긴다고 믿고 있지 않다. 미래학자 앨빈 토플러가 『부의 미래』에서 "기업은 시속 100마일로 달려가는데, 소리만 요란한 기관이나 정부는 아무리 달려가더라도 겨우 25마일 속도로 따라가고 있다"고 표현했듯이, 이제는 정부도 국민에 대한 고객만족 서비스 경쟁에서 신발 끈을 고쳐 매지 않으면 국민으로부터 외면당할지 모르는 상태에 직면해 있다.

고객의 기대와 니즈는 그 속도와 방향을 예측하기가 정말 힘들다. 고객의 니즈는 다층적 구조로 이루어져 있다. 고객 니즈의 진화와 기대수준을 체계화한 카노 노리아키 교수의 '카노모델Kano Model'에 따르면 고객은 제공되는 서비스 품질에 따라 만족 수준이 달라진다.

카노모델은 그림에서 보는 것처럼, 고객의 요구사항 충족 정도를 x축, 고객이 지각하는 만족 정도를 y축에 나타낸다. 그리고 고객의 니즈를 만족요인satisfiers과 명시적으로 드러내지 않는 기본요인must-be 및 감동요인exciters이라는 3가지로 크게 나누고 있다.

첫째는 기본요인이다. 이는 제품이나 서비스에 관해 기본적으로 요구되는 것이다. 말 그대로 고객의 기본적 요구사항이기 때문에 곡선 C에서 보는 것처럼 이를 잘 충족시켜준다고 해서 특별한 만족감이 생기는 것은 아니다. 가령 백화점에서 상품을 사서 포장을 받는 경우를 가정해보면, 포장해서 받은 상품이 내가 산 것과 일치해야 하는 것은 기본이다. 너무나 당연하기 때문에 내가 산 것과 포장을 해서 받은 것을 일치시켜 달라고 요구할 고객도 없지만, 일치한다고 해서 만족해할 고객도 없는 것이

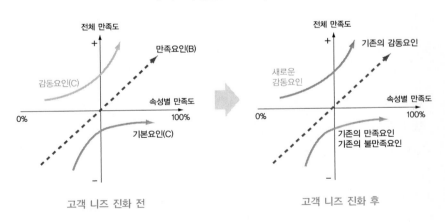

고객 니즈의 끊임없는 진화, 카노모델

고객 니즈 진화 전   고객 니즈 진화 후

다. 그렇지만 일치하지 않을 경우에 불만이 훨씬 클 것은 자명하다.

둘째는 만족요인이다. 이는 고객이 제품이나 서비스에서 요구하는 것으로, 편리한 사용법, 빠른 속도, 뛰어난 성능 등을 그 예로 들 수 있다. 이 요구사항에 대한 만족감은 그림의 직선 B에서 보는 것처럼 충족하는 정도에 따라서 정비례 관계가 된다. 서비스의 제공 속도는 만족요인을 나타내는 좋은 예다. 은행에서 서비스를 받기 위해 대기하는 시간이 짧을수록 만족감이 증가하고 길어질수록 만족감이 줄어든다.

셋째는 감동요인이다. 고객이 미처 기대하지 못했거나 처음 접해서 놀랄 수밖에 없는 요인이다. 감동요인은 곡선 A가 나타내는 바와 같이 충족시키지 못한다고 해서 따로 고객의 불만을 사지는 않는다. 그러나 충족시켜주면 고객의 만족감이 급격하게 증가해서 감동 수준에 다다르게 된다. 은행을 찾았을 때 은행원이 내 이름을 기억하지 못한다고 해서 내 이름도 기억하지 못하느냐고 불만을 가지는 고객은 없을 것이다. 하지만 은행원이 정확하게 내 이름을 기억하고 반갑게 맞아준다면 고객은 감동하게 된다. 고객이 기업에 충성심을 가지게 만드는 것은 바로 이러한 감동요인의 덕택이다.

카노모델을 구성하는 요인들은 시간의 흐름에 따라서 변화하는 특성을 가지고 있다. 즉, 어느 시점에서는 감동요인이 되었던 고객의 요구사항이 점차 만족요인으로 변하고, 다시 기본요인으로 변화하게 되는 것이다. 고객만족을 위해 경쟁자들이 앞다투어 선보이는 다양한 제품과 서비스가 등장하면서 감동요인이 점차 만족요인이나 기본요인으로 변화해가기 때문이다.

20여 년 전만 하더라도 환불서비스는 분명 고객에게 감동을 주었을 것이다. 그러나 어느 업체나 환불서비스를 제공하게 되면 이때부터는 환불 가능 기간의 장단에 따라 만족 정도가 달라지게 될 것이다. 궁극적으로 환불은 언제든지 가능해야 하는 기본 서비스가 되어버린다. 몇 년 전만해도 이동통신 서비스를 사용하는 고객들에게 저렴한 요금, 우수한 통화 품질, 친절한 A/S는 만족요인을 넘어 감동요인으로까지 작용했다. 그러나 통신사업자들 간의 치열한 경쟁과 끊임없는 모방은 과거의 만족요인을 불만족요인으로 변화시켰다. 즉, 대단한 서비스로 받아들여지던 영화관이나 패밀리 레스토랑의 할인서비스가 이제는 "왜 이것밖에 할인이 안되지?"하는 식으로 받아들여지고 있는 것이다.

이처럼 동태적으로 진화하고 있는 고객의 니즈 변화를 제대로 파악하지 못하고 과거 방식만 고수한다면 고객만족 효과는 계속 떨어질 수밖에 없다. 고객이 미처 지각하지 못하는 니즈를 끊임없이 개발하고 감동요인을 발굴해서 충족시켜주는 것이 경쟁력 있는 서비스의 핵심이다.

고객도 모르는 매력요인을 찾아라

허즈버그의 동기이론과 위생이론에 따르면, 인간을 만족시키는 요인과 불만족하게 하는 요인은 서로 다르다. 고객의 만족도를 높이는 여러 요인 중에서 가장 크게 향상시키는 요인은 '동기요인'이고, 불만예방 효과만을 갖는 요인은 '위생요인'이 된다. 앞서 카노모델의 기본요인처럼 위생요인은 충족시킨다고 해서 고객들이 반드시 만족하는 것이 아니다. 단순히 불만사항이 제거된 정도에 그친다. 즉, CS경영에서 '불만족의 반대말'은 '만족'이 아니라 '불만족이 없어진 것'이다.

그런데 아직도 고객들이 제기하는 불만족요인을 그들의 주요 니즈라고 생각하는 기업들이 있다. 물론 불만족요인을 해결하는 것이 중요하지만, 고객들은 이것을 기본적이고 당연한 것으로 생각한다. 그 결과, 불만을 없애는 데 많은 인적·물적 자원을 투입해도 고객의 만족도는 평균적인 수준에 머무는 현상이 발생한다. 따라서 현재의 고객만족경영활동이 불만족요인은 물론, 만족요인이나 감동매력요인까지 구체적으로 접근하고 있는지 다시 한 번 점검해볼 필요가 있다. 이를 생활만족도에 비유해서 더 구체적으로 생각해보자.

일본의 어느 은행에서 생활만족도에 미치는 여러 요인을 알아보았더니 경제적 여유, 시간적 여유, 가족의 건강, 중요한 의사결정자로서의 역할, 가족관계, 부부관계, 삶의 보람취미 등 같은 요인이 복합적으로 합쳐져서 생활만족도가 결정되는 것으로 나타났다. 여기서 충족되지 않으면 만족도가 낮아지는 비율이 제일 큰 것은 '부부관계'였다. 더불어 부부관계는 완전히 만족하더라도 생활만족도를 높이는 정도에는 큰 영향을 미치지 않았다위생요인. 이와 반대로 충족되면 만족도가 높아지는 비율이 가장 큰 것은 '삶의 보람'이었는데, 만족되지 않더라도 불만스러운 정도는 적은 편이었다동기요인.

그럼에도 여전히 많은 기업이 불만이 높은 항목에만 집중적인 관심을 기울이고 이것을 핵심 개선과제로 선정하는 우를 범하고 있다. 가령 생활만족도를 높이는 전략이라면서도 '부부관계'에만 초점을 맞춘 나머지 불만을 많이 표출하지 않는 '취미 등 삶의 보람'은 관심 밖에 두거나 우선순위에서 뒤로 미루어버리는 식이다. 선후가 바뀌고 본말이 전도된 방식이다. 나쁠 경우에만 전체의 만족도를 크게 떨어뜨리는 '부부관계'와 같은

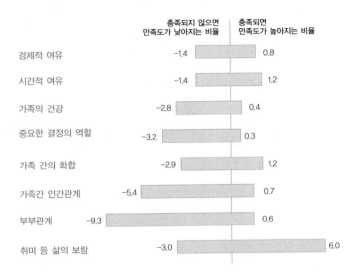

삶의 질에 관한 만족요인

	충족되지 않으면 만족도가 낮아지는 비율		충족되면 만족도가 높아지는 비율
경제적 여유	-1.4		0.8
시간적 여유	-1.4		1.2
가족의 건강	-2.8		0.4
중요한 결정의 역할	-3.2		0.3
가족 간의 화합	-2.9		1.2
가족간 인간관계	-5.4		0.7
부부관계	-9.3		0.6
취미 등 삶의 보람	-3.0		6.0

요인은 불만을 해소하는 정도로 그쳐야 한다. 오히려 취미처럼 고객이 불만을 말하지 않았던 요인에 자원을 투입하는 것이 더욱 효과적이며, 타사와 차별화될 수 있는 매력적 요인이 된다. 이것에 관해서는 뒤에서 다시 구체적으로 설명할 것이다.

나는 J은행 CS추진팀장으로 있을 때 우리 직원들에게 불만요인을 양적으로 줄이는 일도 중요하지만, 평소 불만이 없더라도 고객이 질적으로 큰 만족감을 느낄 수 있는 과제를 발굴해서 추진해보라고 각 지점에 권장한 적이 있다. 실제로 여러 점포에서 다양하고 신선한 아이디어로 전체 만족도를 높이고 고객의 칭찬을 받은 사례가 많이 있었다.

서울 강남의 한 지점에서 있었던 일이다. 아파트 당첨 고객들에게 당첨 사실을 전하며 축하인사를 했더니, 마치 전화를 준 직원이 당첨시켜주기나 한 것처럼 고객들이 기뻐하더라는 것이다. 덧붙여 중도금이 부족할 경우 이런 조건의 대출상품이 있다는 소개를 곁들이자 정말로 고마워했다. 미리 알려주지 않았더라도 불만을 가질 고객은 없었을 것이다. 이것이 바로 매력요인이다.

경남의 한 지점은 전화상담을 마치고 종료인사를 건네기 직전에 "괜찮으시면 성함과 주소, 연락처전화번호,이메일를 알려주실 수 있으십니까?"라고 반드시 고객의 의사를 묻는다고 한다. 그리고 명함과 함께 상품과 서비스에 대한 안내장이나 팸플릿을 우편이나 이메일로 발송해줌으로써 고객을 감동시켰다고 한다. 이러한 감동이 지점의 세일즈 성과로 이어지는 것은 너무도 당연하다.

서비스의 3단계 발전법칙

일본의 MK택시에는 다음과 같은 표지가 붙어 있다.

저희는 택시요금에 다음과 같은 서비스가 포함되어 있다고 생각합니다.
-"고맙습니다"라고 인사를 하겠습니다.
-"MK의 ○○○입니다" 하고 이름을 밝히겠습니다.
-"어디까지 가십니까?", "어디까지 가시는군요" 하고 행선지를 확인합니다.
-"고맙습니다, 잊으신 건 없으십니까?" 하고 인사를 합니다.
이상을 실천하지 않았을 때는 요금을 받지 않습니다.

내가 1992년 당시 J은행 연수원 교수시절에 전사적인 고객서비스 향상을 목적으로 SMART~Service Mind Activating & Reforming Training Program~ 운동을 하면서 당시 가장 많이 인용한 사례는 재일교포 유봉식 씨가 경영하는 MK택시였다. 그러다 보니 자연스럽게 그 내용을 모두 외우게 되었다.

MK택시처럼 인사와 미소, 단정한 복장 등 예절과 친절 운동으로 시작해서 서비스를 표준화하고 전사적으로 실행하는 것, 즉 대고객 친절운동은 서비스의 첫 번째 계단이다. 이것은 기업이 고객에게 제품과 서비스를 판매하는 '거래' 과정에서 종업원에 따라 들쭉날쭉하지 않고 언제나 한결같은 서비스를 유지하기 위해 지켜야 할 예의라고 할 수 있다.

어떤 사람이 미국 출장길에 샌프란시스코의 리츠칼튼호텔에서 하루를 묵었다. 그는 푹신한 베개가 싫어서 프런트에 전화를 걸어 좀 딱딱한 베개를 갖다 달라고 요청했다. 어디서 구해왔는지 호텔 측은 딱딱한 베개를 구해왔고 덕분에 푹 잘 수 있었다.

다음 날 현지 업무를 마치고 다음 목적지인 뉴욕으로 가서 우연히 다시 리츠칼튼에 묵게 되었다. 아무 생각 없이 방 안에 들어간 그는 깜짝 놀랐다. 침대 위에 전날 밤 베던 것과 같은 딱딱한 베개가 놓여 있는 게 아닌가. 뉴욕의 호텔이 어떻게 그것을 알았는지 그저 놀라울 뿐이었다.

매뉴얼에 나와 있는 표준화된 서비스를 기초로 하되 여기서 한발 더 나아가 리츠칼튼호텔처럼 고객 한 사람 한 사람을 세심하게 배려하여 돈독한 관계를 만들어가는 맞춤형서비스가 서비스의 두 번째 계단이다. 제품과 서비스를 판매하기 위한 한 번의 이벤트가 아니라 특별한 '관계' 와 '인연' 을 소중히 하는 것이다. 기업과 고객의 관계는 제품이 폐기되거나 서비스가 잊혀질 때까지 변함없이 계속된다. 디즈니랜드는 이 계단을 이렇게 설명한다.

"직원들은 매뉴얼에 없는 20~30퍼센트의 공백을 사람에 따라, 상황에 따라 스스로 채울 줄 알아야 한다."

"허츠 렌터카입니다. 무엇을 도와드릴까요?"

전화기 저쪽에서 상냥한 목소리가 들려왔다.

"저, 정말 죄송한데요. 제가 빌린 차량이 방금 박살이 났습니다."

"아, 예. 알겠습니다. 어디 다치신 곳은 없으세요?"

"예, 괜찮습니다. 그렇게 물어봐주시니 고맙습니다."

"실례지만 고객님 성함이 어떻게 되시죠?"

"스콧 매케인이라고 합니다."

"매케인 고객님, 정말 다친 곳이 없으신 거죠? 확실히 해두고 싶어서요. 차량이야 언제든 확보하면 그만이지만, 매케인 고객님은 이 세상에 단 한 분밖에 안 계시니까요."

『1등 마케터의 조건』의 저자인 스콧 매케인이 교통사고를 낸 뒤에 렌터카회사에 전화를 하면서 겪은 '특별한 경험' 이야기다.

고객은 제품이나 서비스를 구입하면서 경험도 함께 구입하며, 긍정적 경험은 더 큰 부가가치를 만들어낸다. 구매과정에서 다양한 접점에 '기억할 만한 특별한 경험을 설계'하는 것, 이것이 세 번째 계단이다. 가장 진화된 서비스인 이 계단에서는 제품과 서비스를 떠나 '잊지 못할 경험'이 고객과 기업을 '잊지 못할 관계'로 만들어준다.

커피, 음료, 도너츠를 판매하는 모 회사의 간부들과 세미나를 가진 적이 있었는데, 내가 강의를 마칠 즈음에 이런 질문이 나왔다.

"서비스 실천운동은 어디서부터 시작해야 합니까?"

나는 회사의 서비스가 고객의 기대에 따라 한 단계씩 진화해야 한다는 것을 예를 들어가며 상세히 설명해주었다. 그 답변을 여기에 간추려 말한다면 다음과 같을 것이다.

"MK택시를 타라!", "리츠칼튼에서 묵어라!"

고객 안에 숨어 있는 가치를 선물하라

마음을 움직이는 CS경영

주유소 휴지 사건

2008년 여름, 기름값이 리터당 2000원대까지 올라간 적이 있었다. 그때 나는 트렁크 속에 몇 년째 방치해두었던 불필요한 짐을 모두 내렸다. 연료를 40퍼센트나 줄일 수 있다는 말에 신호대기 중에는 자동변속기어를 중립에 놓고, 기름값이 싼 주유소를 찾아다녔다. 유류비 절약의 노하우를 나름대로 모두 실천한 셈이다.

어느 날은 영등포구 대림동에서 주변 가격보다 150원 정도나 싼 주유소를 발견했다. 경품도 없고 할인 카드 적립도 없고 휴지 한 통도 주지 않았다. 하지만 고유가시대에 최고의 서비스는 가격이라는 생각에 흐뭇한 마음으로 기름을 가득 채웠다.

나는 운전하는 시간도 많고 더러 바쁠 때는 식사도 차 안에서 해결하는 경우가 있어 항상 차 뒷자리에 비닐휴지통을 두고 다닌다. 그런데 아침 방송에서 자동차 안에 세균이 득실득실하다며, 특히 트렁크에서는 화장실에나 있는 박테리아도 나온다는 말을 듣게 되었다. 청소가 제대로 이뤄지지 않고 있는 게 가장 큰 이유라고 했다. 결론은 많은 사람들이 화장실에서 음식을 먹는 것에 대해서는 역겹게 생각하면서도 세균이 득실거리는 자동차 안에서는 아무렇지 않게 음식을 먹고 있다는 것이다.

이야기가 한참 빗나가고 말았는데, 아무튼 내가 하고 싶은 말은 운전자의 건강을 위해 주유소도 신경을 써주면 좋겠다는 것이다. 방법은 간단하다. "휴지 버릴 것 있으십니까?"라고 물어보면 된다. 꼭 주유소를 나와서야 차 안에 둔 쓰레기에 생각이 미치는 내가 그날은 용케도 뒷자리의 휴지통을 생각해냈다. 주유를 마친 직원에게 "휴지 좀 버려줄 수 있어요?" 하고 물었더니, 주유소 한 켠에 있는 쓰레기통을 가리키며 직접 갖다버리라고 했다. 기름값이 워낙 쌌기 때문에 이 정도는 내가 직접 해야 한다고 생각하고, 휴지며 종이컵이며 페트병, 먹다 남은 빵 등을 버리고 차로 돌아왔더니 주유원이 버럭 짜증을 냈다.

"분리수거를 하는데, 한꺼번에 버리면 어떡해요?"

"…"

나는 할 말을 잃었다. 직업정신을 발휘하여 몇 마디 충고라도 해주고 싶었지만 꾹 참았다. 몇 마디 말로 서비스를 가르쳐준다고 당장 해결될 일이 아니기 때문이다.

주유소는 단순히 차에 주유기만 꽂는 곳이 아니다. 엄연히 서비스정신이 숨쉬어야 하는 곳이다. 물론 대부분의 사람은 품질이 좋고, 다른 곳보다 가격이 싸고, 출퇴근길에 쉽게 들를 수 있는 주유소를 찾기 마련이지만, 한번 불쾌한 기억을 남긴 주유소에는 더 이상 가고 싶어 하지 않는다. 좋든 나쁘든 사람은 경험을 오래 기억한다. 더구나 나쁜 경험은 더 오래 기억하는 법이다.

100-1＝0

작고 사소한 것들이 고객을 화나게 하는 사례는 제품과 A/S에서도 흔하다. 우리 집 화장실이 너무 낡아서 벽에 타일을 새로 붙이고 변기를 새것으로 바꾸는 등 대대적인 수리를 해서 새 아파트 못지않은 아늑하고 고급스러운 화장실로 꾸미고 나서였다. 온 가족이 좋아했지만 아들녀석과 나는 그렇지 않았다. 작은 볼일을 보려면 먼저 변기뚜껑을 올려야 하는데, 이 뚜껑이 세우기만 하면 잠시 서 있는 듯하다가 쿵 하면서 다시 내려오기를 되풀이했던 것이다.

애초에 만들 때부터 뚜껑을 수직이 아니라 뒤로 약간 더 젖혀지게 해야 했는데, 89도쯤 되게 해놨으니 계속 큰 소리를 내며 변기통을 때리게 된 것이다. 한 달에 한 번도 아니고 하루에도 몇 번씩 사용하는데 그때마다 부아가 났다. 엄청난 기술이 필요한 것도 아니고 시공할 때 조금만 주의를 기울였

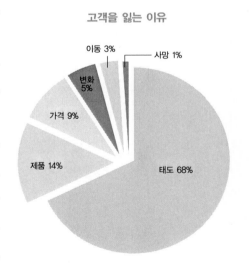

고객을 잃는 이유

이동 3% 사망 1%
변화 5%
가격 9%
제품 14%
태도 68%

다면 아무 문제가 없었을 것이기 때문이다. 이걸 고치려면 변기통 전체를 앞으로 당기는 공사를 해야만 한다고 해서 할 수 없이 긴 작대기로 괴어놓았는데 여간 흉물스럽지 않다. 차라리 천장에 물이 새거나 벽에 금이 간 것 같은 큰 문제였다면 당장 수리를 하지 않을 수 없을 것이고, 시간이 지나면서 지금쯤은 모두 잊어버렸을 텐데, 이런 경우는 다시 손보기도 애매해 생각할수록 개운하지가 않았다.

서비스는 충분히 연습해야 관객에게 들려줄 수 있는 음악처럼 결코 하루아침에 이루어지지 않는다. 서비스를 향상시키는 것은 마치 종이 한 장씩을 쌓아올리는 작업처럼 더디다. 그러나 무너지는 것은 한 번의 실수로 충분하다. 회사가 보기에 아주 사소한 한두 가지 잘못이 고객을 짜증스럽게 하고 두 번 다시 찾아오지 않게 한다. 그래서 서비스는 '100-1=99'가 아니라 '100-1=0'이다.

미국 품질관리협회의 통계를 살펴보더라도 고객이 떠나는 이유는 제품이 나빠서14퍼센트보다 직원의 사소한 실수나 태도68퍼센트가 훨씬 많았다. 고객에게 전화해주는 것을 잊어버리는 것, 약속시간에 늦는 것, 퉁명스런 말투 등 사소한 부주의 때문에 많은 고객을 잃어버릴 수 있고 이런 사소한 일들이 한 회사의 성공과 실패를 판가름할 수도 있다. 내가 주유소에서 당한 것처럼 사람들은 별것 아닌 작은 일 때문에 상한 감정을 오래 담아두기 때문이다. 게다가 회사에 직접 불평하는 대신 주변에 나쁜 소문을 내어 다른 사람들도 발길을 끊어버리게 만든다.

$100+1=200$

엄마와 함께 비행기를 타고 LA로 가던 4살 난 어린이가 이륙한 지 10분 만에 갑자기 고열과 함께 의식을 잃었다. 비행기는 동해 상공에 항공유를 모두 버리고 인천공항으로 회항했고, 어린 환자는 공항 응급센터로 옮겨져 곧 의식을 되찾았다. 이렇게 회항함으로써 연료비와 이·착륙료, 연결 승객 비용 등 약 5000만 원의 추가비용이 발생했다고 한다.

몇 년 전에 '어린 생명을 살린 아름다운 회항'으로 보도되었던 이야기지만 다시 생각해도 참 감동적이다. 그러나 고객을 감동시키는 데 반드시 막대한 돈이 투자되어야 하는 것은 아니다. 한두 주일의 해외여행을 마치고 귀국할 때 기내에서 읽는 2~3일 지난 국내신문은 그간의 국내소식에 대한 갈증을 한꺼번에 풀어준다. 돈이 적게 들면서도 여행객들에게는 신선한 선물이 된다.

수채화물감 안의 고무줄
어느 블로그의 만화에서 본 이 이야기도 작은 배려가 주는 감동을 전하는 사례다.

수채화물감을 사러 갔다가 조그만 물감세트가 눈에 띄기에 샀다. 귀엽군. 가격도 싸고…. 그런데 집에 와서 뚜껑을 열어봤더니 하얀 종이 위에 고무줄이 사뿐히 놓여 있는 게 아닌가! 요즘 물감들이 다 이런 것인지, 이 물감만 이런 것인지는 모르겠지만 이거야말로 고객감동이라 하지 않을 수 없다. 학교에 물감을 가져갈 때면 가방 안에서 쏟아지지 않게 항상 고무줄을 찾지 않았던가. 물감 크기에 딱 맞는 작은 고무줄. 작지만 꽤 괜찮은 배려다.

엘리베이터 안의 거울

여러분은 엘리베이터 안에 언제부터 왜 거울을 설치했는지에 대해 들어본 적이 있을 것이다. 세계적인 엘리베이터 제작사 OTIS가 처음 엘리베이터를 만들었을 때에는 속도가 많이 느려 이용자들의 불만이 상당히 많았다. 엘리베이터의 속도를 빠르게 하려면 시간과 기술, 그리고 돈이 많이 들기 때문에 OTIS로서는 상당한 골칫거리였는데, 이 문제를 한 엘리베이터 여성 관리인이 해결했다.

바로 엘리베이터 안에 '거울'을 설치해서 실제로 오르내리는 데 걸리는 절대시간보다 이용자가 느끼는 시간감각을 빠르게 한 것이다. 이용자가 엘리베이터를 타면 자연스럽게 시선이 거울로 향하게 되고 거울을 보는 동안 어느새 목적한 층까지 도달하게 되는 것이다.

서비스는 심리다

엘리베이터를 더 빠르게 하거나 더 많은 엘리베이터를 설치하려 했다면 꽤 많은 돈과 시간이 들었을 테지만 OTIS는 이 문제를 간단히 해결했다. 거울을 설치하여 경비 절감과 이용자들의 불만 해소라는 두 마리의 토끼를 잡은 것이다.

한 조사기관에서 고객이 인사를 받을 때까지 소요되는 시간을 측정한 뒤 고객에게 얼마나 기다렸느냐는 질문을 했다. 이 조사에서 모든 고객은 실제로 그가 기다린 시간보다 훨씬 오래 기다렸다고 응답했다. 가령 실제로는 30초에서 40초 정도를 기다렸으면서 3분이나 4분 정도 기다렸다고 느꼈다. 직원이 자신의 존재를 알아주기를 기다릴 때까지 고객은 그만큼 지루하다는 것이다.

이때 즉각적인 인사나 고객과의 눈맞춤은 기다리는 시간이 짧게 느껴지게 하고 고객의 스트레스를 줄여준다. 따라서 고객이 대기 중에 가지는 심리상태를 긍정적으로 유도하는 노력은 궁극적으로 서비스의 품질을 향상시키는 효과를 가져올 수 있다.

기본적으로 서비스는 심리학이다. 특히 서비스의 대기시간이 그렇다. 더구나 성미가 급한 한국 사람은 기다림을 못 견뎌 한다. 바꾸어 말하면 '기다림의 차이가 곧 서비스의 차이'라고 여긴다.

고객이 많으면 당연히 서비스가 늦어지지만, 그 대기 과정에서 느끼는 고객의 심리는 서비스에 대한 고객의 기대를 형성하는 데에 중요한 영향을 미친다. 실제로 서비스의 속도가 일정하다 해도 대기 중인 고객의 심리상태가 서비스에 대한 평가를 긍정적 혹은 부정적으로 만드는 결과를 가져올 수 있기 때문이다.

만약 엘리베이터 안에 현재 자신이 몇 층에 있는지를 알려주는 숫자판이 없다면 사람들은 기다리는 내내 초조해할 것이다. 은행에서 대기번호표를 들고 기다릴 때도 마찬가지다. 같은 이치로 콜센터에 전화했을 때 문의한 사항에 대해 몇 분 안에 상담원과 연결될 것이라는 한마디 멘트의 유무에 따라 고객들의 느낌은 확연히 달라진다.

세계 최고의 디자인기업인 IDEO의 최고경영자이자 『유쾌한 이노베이션』의 저자인 톰 켈리는 이를 두고 '초인종효과'라 일컫는다. 초인종효과는 초인종을 누르고 나서 문이 열릴 때까지 혹은 열리지 않을 때까지 기다리는 시간, 고객에게 아무런 정보도 주지 않은 채 무작정 기다리게 하는 상황을 의미한다. 그래서 세계 최고의 서비스기업들은 이런 초인종효과에 주목하여 고객만족도를 높이고 있다.

디즈니랜드는 기다려야 할 시간을 약간 과장되게 안내판에 표시하는 방법으로 사람들의 대기심리를 조작한다. 고객은 결과적으로 안내된 시간보다 덜 기다렸다는 생각을 가지게 된다. 또 대기하고 있는 줄이 계속 움직이게 한다. 고객들은 계속 움직이기 때문에 기다리는 지루함을 덜 느끼게 된다. 또 기다리는 동안 볼거리를 제공하거나 미키마우스가 고객에게 말을 걸거나 장난을 친다. 이렇게 고객의 관심을 다른 곳으로 돌려 지루함을 덜 느끼게 하는 것이다.

금융서비스업의 대표주자인 뱅크 오브 아메리카BOA는 고객이 덜 지루해 할 방법을 알아내기 위해 대기실에 카메라를 설치해 관찰했다. 그 결과, 고객이 기다리는 시간의 임계치가 3분이며 3분이 넘으면 고객은 실제 기다린 시간보다 더 오래 기다렸다고 생각하면서 기다림의 수고를 과대평가하게 된다는 사실을 발견했다.

BOA는 고객들이 기다리는 시간에 재미있는 동영상을 제공하는 등의 해결책을 마련해 초인종효과를 완화할 수 있었다. 실제로 동영상 서비스 제공 이후 고객 1인당 1.4달러의 매출증가 효과를 거두었다.

한 지인이 해준 얘기다. 손님이 많기로 유명한 음식점이 있는데, 그 집은 배짱 좋게(?) "우리 집은 음식이 늦게 나오니 절대 짜증을 내지 마십시오"라는 문구를 벽에 붙여놓았다고 한다. 재미있는 것은 그 글귀를 본 손님들이 워낙 유명한 집이라서 그런가 보다고 생각해서 결코 기다림에 대한 불평을 말하지 않는다는 사실이다. 그리고 음식이 무척 늦게 나올 것으로 각오하고 있는데 생각보다 일찍 나온다고 느낀다는 것이다.

기업들은 제품이건 서비스건 고객에게 더 나은 가치를 제공하기 위해 부단히 힘쓴다. 그런데 고객들은 이러한 제품이나 서비스를 제공받기까지 얼마나 기다려야 하는지 알지 못하고, 기업들 또한 이를 대수롭지 않게 여긴다. 고객만족은 아름다운 회항처럼 큰돈이 들어야 가능한 것이 아니다. 수채화물감의 고무줄, 엘리베이터의 거울, 기다림의 시간까지 관리하는 조그마한 보살핌에서 고객은 감동하고 당신 회사에 대해 충성심을 갖게 된다.

기다림의 심리학

영국의 철학자 버클리는 "지각은 실재이다"라고 선언했는데, 기다린 시간에 대한 지각은 실제로 지나간 시간과 현저하게 다를 수 있다. 사람들이 서비스를 받기 위해 얼마나 오래 기다렸는가를 질문받을 때, 실제로 지나간 시간의 절반 정도로 대답하거나 아니면 두 배쯤으로 대답하는 것이 별로 이상한 일이 아니다.

한 연구 프로젝트에서는 라인에서 90초 기다린 것으로 기록된 고객이 11분 이상 기다렸노라고 말했다. 여기에 연구자들이 개발한, 기다림의 심리를 관리하는 몇 가지 규칙을 소개한다.

지각은 현실보다 중요하다

고객들의 전반적인 의견은 실제로 그들이 얼마나 오래 기다렸는가보다 그들이 얼마나 오래 기다렸다고 생각하는가와 더 높은 상관관계가 있다.

점유되지 않은 시간이 점유된 시간보다 길게 느껴진다

아무것도 하지 않고 기다리는 시간은 길게 느껴진다. 이에 대한 대응으로 기업들은 엘리베이터의 거울처럼 고객의 주의를 분산시키려고 노력한다.

사우스웨스트항공은 통화대기자에 대한 유머러스한 접근으로 전설적이다. 한번은 고객들에게 일련의 질문을 하는 녹음을 틀었는데, 마지막에 가서는 그 서베이가 지금까지의 질문은 단지 고객이 시간 보내는 것을 돕기 위한 것이었을 뿐 어떤 목적도 가지고 있지 않다고 말했다.

프로세스 전의 기다림은 프로세스 내에서의 기다림보다 길게 느껴진다

대규모 대기실에서 기다리는 고객들은 자신들이 도움 받을 수 있는지를 잘 모르므로 기다림이 길게 느껴진다. 그러나 다른 대기장소, 예를 들면 검사실로 옮겨지면 환자들은 자신들이 프로세스에 들어가 있다고 생각하기 때문에 '라운지에서 20분 대기, 검사실에서 10분 대기'가 라운지에서의 30분 대기보다 짧은 것처럼 느낀다.

불확실한 기다림은 확실한 기다림보다 길게 느껴진다

놀이공원들은 기다림이 얼마나 길지에 관한 고객들의 기대를 능숙하게 세팅하여 짜증을 줄일 수 있다. 롤러코스터 대기줄이 길게 늘어선 것을 보면 오래 기다려야 한다는 것을 확신하게 해줄 뿐 아니라, 기다림이 30분일지 90분일지 불확실하기 때문에 힘이 빠진다. 그러나 '여기서부터 대기시간은 30분입니다'라는 표지를 볼 때, 사람들은 불확실성이 제거되어 편안한 느낌을 갖게 된다. 게다가 그러한 표지들 대부분이 시간을 고의로 과장하므로, 25분 안에 이용할 수 있게 되면 고객들은 기대보다 좋았다며 행복해한다.

불공정한 기다림은 길게 느껴진다

특히 미국 같은 경우 선입선출 즉, '먼저 온 사람이 먼저 나가는' 룰이 없는 라인은 불공정하다는 인식이 전반에 깔려 있다. 그러나 비즈니스가 성공하기 위해서는 '주요 고객 우선 규칙'을 사용할 수밖에 없다.

이 규칙은 콜센터와 같이 면대면이 아닌 상황에서 보다 쉽게 적용될 수 있다. 요즈음 콜센터에서는 주요 고객들로부터 걸려오는 전화를 라인 앞으로 밀어넣는다. 면대면의 상황에서 가장 좋은 방법은 물리적으로 고객들을 분리하여, 다른 등급의 고객이 서비스의 차이를 볼 수 없게 하는 것이다. 이러한 관행은 은행에서 두드러져서, 요즘 은행의 주요 고객들은 흔히 전통적인 시스템 밖에서, 즉 VIP 지점에서 별도의 서비스를 받는다.

매뉴얼의 명암

  좀 오래된 이야기지만 내게는 쓰라린 기억이 하나 있다. 몇 년 전 겨울, 일요일 아침에 청평에 있는 어느 연수원에 갔다가 귀갓길에 폭설로 산 속 도로에 갇혀버린 일이 있었다. 타이어 체인이 끊어졌고 더구나 끊어진 체인이 바퀴 안쪽에 감겨버려 꼼짝달싹도 할 수 없는 처지가 되어버렸다. 할 수 없이 체인을 하나 가져와달라고 부탁하려고 보험회사 긴급 상담센터에 전화를 걸었는데, 상담원이 아주 친절하게 전화를 받았다.

상담원 안녕하십니까, ○○화재 상담센터입니다. 무엇을 도와드릴까요?
나   체인이 끊겨서 바퀴 안쪽에 감겨버렸습니다. 죄송합니다만, 서비스 기사 편에 돈은 보내줄 테니까 체인을 하나 가져와주실 수 있습니까?

상담원 죄송합니다, 고객님. 저희 ○○화재보험은 긴급 견인서비스나 비상 급유 서비스는 가능하지만, 체인서비스는 규정에 없습니다.

나 그럼 어쩔 수 없네요. 체인이 감겨버려 차를 움직일 수 없으니까. 그럼 청평까지 긴급 견인서비스를 해주세요.

상담원 고객님, 정말 죄송합니다. 긴급 견인서비스는 엔진이 멎어버린 경우에 가능하고, 체인이 감겨버린 경우는 긴급서비스 대상이 아닙니다.

나 (약간 화난 음성으로) 아니, 그럼 일부러 엔진을 고장이라도 내야 한단 말이오? 그렇다면 이렇게 해주시오. 처음부터 엔진 고장으로 하고 견인서비스를 요청한 것으로 합시다.

상담원 고객님, 이걸 어쩌면 좋습니까? 이제는 그렇게도 해드릴 수가 없습니다.

나 (정말 화가 나서 큰 소리로) 아니 그게 무슨 소리요? 왜 안 된다는 거요?

상담원 (여전히 차분한 음성으로) 고객님과 저의 대화는 처음부터 녹음되고 있습니다.

나 (격앙되어) 그럼 나보고 산속에서 얼어 죽으라는 소리요?

상담원 (아주 상냥한 목소리로) 죄송합니다, 고객님. 다른 데는 더 불편하신 점이 없으십니까?

나 (체념하여) 좋아요. 서울 가서 봅시다.

상담원 전화 주셔서 감사합니다. 상담원 송○○였습니다.

나는 그날 속이 뒤집어지는 줄 알았다. 당장 말라죽을 판인 물고기가 물을 좀 갖다달라고 하니까 며칠만 기다리라고 했다는 어느 고사의 물고기가 된 기분이었다. 내가 사람이 아니라 로봇한테 도움을 청한 것 같은 자괴감이 들었다.

칼 알브레히트는 수많은 고객의 불만을 분석하여 공통요인을 찾아내어 이를 '고객서비스의 7대 죄악'이라고 이름 붙였다. 무관심, 무시, 냉담, 어린애 취급, 로봇화, 규정 제일, 발뺌이 바로 그것이다. 이 가운데서 '로봇화'란 "감사합니다. 안녕히 가십시오", "어서 오십시오. 다음 손님!" 하는 식으로 직원이 완전히 기계적으로 어느 손님에게나 똑같은 말과 동작으로 대하는 걸 말한다. 따뜻한 피가 흐르는 인간미와 유연성은 조금도 느낄 수 없다. 너무 완벽하게 표준화된 서비스는 자동판매기를 연상하게 한다. 출입구에 "어서 오세요", "안녕히 가세요"라는 녹음테이프를 넣은 사람 크기의 인형을 세워놓은 음식점도 보았지만, 이것은 로봇화보다 더 나쁜 인형화(?)의 예가 될 것이다.

은행창구에 가면 손님은 쳐다보지도 않고 고개를 푹 숙인 채 자기 일을 계속하면서 "어서 오세요" 하거나, "안녕히 가세요", "또 오세요"라고 인사하는 직원들이 있다. 물론 손님은 되레 "영, 기분이 나쁘더라"고 불평한다. 직원들은 그렇게라도 하지 않으면 모니터를 하는 본부 CS팀이나 지점장에게 지적을 받기 때문에 입만으로라도 인사는 해야 한다고 변명한다.

서비스 표준화의 부작용

맥도날드의 성공신화는 메뉴를 단순화하고, 모든 공정을 표준화하고, 화장실 운영규칙까지 만드는 등 5만여 가지가 넘는 매뉴얼을 통해 '어디서 누가 만들어도 똑같은 햄버거 맛'을 낼 수 있게 한 데 있었다. 맥도날드의 매뉴얼은 과학화, 표준화 그 자체라 할 만하다.

공장에서 만들어내는 제품도 마찬가지다. 동일 규격, 동일 품질의 공산품을 생산할 수 있도록, 불량품이 생기지 않도록 공정을 철저히 관리한다. 서비스도 하나의 상품으로서 균일한 품질의 서비스를 제공해야 한다는 관점에서 볼 때 '인사는 어떻게 할 것인가', '전화는 어떻게 받을 것인가' 등 아주 간단한 것에서부터 회사 고유의 서비스 기준을 설정하고, 그 기준에 따라 잘 실천하고 있는가까지도 주의 깊게 관리해야 한다.

동네의 허름한 식당에 가도 뜨내기손님과 단골손님에 대한 대접에서 큰 차이를 보인다. 주인이 기분이 좋을 때와 나쁠 때의 태도도 확연히 다르다. 그에 반해 패밀리 레스토랑은 어느 때 가더라도 대개 일관된 서비스가 제공된다. 서비스 품질관리가 되고 있기 때문이다.

하지만 평균적이고 표준화된 서비스 기준은 고객 개개인의 다양한 기대 때문에 본질적으로는 그다지 도움이 안 되는 경우가 더 많다. '서비스 표준화의 부작용'에 관해서는 앞서 내가 이야기한 자동차보험회사의 서비스를 보면 금방 알 수 있다. 표준화된 응대법과 매뉴얼을 교육하고 그에 따라 제대로 응대하고 있는지 여부를 모니터링하여 평가하다 보면, 더 좋은 서비스가 가능한데도 그냥 표준화된 응대에 그치는 경우를 종종 발견한다. 매뉴얼을 지키기 위해 개별적 배려를 포기하는 것이다. 아무리 매뉴얼이 체계적으로 촘촘히 설계되어 있다 해도 실제로 벌어지는 특수한 상황을 모두 담아낼 수는 없으며, 때로는 유연성을 발휘하려는 직원들의 동기부여를 제한하기도 한다.

최근 감성서비스 스킬에 대한 교육의 필요성이 자주 거론되는 이유도 규격화되고 기계화된 서비스의 부작용을 줄이고자 함이다. 기존의 서비스 프로그램이 고객만족을 위한 표준화된 매뉴얼 중심이었다면, 요즘 프로그램에서는 다양한 상황을 부여한 롤플레잉을 통해 감성서비스를 연습하게 한

A/S MOT	내용
1. 접수직원 친절도	접수직원은 친절히 응대하던가요?
2. 기다리는 시간 안내	수리시간이 얼마나 걸리는지 안내하던가요?
3. 고장원인 설명	제품이 어디에 이상이 있는지 설명해드리던가요?
4. 예상수리비 설명	수리 전 수리비는 미리 설명해드리던가요?
5. 수리대 정리정돈	수리대는 정리정돈이 잘 되어 있던가요?
6. 수리결과 확인	수리내용에 대해서 자세히 설명해드리던가요?
7. 작동 확인	제품이 잘 작동하는지 확인해드리던가요?
8. 플러스원 서비스	고장 부위 외 추가로 설명해드리던가요?
9. 명함 전달	수리한 직원이 명함을 드리던가요?
10. 배웅인사	수리 후 고객님께 배웅인사를 하던가요?

다. 물론 감성서비스는 매뉴얼이 없다. 굳이 말하자면 상황에 맞게 적절한 서비스를 제공함으로써 고객을 '편안하고 기분 좋게' 하는 것이 매뉴얼이라면 매뉴얼이다. 진정으로 사랑하는 사람처럼 고객을 대하면 그것이 곧 최고의 서비스인 것이다.

로봇처럼 무미건조하게 고객을 대하는 일이 없게 하는 또 하나의 방법은 매뉴얼에 직원의 정서를 담아내는 것이다. 칼 알브레히트는 직원들이 좀 더 인간적으로 고객을 응대할 수 있게 하는 방법으로 T차트 모델을 제시하고 있는데, 이는 직원들이 로봇이 되는 것을 방지하기 위해 결정적 순간에 고객에게 따뜻함과 배려를 표시하는 방법으로 고안된 것이다.

만드는 방법은 간단하다. 표에서 보는 것처럼 우선 종이에 T자형의 표를

로봇화를 벗어나게 하는 데 도움되는 T차트

업무수준 (회사의 요구)	나의 수준 (자율권이 부여된 부분)
1. 절차를 설명한다.	1. 고객에게 인사한다.
2. 소정사항을 기입한다.	2. 고객과 이야기한다.
3. 고객에게 보여준다.	3. 유머를 들려준다.
4.고객의 승인을 받는다.	4. 기타
5.기타	5. 기타

↑
기계적이고 비인간적인 부분   ↑
개인의 인간미가 더해지는 부분

그린다. 좌측의 결정적 순간에는 회사에서 요구하는 수준의 행동을 기입한다. 예를 들면 손님으로부터 요금을 받는다, 전화주문에 응한다, 고객에게 서류를 적게 한다, 거래결제를 한다 등과 같은 수준의 행동이다. 서비스의 결정적 순간 중 기계적이고 비인간적인 부분이다.

다음으로 T차트의 우측에는 자기의 정서적 행동을 써넣는다. 고객이 편안함을 느끼게 하는 개인적 차원의 정서적 행동리스트이다. 예를 들면 친숙함을 담은 인사, 가벼운 농담, 정중한 표현 등이다. 결정적 순간에 이런 행위를 곁들일 때 인간미가 더해져서 비인간적이고 기계적인 대응으로부터 벗어날 수 있는 고객응대 차트가 작성되는 것이다.

서비스 표준을 재설계하라

그렇다고 해서 표준화된 응대기준을 없애야 한다는 말은 아니다. 그것만

으로는 부족하니 회사와 직원이 한 걸음 더 내디뎌야 한다는 것이다. 고객의 문의를 잘 듣고 대답해준 다음에 "제가 더 도와드릴 일이 있을까요?"라고 덧붙인 질문은 더 많은 서비스를 해주겠다는 직원의 의지를 보여준다. 또 "다른 궁금하신 점이 있으신지요?"라는 물음은 고객이 충성심을 갖게 하는 데 도움이 된다.

서비스의 대표적 특징인 무형성을 유형화하는 작업이 바로 서비스 표준이다. 그런데도 어떤 기업은 서비스는 보이지 않고 만질 수 없는 것이라 측정할 수 없다는 생각으로 직원들에게 단지 "좋은 서비스를 하라!"는 말만 되풀이하고 있다. 표준을 설정하지 않고 그 결과를 측정하지 않으면서 서비스 품질을 개선하겠다고 말하는 것은 단지 '말만의 서비스'에 지나지 않는다. 서비스의 질이 우수하다고 이름난 기업은 항상 '결정적 순간MOT'의 개념을 도입해서 고객의 기대를 만족시킨다. 조직 전체에 명쾌한 고객 지향의 서비스 표준을 설계하고 그 기준에 따라 측정한다.

행동을 제도화하기 위해서는 반드시 서비스 제공과정을 표준화해야 한다. 서비스 표준은 고객에게 서비스의 일관성과 신뢰를 보여주는 유형의 증거이며, 무엇보다도 직원들이 제대로 서비스를 하고 있는지를 측정하는 막강한 수단이 된다. 예를 들어 '친절하게 인사하라'고 하면 어떻게 인사해야 친절한 것인지 사람마다 제각기 생각이 다를 것이고, 무엇보다 측정할 방법이 없다. 따라서 일정한 상황에서 직원들이 취해주기를 바라는 구체적이고 측정 가능한 행동으로 세분하여 설명해야 한다. '친절하게 인사하라'처럼 직원 개개인의 마인드에 의존하게 되면 서비스 품질을 유지하기 어렵다. 그러므로 이 말은 다음과 같이 측정 가능한 서비스 표준으로 재설계되어야 한다.

- 고객이 접근하면 3초 이내에 시선을 마주하고 미소를 지어라.
- "안녕하십니까?"라는 인사말로 30도 고개를 숙여 인사하라.
- 대화 중에는 적어도 한 번 이상 고객의 이름을 불러라.
- 고객에게 항상 자기 이름과 전화번호를 알려주어라.

매뉴얼과 서비스의 조화

매뉴얼을 서비스에 훌륭하게 접목한 사례로는 단연 디즈니랜드를 들 수 있다. 디즈니랜드는 매뉴얼이 모든 고객에게 획일적으로 실행됨으로써 나타나는 폐해를 적극적으로 극복해냈다.

도쿄 디즈니랜드는 개장 전부터 매뉴얼 지상주의와 관련해 몇몇 전문가들로부터 혹독한 비판을 받았다. 그러나 그들은 이렇게 반박한다.

"디즈니랜드의 매뉴얼은 획일화된 서비스를 강조하는 것이 아니라, 그 이상의 것을 직원들에게 요구하기 위해 작성되었다. 다시 설명하면 '단순히 매뉴얼대로 행하면 문제없음'이 아니라, 각각의 상황에서 직원 스스로 가장 좋다고 생각하는 방법으로 하라는 일종의 '기준'일 뿐이다. 직원들은 매뉴얼에 없는 20~30퍼센트의 공백을 스스로 채울 줄 알아야 한다. 또한 직원이 생각해낸 방법이 매뉴얼에 기록된 것 이상으로 우수한 내용이라 생각되면 즉시 그 내용을 매뉴얼에 반영되도록 꾸준히 시스템화해왔다."

디즈니랜드는 기본적인 것을 가르치기 위한 교과서로서 매뉴얼이 반드시 필요하다고 주장한다. 그들이 정의하는 매뉴얼이란 '누구라도 똑같이 할 수 있는 것으로 표준화, 일반화하는 것'을 말한다. 따라서 매뉴얼화라는 것은 '그 시점에서 가장 좋은 서비스 수준과 능력을 가지고 있는 사람이 행하고 있는 것을 표준화함으로써 다른 직원들도 똑같이 할 수 있는 것'이라고 정의할 수 있다. 한번 만들어진 매뉴얼을 금과옥조마냥 영원히 받들라는 것이 아니라 늘 그 이상의 플러스 알파, 즉 20~30퍼센트를 스스로 채워야만 진실로 수준 높은 서비스를 행할 수 있다는 것이다.

규정을 초월하는 '탁월한 서비스'

그렇다면 문서화된 매뉴얼과 규정이 없는 기업은 성공할 수 없는가? 그렇지 않다. 매뉴얼과 규정이 없는 대신 강력한 서비스 문화가 정착되어 있고 경영자 자신이 살아 있는 매뉴얼이 된 기업은 성공한다. 바로 노드스트롬백화점이 그렇다. 노드스트롬에서는 전 직원이 '고객서비스를 제일주의로 실천하는 것'이 강력한 서비스 문화로 정착되어 있다.

노드스트롬은 고객서비스를 일선 직원에게 일임한다. 노드스트롬의 간소한 규정에는 고객서비스에 대한 리더의 탁월한 식견과 종업원들의 능력에 대한 깊은 신뢰가 깔려 있다. 노드스트롬 기업문화의 핵심이 여기에 있다. 직원들은 언제든지 경영자와 선배의 도움을 받는다. 노드스트롬의 리더십은 규정, 매뉴얼, 말이 아니라 모범을 보이는 것이다. 즉, '명사형이 아니라 동사형'이다.

노드스트롬의 규정

노드스트롬에 입사하신 것을 환영합니다.

당신과 함께 일하게 되어 기쁩니다.

우리의 최고 목표는 탁월한 고객서비스를 제공하는 것입니다.

개인적 목표와 전문 직업인으로서의 목표는 모두 높이 설정하십시오.

우리는 당신이 그것을 성취할 능력이 있다고 확신합니다.

이제 우리 직원으로서 행동해야 하는 첫 번째이자 마지막 규정을 말씀드리겠습니다.

'어떠한 상황에서도 당신의 현명한 판단에 따라주십시오. 그 외에 다른 규정은 없습니다. 궁금한 사항이 있으면 언제라도 부서장, 점포장, 사업부 책임자에게 자유롭게 질문해주십시오.'

"너도 신부가 되겠구나"

어느 시골 작은 성당의 주일미사에서 신부를 돕던 어린 소년이 실수로 성찬용 포도주 그릇을 떨어뜨렸다. 그러자 신부가 어찌할 바를 몰라 쩔쩔매고 있는 소년의 뺨을 때리며 버럭 소리쳤다.

"다시는 제단 앞에 나타나지 마라!"

이 말은 소년의 가슴에 깊은 상처를 남겼다. 소년은 그 일 이후 일생 동안 성당에 발을 딛지 않았다. 이 소년은 나중에 공산당의 지도자가 되었다. 그가 바로 유고의 대통령 티토다.

어느 큰 도시 성당의 주일미사 때였다. 신부를 돕던 소년이 실수로 성찬용 포도주 그릇을 떨어뜨렸다. 신부는 놀라 금방이라도 울 것 같은 소년을 이해와 사랑 어린 눈으로 쳐다보며 가만히 속삭였다.

"괜찮다. 일부러 그런 것이 아니잖니? 나도 어릴 때 실수가 많았단다. 너도 신부가 되겠구나."

이 소년이 바로 나중의 저 유명한 대주교 풀턴 신이다.

티토는 신부의 입에서 나온 말대로 제단에서 물러가 하느님을 비웃는 공산당 지도자가 되었고, 풀턴 신은 신부의 말대로 하느님의 일꾼이 되었다. 한마디 말이 사람의 운명에 얼마나 큰 영향을 주는지를 깨닫게 하는 이야기다.

말은 사람의 의식의 일부가 되어 삶을 이끌어간다. "안 된다. 끝장났다"는 부정적인 말을 쓰면 그 말이 굴레가 되어 정말 안 되고 끝장이 난다. 부정적인 말이 나의 무의식에 깊게 각인되어 부정적인 나를 만들어버리기 때문이다.

나는 대학이나 회사에서 강의를 할 때 『물은 답을 알고 있다』라는 책에 나오는 사진을 곧잘 보여준다. 사랑과 감사라는 말을 들은 물의 결정은 깨끗하고 예쁘며 우리 몸에도 이로운 육각수 모양으로 되어 있다. 하지만 '망할 놈, 짜증나네, 죽여버릴 거야' 같은 부정적인 언어를 들은 물의 결정은 이와 정반대로 마치 어린아이가 폭력을 당하는 듯한 형상이다. 놀랍게도 물도 말에 따라 다른 반응을 보인 것이다. 이처럼 언어는 인생을 바꾸고 사물을 바꾼다.

또 언어는 그 사람의 품성을 나타내고 세상을 바라보는 프레임을 결정한다. 따라서 프레임을 바꾸려면 먼저 언어부터 다르게 사용해야 한다. 특히나 서비스맨은 직원들을 격려하고 고객들을 이해하고 칭찬하는 언어가 몸에 배어 있어야 한다.

서비스맨의 대화기술

그렇다면 서비스맨의 대화기술은 어떠해야 할까? 우선 자연스러운 칭찬부터 생각해보자.

나는 눈에 띄지 않는 선수였다. 특별히 키가 크지도 않고, 특출한 재능이 있는 것도 아니었다. 대표팀에는 이미 이름난 선수들이 꽉 차 있어서 이제 갓 스물을 넘긴 나에게 기회가 오리라는 욕심은 애당초 부리지도 않았다. 그저 경험을 쌓는 것이고, 본선 때 한 경기 정도 뛰면 좋겠다는 소박한 마음으로 평가전에 임했다. 내 인생은 늘 그랬다. 남들 눈에 띄지 않으니 '깡다구'로 버티는 것이고 누가 보든 안 보든 열심히 하는 것이 미덕인 줄 알고 살았다.

그러던 어느 날 왼쪽다리에 부상을 입어 텅 빈 탈의실에 혼자 남아 있을 때, 히딩크 감독이 통역을 대동하고 들어왔다.

"박지성 씨는 정신력이 훌륭해요. 그런 정신력이면 반드시 훌륭한 선수가 될 거예요."

그 말은 내 심중을 꿰뚫고 있었다. 그 말은 열 번 스무 번 "축구의 천재다", "신동이다" 하는 소리를 듣는 것보다 내 기분을 황홀하게 만들었다. 그리고 월드컵 내내 감독님이 던진 칭찬 한마디를 생각하며 경기에 임했다.

『내 삶을 바꾼 칭찬 한마디』에 나오는 글의 일부다. 칭찬은 듣는 사람의 기분을 좋게 하고 호감을 주며 오래도록 기억하게 해주는 마술이다. 미국의 사상가 윌리엄 제임스는 "인간성의 가장 깊은 원리는 칭찬받고자 하는 욕망"이라고 했다. 우리는 각종 교육을 통해 "칭찬을 효과적으로 구사하라"는 말을 자주 듣는다.

그런데 대부분의 서비스맨과 세일즈맨들은 자연스러운 칭찬에 서툴다. 교과서적으로 익힌 어색한 찬사를 일방적으로 늘어놓기 일쑤다. 연습이 덜 되어 있기 때문이다. 칭찬이 자연스럽지 않고 지나치게 과장되어 있기 때문에 고객 역시 기쁜 표정이 아니다. 칭찬이란 의례적인 인사나 듣기 좋으라고 하는 아부가 아니다. 그것은 고객과 관련된 일에 관심과 성의를 갖고 있음을 서비스맨 나름의 방식으로 표현하는 행위다.

그렇다면 자연스럽고 성의가 깃든 칭찬은 어떻게 하는 것일까?

먼저 단조로운 표현으로 이것저것 칭찬하지 말고, 한 가지 장점이나 관심사를 골라 칭찬해야 한다. 칭찬거리가 좋으면 그만큼 전달되는 효과도 높다. 감탄사를 섞어서 "헤어 스타일이 얼굴에 잘 어울리네요", "스카프 색깔에서 봄 느낌이 물씬 나네요" 하고 진심으로 칭찬해야 한다. 눈에 보이는 외모도 좋은 칭찬 대상이지만, 눈에 보이지 않는 말투나 성실성 등 노력으로 얻은 장점을 칭찬하면 더 큰 의미를 전달할 수 있다.

사전에 수집한 고객정보나 주의 깊은 관찰로, 칭찬에 대한 구체적인 근거를 제시하는 것도 효과적이다.

한 여사원이 면접을 보러 가기 전에 사장에 대한 사전조사를 했다. 그러고는 면접 때, "어려움을 극복하고 이렇게 큰 회사를 만드신 사장님께 많은 것을 배우고 싶습니다"라고 말했다. 결과는 물론 합격이었다. 어느 사장이 이런 직원을 뽑지 않겠는가.

조금만 준비하면 칭찬에 상당한 구체성을 부여할 수 있다. "정원 잔디가 아름답군요!", "참 열심히 해!", "애가 참 똑똑하네요!"가 아니라, "정원의 잔디가 잘 손질되어 있어서 한 폭의 그림을 보는 것 같습니다", "신 과장은 업무 집중력이 뛰어나단 말이야!", "애가 참 똑똑하더군요. 처음 보는 사람인데도 친근하게 인사를 하던데, 요즘 아이들은 안 그러거든요"와 같이 구체적인 근거를 드는 것이다.

다음 단계로는 칭찬과 더불어 질문을 하라는 것이다.

사람들은 칭찬을 받으면 자기 입으로 자랑하고 싶어진다. 이런 심리를 십분 활용하여 자신이 칭찬한 내용을 다시 질문으로 연결하는 것이다. 질문을 하면 고객이 입을 열고, 이때 많은 정보가 함께 쏟아져나온다. "자제분이 공부를 아주 잘한다면서요?", "꽃꽂이가 참 예쁜데, 누가 했지요?"라는 질문으로 자녀나 자기 솜씨를 자랑할 기회를 마련해주면, 상대는 신나게 자녀자랑이며 꽃꽂이 배운 얘기를 늘어놓을 것이다.

마지막으로 간접 칭찬법을 사용하라는 것이다.

당구도 스리 쿠션으로 맞추면 그냥 맞춘 것보다 더 큰 박수를 받듯이, 그 사람이 없는 곳에서 "김 대리는 워낙 성실하고 센스가 있어서 크게 될 거야"라고 칭찬하면 언젠가는 김 대리의 귀에 들어가 면전에서 직접 칭찬받은 것보다 훨씬 큰 감동을 주게 된다.

인정을 받고 그걸 누리고 싶은 것은 인간의 기본 욕구다. 우리는 인정 위에서 성장하고 인정 때문에 경쟁한다. 인정받는 일이나 칭찬에 관심이 없다고 주장하는 사람들은 비정상적이다.

칭찬을 해주어야 한다고 느꼈다면 즉시 해주는 것이 좋다. 그 사람이 죽은 후에 자기 무덤의 비석에 새겨진 칭찬의 말을 읽을 수는 없는 법이니까.

관리자는 부하직원이 성취할 때마다 칭찬하고 인정하고 보상해주는 위치에 있어야 한다. 아무도 보지 못한 홀인원이라면 얼마나 억울할 것인가!

이와 같은 단계별 접근화법, 즉 칭찬하기-칭찬의 근거 대기-칭찬한 내용에 대해 질문하기 등의 칭찬 방법은 고객의 주의를 끌 수 있는 효과적인 화법이다. 미리 고객관리 노트나 칭찬 노트 등을 활용하여 충분히 자료를 수집하고 기록해나가는 것이 좋다.

"예"라고 말하는 것이 경쟁력이다

일전에 홍콩 만다린호텔이 최고의 고객서비스로 권위 있는 상을 두 번이나 받았다는 것을 알게 되었다. 그곳 총지배인인 친구에게 그 비결을 물었다.

"나도 모르겠네. 고객들에게 '예스'라고 말할 권한이 현장 직원들에게 있기 때문이 아닐까? 하지만 현장 직원들이 고객의 요구에 '노'라고 말하려면 먼저 관리자에게 허락을 받아야 하네."

스칸디나비아항공의 전 회장이며 고객만족경영의 창시자라 할 수 있는 얀 칼슨이 경험한 이야기다.

고객의 부탁에 "예"라고 대답하자는 회사의 기업이념은 돈 이상의 가치가 있다. 우리 회사가 가장 품질이 좋은 상품을 가장 싸게 파는 것은 더욱 아니기 때문에 다른 회사와 다른 그 '무엇인가'를 고객에게 제공해야 한다. 그 '무엇인가'란 바로 차별성과 편리함이다. "해줄 수 있어요?"라고 고객이 물으면 서비스의 정답은 언제나 "예"이다. 그래도 괜찮을까 걱정할 필요가 없다. 이것이 서비스가 탁월한 기업의 기본 사고방식이다. 머지않아 고객감동이 평생고객이라는 더 큰 수확으로 되돌아온다는 것을 그들은 잘 알고 있다.

그러나 "예"라고 대답할 수 없는 경우도 생긴다. 이런 경우에는 2가지 접근방법이 필요하다. 그 하나는 '최선을 다한 아니오'여야 한다는 것이다.

최고의 서비스를 자랑하는 직원들은 손님 앞에서 "없습니다", "안 됩니다", "모릅니다"라고 절대 말하지 않는다. 일단 "알겠습니다"라고 한 뒤 자리에서 물러나서 최선을 다해 손님의 요청에 부응하려고 애쓴다. 그러고도 도저히 힘에 부치면 손님에게 솔직히 "열심히 애써보았지만⋯ 정말 죄송합니다"라고 사과한다. 어떤 공감이나 도와주고 싶다는 의사 표시도 없이 냉담하게 "아니오"라고 하면 고객에게 상처를 주기 때문이다.

다른 하나는 대안을 제시하여 고객에게 선택의 기회를 부여하는 것이다.

예를 들어 친구에게 전화를 걸어 "오늘 저녁 술 한잔 하자" 했는데, 친구가 "나 오늘 선약이 있어서 안 돼"라고만 했다면 무척 섭섭할 것이다. 그러나 "오늘 저녁 만나자고?"사실, "미안해, 오늘 저녁은 선약이 있는데"표현, "금요일 저녁은 어떠냐?"제안, "그러면 부담 없이 한잔 할 수 있지 않겠어?"결과라고 말했다면 친구의 성의나 미안한 마음을 그대로 느끼게 된다.

나는 이걸 외우기 편하도록 그냥 '데스크DESC화법'이라고 부른다.

마지막은 반드시 긍정형으로

'끝이 좋으면 다 좋다'라는 말이 있다. 만남도 중요하지만 헤어질 때 좋게 헤어지는 것이 더 중요하다. 10년을 잘 지냈어도 나쁘게 헤어지면 10년의 공든 탑이 무너져내린다. 반대로 나쁜 인연으로 만났더라도 헤어질 때 잘 헤어지면 나중에 혹시 다시 만나게 되어도 웃으며 만날 수 있는 관계가 된다. 대화도 마찬가지다. 대화의 첫머리도 중요하지만 끝이 더 중요하다. 그러므로 대화의 끝은 반드시 긍정형이어야 한다.

자신이 사용하려고 하는 닌텐도를 친구가 빌려달라고 한다. 그냥 빌려줄 것인가, 고장났다고 할 것인가. 바로 싫다고 할 것인가? 아니면?

D	사실Describe	오늘 이 닌텐도를 빌려달라고 하는 거지?
E	표현Express	오늘 나도 사용하려고 했기 때문에 빌려주기가 곤란하네.
S	제안Suggest	내일이라면 괜찮을 것 같은데…
C	결과Consequence	그러면 며칠 여유 있게 사용할 수 있으니까 더 좋지 않겠어?

칭찬하는 방법도 그렇다. 아쉬운 점을 앞에 두고 칭찬은 뒤에 하는 것이 좋다. "너무 아름다우십니다. 하지만 저는 안경 쓴 사람은 별로라서…"라고 말하는 것보다 "저는 안경 쓴 사람은 별로 좋아하지 않았는데 안경 쓴 모습까지도 아름답습니다"라고 하는 것이 상대를 더욱 기분 좋게 한다.

일상적으로 고객에게 사용하는 평범한 인사말도 긍정형으로 바꿀 필요가 있다. "고객님, 기다리게 해서 죄송합니다"보다는 "고객님, 기다려주셔서 고맙습니다"가 훨씬 듣기에 좋다.

I-Message를 활용하라

대인관계에서 갈등이나 불만이 있을 때 그것을 표현하는 언어적인 방법에는 2가지가 있다. 바로 '나–메시지I-message'와 '너–메시지you-message'이다. 책임 소재를 놓고 대화를 나눌 때 나–메시지는 나의 책임으로 받아들이는 것이지만, 너–메시지는 상대방의 책임으로 돌리는 것이다.

직원이 회의시간에 늦었다고 했을 때 "오늘도 지각이냐?"라는 말은 너–

메시지다. "당신은…"이라는 주어는 생략되었지만 상대방에게 직접 충고, 명령, 비난 등의 뜻을 내포한 메시지를 던지는 것이기 때문에 상대는 자존심이 상하고 불쾌하게 느끼기 쉽다.

그러나 나-메시지는 상대방의 행동 자체를 문제 삼고 그에 따른 책임을 상대에게 넘기는 대신, 그의 행동에 대한 나의 반응을 판단이나 평가 없이 알려줌으로써 내 반응에 대한 책임을 내가 지는 것이다. '(당신이) 제시간에 도착하지 못해 여러 사람이 기다리고 회의시간이 늦어져 걱정된다'는 나-메시지다.

나-메시지는 상대방의 자존심을 상하게 하지 않으면서 나의 감정을 전달하는 효과적인 대화법으로 활용 가치가 큰 의사소통 기술이다.

의문의뢰형이 예약불발을 막는다

"흡연실을 이용해주세요!"라는 명령형은 고객의 의사를 무시한 채 일방적인 강요로 받아들여져 반감을 일으킬 수 있다. 가장 부드러운 표현은 상대방의 의지를 존중한 뒤에 의뢰 형식으로 부탁하는 방법이다. 상사에게 하루 휴가를 내고 싶다고 말할 때도 마찬가지다. 대뜸 "저, 이번 주 금요일 하루 쉬겠습니다"라고 말하는 버릇없는 통보형이 있다. "상무님께서 불편하지 않으시면 금요일 하루 쉴 수 있을까요?"라고 상대의 입장에서 호칭을 사용하여 의뢰형으로 말하는 것이 좋다.

특히 거절할 수밖에 없을 경우에는 단호한 언어보다 의뢰형 표현이 적당하다. "죄송합니다만, 반대편 쪽 흡연실을 이용해주시겠습니까?"라고 부탁해서 고객이 자신의 의사에 따라 부탁을 들어주는 느낌이 들게 해야 한다.

- 죄송합니다만, 영업시간 이후에는 방문해드릴 수 없습니다. 내일 9시 이후가 어떻겠습니까?
- 실례지만, 잠시 자리를 옮겨주시겠습니까?
- 바쁘시겠지만, 더 상세하게 설명해드리고 싶은데 한번 방문해주시겠습니까?
- 번거로우시겠지만, 한 가지만 더 작성해주시겠습니까?
- 괜찮으시다면, 위임장을 작성해주시겠습니까?

이와 같은 부드러운 쿠션언어는 일반 서비스 현장에서 큰 효과를 발휘한다. 의뢰형 부탁을 곁들여 고객의 대답을 듣는 것이 서비스 개선에 대단한 효과가 있다는 심리학적 근거들이 속속 밝혀지고 있다. 자기가 대답한 대로 행동해야 한다는 부담감을 사람들이 갖게 되기 때문이다.

실제로 한 식당 주인이 예약전화를 받는 직원의 멘트를 살짝 바꾸어서, 예약만 해놓고 오지 않는 사람들의 수를 대폭 줄인 예가 있다. 처음에는 전화를 받는 직원이 "취소하실 일이 생기면 전화 주세요"라고 말했다. 그러다가 "취소하실 일이 생기면 전화 주시겠습니까?"라고 묻는 말로 바꾸었다. 물론 대부분의 고객이 "예" 하고 답했다. 이것만으로도 예약불발 비율이 30퍼센트에서 10퍼센트로 크게 줄어들었다. "예"라고 대답하면서 약속을 지켜야 할 것 같은 의무감을 느꼈기 때문이다.

고객에게 의뢰형으로 묻고 나서 "예"라는 대답이 나오기를 기다려보라. 부드럽게 의뢰하면서 심리적인 의무감을 심어줄 수 있다면 일거양득 아니겠는가.

'스킨십'은 말보다 강하다

미국의 어느 TV 프로그램에서 이런 조사를 했다.

첫 번째 실험은 어느 대학 도서관에서 책을 대출하면서 학생들이 어떻게 받아들이고 있는지를 조사한 것이었다. 먼저 도서관 측은 책을 대출해주는 사서들을 두 그룹으로 나누었다. 한 그룹의 사서들에게는 책을 대출해줄 때 시선을 마주치고 손등을 스치는 것과 같은 일체의 신체적 접촉 없이 일사천리로 대출해주라고 부탁했다. 다른 그룹의 사서들에게는 학생의 눈을 쳐다본다든지, 책을 주고받을 때 손목을 스치는 식으로 가벼운 접촉을 해달라고 부탁했다. 그리고 도서관 문을 나서는 학생들을 상대로 도서관을 이용하면서 어떤 느낌을 받는지를 인터뷰했다.

사서에게서 원하는 책을 빌리는 서비스만 받은 학생들은 모두 그저 그렇다는 정도로 "제대로 서비스를 받지 못했다"고 대답했다. 반면 눈을 마주쳐주고 가벼운 접촉이 오간 서비스를 받은 학생들은 "아, 정말 친절한 곳입니다", "공부하기에 아주 좋습니다" 하는 식으로 탁월한 서비스를 받았다고 대답했다.

두 번째 실험에서는 공중전화 부스에서 금방 눈에 띄는 곳에 얼마간의 돈을 놓아두고 사람들의 행동을 관찰했다. 전화를 걸고 그 돈을 갖고 나오는 사람에게 2가지 다른 행동으로 말을 붙여보았다. "죄송합니다만, 바로 전에 제가 전화를 걸었습니다. 깜박 돈을 놓고 나왔는데 혹시 못 보셨습니까?" 하고 말로만 물었더니 겨우 30퍼센트의 사람이 돈을 되돌려주었다. 그다음에는 소매나 팔꿈치를 스치는 등 신체 접촉과 함께 말을 건넸더니 무려 90퍼센트가 돌려주더라는 것이다.

가벼운 스킨십이 행동 변화와 의사소통에 얼마나 강력한 영향을 미치는지를 잘 보여주는 사례는 우리 주변에서도 어렵지 않게 관찰할 수 있다. 남대문시장 같은 데를 가보면 손님이 맘에 드는 옷을 놓고 가게 주인과 흥정을 벌이다가 되돌아 나가려고 할 때 가게 주인이 손님의 팔꿈치를 잡아끄는 모습을 볼 수 있다. 이와 같은 적당한 신체 접촉은 실제로 구매충동을 강하게 자극한다고 한다.

노인들에게서도 스킨십의 위력을 실감할 수 있다. 나이 드신 분들의 최대 고통은 뭐니 뭐니 해도 외로움이다. 금슬 좋은 노인 부부가 해로하다가 할아버지가 먼저 죽으면 할머니는 평균 4년 정도 더 산다고 한다. 그러나 할머니가 먼저 죽으면 할아버지는 6개월 이내에 사망하는 경우가 많다고 한다. 일본의 심리학자 야마구치 하지메에 따르면, 가장 결정적인 이유가 '스킨십'의 차이 때문이라고 한다. 할머니는 할아버지가 없어도 스킨십의 대상이 있다. 손자들을 만지고, 바느질, 요리 등을 통해 끊임없이 피부를 자극하게 되는데, 할아버지는 할머니가 사라지면 도무지 만질 대상이 없기 때문에 깊은 외로움, 소외감에 시달리다 일찍 세상을 떠나게 된다는 것이다.

스킨십은 말보다 강하다. 그래서 영국의 역사학자 토머스 칼라일도 "우주에는 성전이 하나뿐인데, 그것은 인간의 몸이다. 인간의 몸에 손을 댈 때에 우리는 하늘을 만진다"라고 말했던 것이다.

스킨십의 놀라운 위력

K은행 지점장 시절, 지점 바로 위 주상복합 아파트에 사는, 나이가 일흔이 넘은 할머니 고객이 있었다. 이분은 늘 "장 지점장을 많이 도와줘야 할 텐데"라면서 고객들도 소개시켜주고 자주 객장에 내려오셨다. 그때마다 내가 바로 뛰어나가서 손을 잡아끌어 상담실에 모시고 들어오면 그분은 차를 드시면서 자식 자랑에 시간 가는 줄 몰랐다.

한번은 월말이라 너무 바빠 객장에 계신 할머니께 눈인사만 건넨 적이 있었는데, 그 다음 날 다시 내려오셔서 몹시 꾸지람을 하고 올라가셨다.

"장 지점장, 그럴 수 있어? 아무리 바빠도 어렵게 내려온 노인네 손 한 번 안 잡아주고…."

내가 그곳을 떠나온 지도 벌써 10여 년이 다 되어가는데, 지금은 어느 직원이 그분 손을 따뜻하게 잡아주는지 걱정도 되고 갑자기 할머니가 그리워진다. 나는 그때 가벼운 접촉과 살가운 얘기가 매우 효과적인 비즈니스 전략이라는 것을 알지 못했다.

신체적 접촉이 가져오는 비즈니스 효과는 상상 이상이다. 한 연구에서는, 은행 직원들이 거스름돈을 카운터에 올려놓지 말고 고객의 손에 직접 건네주라는 교육을 받았다. 그리고 나서 고객만족도를 조사했는데, 전과는 비교가 안 될 정도로 만족도가 급상승했다. 이와 유사한 다른 연구에서도 고객에게 거스름돈이나 영수증을 건네주며 접촉을 시도한 식당 종업원들이 그렇게 하지 않은 종업원들보다 훨씬 더 많은 팁을 받는다는 사실을 입증했다. 사람은 인사와 말보다 서로 피부가 맞닿는 스킨십을 더 강렬하게 기억한다. 이처럼 적당한 스킨십은 인간관계를 향상시키고 고객만족도에 큰 영향을 미친다.

일상에서 가장 일반적으로 이루어지는 신체 접촉은 악수다. 남녀 간의 부드러운 스킨십도 악수에서부터 시작한다. 악수가 관심과 당부를 동시에 전달하는 신호로 작용하기 때문이다. 의사나 간호사가 환자를 진료할 때도 꼭 필요한 경우만이 아니라 염려스러운 마음으로 환자의 손을 잡아주면 환자는 안정감과 깊은 신뢰를 가지게 된다.

여기서 하나 유의할 점은, 스킨십에 예민하게 반응하는 사람들이 있다는 것이다. 스킨십은 말 그대로 자연스럽고 친근한 터치에 그쳐야 한다. 친숙한 사이가 아니고 적절한 분위기가 아니라면 한계를 넘어서지 않도록 각별히 주의해야 한다. 따라서 신체 접촉을 할 때는 상대의 반응을 예민하게 관찰해야 한다. 아무런 의도 없이 손이 닿았는데도 상대방이 손을 뺀다면 그것은 거절 신호다.

또한 대화할 때에도 최적의 간격이 요구된다. 특히 초면의 사람이나 이성과의 대화에는 상당한 주의가 필요하다. 미국의 인류학자 에드워드 홀 박사는 이러한 인간적 교류의 거리 관계를 이론적으로 잘 설명하고 있다.

가까운 거리를 기준으로 몇 가지 예를 든다.

- 밀접거리_45cm 이내는 서로 피부가 맞닿는 거리이다. 애정관계나 친구관계 등 속삭이거나 악수를 하거나 포옹할 수 있는 촉각 커뮤니케이션의 간격이다.
- 개체거리_45cm~1m 20cm 거리로 파티 같은 데서 서로 대화를 나누기에 적당한 자연스러운 커뮤니케이션의 간격이다.
- 사회거리_1m 20cm~3m 60cm의 거리로 회사의 중역과 비서의 거리 등 개인적 관계가 없는 비즈니스 커뮤니케이션의 간격이다.
- 공중거리_3m 60cm 이상의 거리로 멀리 있는 사람을 부르거나 많은 사람을 대상으로 강연할 때 등 대중 커뮤니케이션의 간격이다.

직장생활이나 고객과의 관계에서 가장 적절한 대화거리는 약 1미터다. 너무 가까우면 부담감을 주기 쉽고 너무 멀면 설득의 효과가 현저히 떨어진다.

비언어에 주목해야 하는 까닭은?

최근 고객만족경영이 본궤도에 오르면서 창구 직원이나 세일즈맨들의 친절함은 상당한 수준에 이르렀다. 그렇다면 모두 고만고만한 서비스를 넘어 고객에게 따뜻하게 전해지고 자기 자신을 더욱 돋보이게 하며 고객만족과 영업에 도움이 되는 것은 무엇일까?

대화는 언어적인 표현과 비언어적인 표현으로 나뉜다. 커뮤니케이션 전문가들은 비언어적 표현의 중요성을 강조한다. '메라비언의 법칙'에 따르면 한 사람이 상대로부터 받는 이미지는 '시각 55퍼센트, 청각 38퍼센트, 언어 7퍼센트'라고 한다. 대화할 때 언어적 표현의 전달력은 7퍼센트에 불과하고, 비언어적 요소들이 내용의 93퍼센트를 전달한다는 것이다.

사랑하는 사람이나 친한 친구가 심란한 얼굴로 눈물을 글썽거리기에 "무슨 일 있어?" 하고 물었는데, 상대는 정작 "아니야, 아무 일도 없었어" 하고 대답하는 경우가 있다. 하지만 이럴 때 우리는 분명 무슨 일이 있었다는 걸 직감으로 안다. 말보다 표정이나 행동이 더 많은 메시지를 전하기 때문이다. 즉, 태도가 말을 하기 때문이다.

사람들은 인간이 대부분 이성적인 판단을 한다고 알고 있지만, 사실 우리들 대부분은 무의식의 지배를 더 많이 받는다. 그 결과로, 메라비언의 법칙처럼 비언어적 의사소통을 통해 더 많은 정보를 상대에게 전달하고 있는지 모른다.

최근에는 성공적인 텔레마케터와 그렇지 못한 텔레마케터의 차이가 내용의 논리성보다는 목소리의 강약이나 리듬 같은 것에 있다는 연구결과들이 발표되고 있다. 우리가 목소리와 표정, 신체 접촉을 포함한 보디 랭귀지와 공간 연출에까지 관심을 기울여야 하는 이유가 여기에 있다.

표정과 신체 접촉은 마음속의 진실까지도 나타내는 만국 공통의 '언어'다. 그러므로 비언어적 대화기술인 'SOFTEN기법'도 익혀두는 것이 좋다. SOFTEN은 원래 '부드럽게 한다'는 뜻의 단어로 쓰이지만, 여기서는 아래 각 기법의 머리글자를 딴 것이다.

S는 미소와 웃음smile을 뜻한다

찌푸린 얼굴이나 덤덤한 얼굴로는 결코 고객이나 동료의 마음을 사로잡지 못한다. 비즈니스 대화에서 가장 중요한 첫 마디는 언어적 표현이 아니라 '환한 미소와 밝은 목소리' 같은 비언어적 표현이라는 사실을 기억하자.

O는 열린 몸짓open gesture이다

비즈니스 대화에서 허리에 손을 얹거나 팔짱을 끼는 몸짓은 피해야 한다. 이 같은 제스처는 무의식적으로 고객을 적대시한다거나 혹은 경계한다는 의미를 전달하므로 삼가야 한다.

F는 앞으로 기울이기forward leaning이다

이는 상대의 말에 관심이 있다는 의미로 몸을 약간 앞으로 기울인 상태에서 듣는 것이다. 몸을 뒤로 젖힌다거나 직각으로 바로 세우는 것보다는 앞으로 살짝 기울이면 "당신의 말씀을 잘 경청하고 있습니다"라는 메시지가 효과적으로 전달된다.

T는 접촉touch이다

앞에서 설명한 것처럼, 가벼운 접촉과 살가운 얘기는 비즈니스 효과를 극대화하는 약이다. 적당한 스킨십은 인간관계를 한층 끌어올려준다.

E는 눈길 나누기eye contact다

대화할 때는 고객의 눈이나 눈 주변을 보면서 말해야 한다. 상대가 말하고 있는데 상대의 얼굴 쪽을 보지 않고 주위를 둘러보는 태도는 금물이다.

N은 끄덕이기nodding이다

고개를 끄덕이는 것은 "당신이 말씀하시는 것을 저도 잘 듣고 있습니다"라는 의미를 아주 효과적으로 전한다.

젊은 남녀가 청혼할 때 "너를 좋아해, 사랑해!"라고 말로만 하지는 않는다. 손을 잡고T, 가까이 다가서면서F, 진심 어린 눈빛을 보낼 때E 비로소 '아, 정말 저 사람이 나를 사랑하는구나!' 하고 느끼게 된다.

설득을 도와주는 공간 연출

커피숍 등에서 이야기를 나누는 청춘남녀를 보고 두 사람이 얼마나 친숙하고 깊은 관계인가를 바로 알아보는 나만의 간단한 방법이 있다. 구석진 곳에서 옆자리에 가깝게 붙어 있는 사이치고 친밀하지 않은 관계는 없다. 지금 열애 중인 이 대리한테도 물어보았더니 역시 내 짐작이 맞다. 커피숍에서 애인하고 만날 때 어느 쪽에 앉느냐고 물어봤더니 역시 옆자리에 앉는단다.

어느 유명 호텔 커피숍이 주말이면 선을 보는 젊은 남녀를 위해 테이블을 마주보는 형태에서 서로 옆에 앉아 얘기할 수 있는 둥근 테이블로 재배치했더니 맞선을 보는 남녀 수가 30퍼센트나 늘더라는 이야기를 들은 적도 있다.

국가 간 정상회담 때도 앉아 있는 모습만 보면 대번에 그 성격을 알 수 있다. 양국 정상 사이에 협력이 필요하거나 오랜 우방으로 지내온 경우에는 십중팔구 옆으로 나란히 앉아 담소를 나눈다. 하지만 서로 경계하고 있는 사이라면 마주보고 앉아 대화를 나눈다. 판문점의 남북 군사회담을 떠올려보라.

또한 공간을 어떻게 연출하느냐에 따라서도 설득 효과가 크게 달라진다. 상대의 앞은 이성_{긴장}의 공간, 뒤는 불안_{공포}의 공간, 양옆은 친밀감_정의 공간이 된다. 예를 들어 맞선을 볼 때는 이성적으로 상대를 관찰하기 위해 마주보고 앉는다. 그러나 같은 남녀의 만남이라도 열애 중인 연인이면 옆에 앉는다. 이와 달리 강도는 대개 뒤에서 튀어나온다. 따라서 고객으로 하여금 당신의 건너편이 아니라 친밀감의 공간인 당신 옆자리에 앉도록 권해볼 필요가 있다. 조그맣고 동그란 테이블을 사용해보는 것도 좋다. 특히 고객이 당신이 제공한 자료를 읽어야 할 필요가 있는 경우라면 더욱 그렇다.

우리는 상담이나 협상을 할 때 으레 마주앉아 이야기를 나눈다. 이때 마주앉는 대신 자료를 제시하면서 슬며시 옆자리에 앉아보라. 성공률이 훨씬 높아진다. 상대방의 앞자리보다 옆자리는 친밀감의 공간으로 초면의 어색함과 거부감을 최소화하는 데 큰 도움을 준다.

내가 아는 어떤 자동차대리점은 영업소의 책상을 모두 없애고 대신 조그맣고 동그란 테이블을 그 자리에 놓았다. 서로 마주보고 앉아 있어도 상대가 건너편에 있다는 것을 전혀 느끼지 못한다. 고객과 세일즈맨이 테이블에 둘러앉아 마치 한 편이 된 것 같은 상황을 연출하는 것이다.

청소가 인생을 바꾼다

주리반특이란 사람이 있었다. 그는 부처님의 제자 중에 가장 머리가 둔한 사람이었다. 아무리 쉬운 진리의 말을 주어도 깨닫지 못했다. 하는 수 없이 '먼지를 털고 때를 없애라'는 한 구절만 가르쳐주었다. 바보스럽지만 정직한 주리반특은 이 한 구절만을 정성껏 외우며 다른 스님들의 신을 닦아주고 먼지를 털어주었다.

이렇게 긴 세월 일을 하는 동안 마침내 자신의 마음을 깨끗이 가질 수 있게 된 주리반특은 아라한불제자들이 도달하는 최고의 직급이 되었다.

어느 날 부처님은 많은 사람들 앞에서 이렇게 말씀하셨다.

"깨달음을 연다는 것은 결코 많은 것을 안다는 것은 아니다. 얼마 되지 않는 작은 한 가지 일이라도 그것에 철저하기만 하면 되는 것이다. 주리반특을 보라. 그는 청소하는 것에 철저함으로써 마침내 깨달음을 얻지 않았느냐!"

어떤 마음으로 나무를 다듬느냐에 따라 그 나무가 천하의 보배로운 거문고가 되기도 하고 단순한 땔감이 되기도 한다. 주리반특은 매일매일 빗자루를 들고 청소를 하는 사이 '아아, 인간도 마찬가지다. 마음속에 있는 먼지나 때를 없애는 것이 중요한 거야'라는 깨달음을 얻었다.

청소는 직원의 마음이다

정신질환의 과정은 방을 청소하지 않는 것으로부터 시작되어 차츰 옷차림이 불결해지고 목욕도 안 하는 식으로 발전해간다고 한다. 그리고 누군가가 자기 방을 깨끗하게 정리하면 엄청 화를 낸다. 회복의 과정은 그 반대 과정을 거친다. 우선 자기 스스로 목욕을 하고 주변도 청결하게 한다.

마쓰다 미쓰히로가 쓴『청소력』을 보면 청소의 힘에 관한 저자의 경험담이 나온다. 사업에 실패하면서 빚더미에 올라앉은 데다 미쓰히로는 이혼까지 당하면서 절망과 무력감에 빠져들었다. 연이은 상처는 좀처럼 아물지 않았고 아무 일도 손에 잡히지 않았다. 그러다 보니 방 안은 금세 쓰레기더미가 되어버렸고 지저분한 방 못지않게 차림새도 엉망이 되어갔다.

어느 날 고교동창인 친구가 찾아왔다. 친구는 방에 들어서자마자 "이게 뭐야? 뭐가 이렇게 더러워!"라는 말과 함께 그의 옷차림을 훑어보고 놀란 표정을 지으며 그냥 돌아가버렸다. 그리고 다음 날 각종 청소도구를 가지고 다시 그를 찾아왔다. 그는 "너도 도와라" 하고는 걸레를 건네고 방을 청소하기 시작했다. 나중에 알았지만 그 친구는 청소전문 회사를 운영하고 있었다.

청소가 끝나고 친구는 시원한 얼굴로 "어때, 기분 좋지?"라고 말했다. 그

때 미쓰히로는 처음으로 상쾌한 기분을 맛보았다. 깨끗하게 청소를 하기 시작한 이후로 그는 자신의 인생이 변화하는 것을 실감했고 좋은 일들이 연달아 일어났다. 지금은 좋은 여성을 만나 결혼도 하고 새로운 사업도 성공적으로 잘 꾸려나가고 있다. 청소가 그의 인생을 바꾼 것이다.

깨끗하기로 유명한 디즈니랜드가 '청결함'에 가장 신경 쓰고 주의를 기울이는 이유도 여기에 있다. 청소가 비즈니스에 미치는 영향을 아주 잘 알고 있는 것이다. '꿈을 꾸는 비일상의 세계는 보통 사람이 머무르는 평범한 일상의 그 어떤 곳보다 더욱 청결하고 깨끗해야 한다'는 것이 월트 디즈니의 지론이었다. 디즈니랜드는 이를 실천하기 위해 많은 비용을 들여 '청결 시스템'을 운영하고 있다. 그 첫 번째가 일종의 '담당구역제' 다. 청소담당 직원에게 각각 '담당구역'을 할당해주고 자기 담당구역을 최고의 청결상태로 유지하고 감시하게 하는 것이다. 이런 시스템 덕분에 공원 안은 아무리 혼잡한 낮시간이라도 15분 안에 모든 쓰레기가 사라진다.

디즈니랜드에서 청소담당 직원의 마음은 단순한 청소원의 마음자세가 아니다. 청소원들을 위한 매뉴얼을 보면 "여러분이 하는 일은 청소가 아니라 청소라는 '쇼'입니다"라는 말이 있다. 요컨대 청소담당 직원은 청소원역을 맡은 배우라는 뜻이다. 배우의 마음가짐으로 디즈니랜드라는 무대에서 청소라는 '쇼'를 하는 것이다. 빗자루와 쓰레받기도 무대소품이고 청소복은 무대의상인 셈이다. 무대의상이니만큼 옷은 항상 깨끗하고 단정해야 한다. 고객들이 모두 돌아가고 난 밤시간이면 공원 안은 더욱 바빠진다. 밤의 무대에서는 수백 명의 야간 직원들이 출연하는 대대적인 '물청소 쇼'가 이루어진다. 이때 기준은 단 하나, '아기가 기어다녀도 될 만큼의 청결함'이다.

고객을 쫓는 것은 호랑이나 곰이 아니다

'웬 청소 이야기가 이렇게 많아?' 하고 의아해할지 모르겠다. 하지만 주변을 깨끗하게 청소한다는 것은 2가지 점에서 특별한 의의를 지닌다.

첫째는 앞서 주리반특과 미쓰히로의 경우처럼 청소는 단순히 쓸고 닦고 하는 신체활동이라기보다 내가 생활하는 공간에 새롭고 긍정적인 에너지를 불어넣는 행위다. 한마디로 청소는 그 자체가 일하는 사람의 마음가짐이다.

둘째는 보이는 것으로 보이지 않는 것까지 판단한다는 것이다. 제품과 뚜렷하게 구별되는 서비스의 고유한 특성 3가지가 있다.

- 무형성_눈에 보이지 않는 것이다. 서비스는 주로 사람의 행동이나 과정으로 이루어지기 때문이다.
- 이질성_서비스 품질은 제공하는 사람마다 달라지기 때문에 표준화가 매우 어렵다.
- 소멸성_서비스는 생산과 동시에 소멸되므로 재고관리를 할 수 없다.

이러한 특성 때문에 서비스의 관리와 마케팅은 제품의 경우와 큰 차이를 보인다. 그중 하나가 무형성을 유형화하는 것이다. 서비스는 승용차처럼 미리 성능을 시험해보거나 손으로 만져볼 수 없기 때문에 고객들은 서비스를 선택하거나 평가하는 데 어려움을 느낀다. 따라서 최대한 눈으로 확인할 수 있는 단서를 찾으려고 한다. 그러므로 기업은 훌륭한 서비스로 보일 수 있는 단서를 끊임없이 제공할 필요가 있다.

에버랜드 정문에서 직원들은 '당신을 환영합니다'라는 (눈에 보이지 않는) 기쁜 마음을 (눈에 보이도록) 두 손을 흔드는 동작으로 표현한다. 사람들이 길게 줄을 서 있는 음식점을 보면 그 집 음식이 맛있을 거라고 판단한다. 유리컵에 금이 가 있거나 종업원 앞치마에 얼룩이 묻어 있는 것을 보면 음식이 청결하지 않을 것이라고 지레 짐작하고 발길을 돌린다.

매장을 구성하는 모든 요소는 고객의 눈에 드러나는 물적 증거들이다. 냄새나는 화장실, 글자가 몇 획 떨어져나간 간판, 먼지가 낀 유리창, 지저분한 식탁, 주방장의 흐트러진 머리 등은 '우리의 제품과 서비스는 형편없습니다'라고 광고하는 현수막과 같다. 그러므로 이런 사소하고 눈에 보이는 작은 것들을 항상 비범하게 관리해야 한다. '고객을 쫓는 것은 호랑이나 곰이 아니라 바로 모기나 파리 같은 것'들이기 때문이다.

화장실이 곧 회사다

화장실은 고객을 내쫓는 대표적인 곳 중의 하나다. '화장실은 그냥 볼일 보는 곳이면 되지'라는 생각을 갖고 있다면 당신은 서비스맨으로서 자격이 없는 사람이다. 불결한 화장실을 보고는 그 누구도 그 식당의 음식이 청결하며 고급스러운 서비스를 제공하는 곳이라고 생각하지 않을 것이다.

나는 연애시절 레스토랑에 자주 드나들면서 음식맛의 수준을 화장실의 청결도와 비교해보곤 했다. 그리고 그때나 지금이나 상관관계가 어긋났던 기억이 별로 없다. 청결한 집이 음식도 맛있다. 불결한 사람이 청결한 음식을 만들 까닭이 없고 좋은 서비스를 할 리가 없다.

물론 회사의 화장실이 깨끗하다고 해서 "귀사의 화장실이 너무나 깨끗해서 거래를 했습니다"라고 말하는 사람은 없을 것이다. 하지만 비행기의 기내 탁자에 커피 얼룩이 남아 있는 것을 보았다면, 비행기 안을 이렇게 관리하는 사람들이 엔진 점검인들 제대로 할까 불안해할 것이다.

어떤 경우에도 고객들이 회사의 서비스를 의심하는 계기를 만들지 말아야 한다. 특히 여성들은 화장실 및 식수대에 관해 주변에 많은 이야기를 하게 되는데, 이것으로 기업의 이미지가 결정되어버릴 수도 있다.

말이 나온 김에 그냥 지나치기 쉬운 실내표지판에 대해서도 생각해보자. 표지판을 걸어놓는 이유는 회사명이나 부서명을 알리거나 상품을 설명하거나 어느 쪽으로 가야 하는지 방향을 표시하기 위해서다. 이 3가지 기능 가운데 어느 기능도 수행하지 않는 표지판이라면 아예 의미가 없다. 사람들은 화장실이 어디냐고 누구에게 묻기 전에 어디에 화장실 안내표지판이 있는지를 찾게 된다. 그것이 없거나 있더라도 잘 보이지 않는다면 아무런 소용이 없다.

표지판의 서체도, 작지만 소홀히 할 수 없는 고객서비스의 하나다. 분명하면서도 산뜻한 느낌의 서체는 알게 모르게 고객들에게도 깊은 인상을 남긴다.

하느님조차 신경을 쓰지 않는 세밀한 곳까지 고객은 신경을 쓰는 법이다. 필요한 표지판이 달려 있는지, 이 표지판은 정말로 필요한 것인지, 표지판에 문제는 없는지 매장 주변을 돌아다니면서 하나하나 체크해보자. 문제는 당장 고치고, 불필요하다면 망설이지 말고 떼어내야 한다.

디즈니랜드는 어딜 가나 청결하고 경관이 아름답게 잘 정돈되어 있다. 덤불 하나까지도 미키마우스나 덤보 등의 캐릭터 모양으로 손질하여 구석구석 배려를 심어놓는다. 경영자의 가치관과 기업문화를 단번에 알게 해준다.

　고객은 예기치 못한 곳에서 정성스러운 서비스를 만날 때 가장 큰 감동을 느낀다고 한다. "이런 것까지 신경을 썼구나" 하는 생각이 들면서 고객은 고마움을 느끼고 마음을 열게 된다.

섹스는 돈으로 살 수 있지만…

'집'은 살 수 있지만 '가정'은 살 수 없다.

'시계'는 살 수 있지만 '시간'은 살 수 없다.

'침대'는 살 수 있지만 '쾌적한 수면'은 살 수 없다.

'책'은 살 수 있지만 '지식'은 살 수 없다.

'명의'는 살 수 있지만 '건강'은 살 수 없다.

'지위'는 살 수 있지만 '존경'은 살 수 없다.

'피'는 살 수 있지만 '생명'은 살 수 없다.

'섹스'는 살 수 있지만 '사랑'은 살 수 없다.

『부의 시크릿』에 나오는 이야기 한 토막이다. 중국 속담을 이용하여 돈으로 살 수 있는 것과 살 수 없는 것을 재미있게 표현했다. 우리는 이 짧은 이야기에서 인생을 어떻게 살아가야 하느냐와 인생에서 우리가 정말 원하는 것이 무엇인가를 깨닫게 된다. 돈은 물질적 문제를 해결해줄 뿐이지 진정한 가치와 행복을 안겨주지는 못한다.

고객이 진정으로 원하는 것 역시 다르지 않다. 고객이 원하는 것은 제품 그 자체에 있지 않다. 제품을 구매함으로써 얻게 되는 가치와 효용이다. 돈으로 살 수 없는 가정, 시간, 건강, 존경, 사랑과 같은 것들이다.

돈으로 살 수 없는 것을 팔아라

제품 자체가 아닌 '효용'을 원한다는 것은 무슨 말일까? 자동차를 예로 들어보자. 사실 고객은 자동차의 부품 자체에는 별 관심이 없다. 자동차가 가져다주는, 자동차를 구입함으로써 얻게 되는 이로움, 즉 효용을 위해 돈을 쓰는 것이다. 자동차를 사면서 "내가 지금 강철 몇 킬로그램과 몇 마력짜리 엔진, 타이어 4개, 시트, 스프링, 나사를 얼마에 샀다"고 말하는 사람은 없다. 차를 사는 이유는 타이어나 시트 같은 부속품 일체가 아니라 자동차가 주는 안전, 편리함, 세련된 디자인, 탁월한 성능, 쾌적한 승차감 때문이다. 또 연인과 데이트하고 싶어서, 출퇴근 만원버스에서 해방되고 싶어서, 휴일에 놀러 가고 싶어서 사는 것이다.

이것은 자동차뿐 아니라 모든 상품과 서비스에 그대로 적용된다. 드릴을 살 때도 마찬가지이다. 고객이 진정으로 원하는 것은 '4분의 1인치짜리 구멍'이다. 드릴 자체는 구멍을 뚫겠다는 목적을 위한 수단이다. 화장품을 사는 사람은 '아름다움'을 사는 것이고, 프로젝션TV나 대형 벽걸이 TV를 사는 사람은 영화관에서 느끼는 즐거움을 사는 것이다. 화장품과 TV라는 수단을 통해 아름다움과 즐거움이라는 가치를 추구하는 것이다. 양면복사기는 종이의 앞뒷면을 모두 사용하므로 용지와 우송비를 절약할 수 있게 해준다. 진공청소기는 집을 깨끗하게 만들어주지만 더 중요한 것은 주부에게 더 많은 자유시간을 선물한다는 점이다.

고객이 돈을 지불하고 상품을 살 때에는 상품에 대한 나름대로의 바람이 있다. 이 바람이 곧 고객이 갖는 기대이고 효용이다. 그러므로 기업은 단순히 드릴, TV, 청소기, 화장품 같은 제품이나 서비스 그 자체를 팔려고 해서는 안 되며 아름다움, 건강, 즐거움, 여유, 신뢰와 같은 가치와 편익을 고객에게 제공해야 한다.

Product + Service = Provice

서비스도 상품이다. 다만 객관적으로 누구에게나 보이는 형태로 제시할 수 없고 물건처럼 만져지지 않을 뿐이다.

우리가 제품을 구입한다는 것은 제품과 관련된 무형의 서비스를 함께 구입하는 것이며, 그것이 어떤 제품이냐에 따라 유형부분제품과 무형부분서비스의 비율이 다를 뿐이다. 유형의 서비스와 무형의 서비스 비율은 예를 들면 중공업 제품, 내구성 가전제품, 외식산업, 병원·학교, 여행·레저·금융·보험의 순으로 높아진다.

중공업이나 석유화학 업종도 서비스 부분의 비율이 갈수록 커져가고 있다. 이제는 제품만 잘 만들면 된다는 제조업 중심의 마인드에서 벗어나야 한다. 좋은 제품을 싸게 만들어서 판매하는 것으로 끝나는 시대는 이미 지나갔기 때문이다. 특히 중공업제품들은 치열한 경쟁으로 품질 수준이 많이 향상되어 더 이상 품질 차별화로는 시장의 주목을 받기 어렵다.

여태껏 제조업이 갖고 있는 고객만족경영의 한계는 '우리가 호텔이나 은행처럼 친절하게 서비스를 해야 하는 업종이냐?'라는 의문이었다. 하지만 이제는 단순히 제품만을 판매하는 것이 아니라 더 높은 부가가치를 창출하는 서비스를 함께 제공해야 할 필요성이 커졌다. 특히 중공업 같은 B2B 성격의 업종에서는 단순한 갑을관계를 떠나 고객사의 요구사항을 체계적으로 반영하여 해결하는 고객만족이 대단히 중요해졌기 때문이다. 단순한 제품$_{product}$이 아닌 프로비스$_{provice\,=\,product\,+\,service}$를 판매해야 한다는 것이 업계의 요구이자 시장의 패러다임이다.

출시된 지 15년이 지난 구형 자동차의 부품을 찾는 한 고객에게 아무리 오래된 제품의 부품까지도 체계적으로 관리하고 있는 회사에서 창고에 보관된 정품을 찾아 제공한다. 고객이 감동하지 않을 리 없다. 부품 자체가 아니라 고객을 배려하는 서비스 정신이 감동을 일으키는 것이다. 그런데 이 고객의 자동차가 판매부진으로 모델을 바꾸자마자 구형모델에 대한 부품공급을 중단하는 회사 제품이었다면 어땠을까?

자동차처럼 비싼 물건일수록 품질과 서비스 보증기간이 제품의 재구매 결정에 위력을 발휘한다. 가전제품을 구매하는 고객도 서비스의 지속성과 유지 가능성에 더 관심이 많다. 품질개선이 없더라도 체계적인 A/S네트워크를 갖추고 있어 제품을 계속 사용할 수 있다는 보장만 갖춘다면 제품의 가치는 올라간다. 회사는 이것을 비용이 아니라 투자로 간주한다. 이 투자에 대한 이익은 고객이 인정해주는 브랜드라는 프리미엄으로 돌아온다.

사실 우리는 비즈니스의 개념을 바꾸는 많은 업종을 목격하고 있다. 제품이 아니라 유지와 보수 등 아예 서비스를 더 큰 부가가치의 원천으로 파는 곳들이다. 정수기 제조회사는 정수기를 파는 것보다 빌려주고 나서 필터를 교환하거나 유지 서비스를 해줌으로써 더 많은 이익을 낸다. 요즈음 싼값에 살 수 있는 복사기도 마찬가지다. 제조회사는 복사기를 빌려주고 부품과 복사용지 등을 공급하면서 매월 사용료만 받는다. 복사기회사에 더 많은 이익을 주는 것은 정작 복사기가 아니라 비싼 토너다. 이들은 모두 값비싼 하드웨어제품를 싸게 공급하고 나서 소프트웨어서비스를 비싸게 팔아 이익을 얻는 전략을 구사하고 있다. 고객이 제품 자체보다 서비스나 효용가치를 원한다는 사실을 깨닫는 것이 그래서 중요하다.

마음을 움직이는 '대박의 원리'

기업의 생존원리는 아주 간단하다. 제품이나 서비스에서 고객이 느끼는 가치value가 고객이 지불하는 가격price보다 크면 된다. 가격이 제조원가cost보다 높아야 하는 것은 물론이다. 따라서 기업의 생존부등식은 원가c < 가격p < 가치v가 된다.

제품가격에 대한 회사와 고객의 생각은 다를 수 있다. 회사는 제조원가에 이익을 더하는 개념으로 시장에 접근한다. 반면에 고객은 제품의 효용가치를 더 중요시한다. 회사가 요구하는 가격과 고객이 효용가치를 따져서 지불하는 가격은 분명히 다르다. 그러므로 회사는 제조원가가 아니라 효용가치 측면에 주목하고 가격을 책정해야 한다. 고객이 느끼는 가치가 낮은데도 원가 때문에 높은 가격을 우겨댄다면 고객은 등을 돌릴 수밖에 없다. 반대로 효용가치가 높은데 가격이 낮다면 그 제품은 대박을 터뜨리게 될 것이다. 오늘날 세일즈맨이나 서비스 담당직원에게 제품에 관한 물리적인 지식뿐 아니라 상품이 지닌 효용성과 이익을 부각시키고, 고객에게 심리적 만족감을 제공하는 효용가치를 충분히 납득시키라고 강조하는 이유가 바로 여기에 있다.

예를 들어 보일러 세일즈맨이라면 보일러의 특징, 성능, 장치, 에너지효율 등을 강조하는 것만으로는 고객의 마음을 움직일 수 없다. 기계에 어두운 주부고객에게는 "한겨울에도 항상 따뜻한 물로 아이를 씻길 수 있습니다"라고 모성을 자극하는 것이 마음을 움직이는 효과적인 설득방법이 된다는 말이다. 진공청소기나 식기세척기라면 주부에게 빠르고 깨끗하게 청소나 설거지를 해주는 가전제품이 아니라 더 궁극적인 효용, 즉 '더 많은 자유시간'을 제공한다는 점을 강조해야 하는 것이다. 맘에 드는 여자를 얻기 위해서도 '내가 돈이 많은 남자'라는 사실을 강조하는 것만으로는 부족하다. '이 돈으로 내가 당신을 이러이러하게 행복하게 해줄 수 있다'고 생생하게 설명한다면 여자의 마음을 움직이기가 훨씬 쉬울 것이다. 여자가 원하는 건 돈 그 자체가 아니라 사랑하는 사람과 꾸미는 단란한 가정과 여유로움이기 때문이다.

친절한 서비스의 고통

사람들은 가마 타는 즐거움만 알고 人知坐輿樂

가마 메는 고통은 알지 못하네 不識肩輿苦

　이렇게 시작하는 다산 정약용의 「견여탄肩輿歎」이라는 시에는 약자의 아픔을 헤아리는 다산의 마음이 고스란히 배어 있다. 다 같은 인간으로 평등하게 태어났는데, 누구는 가마 타고 즐기고 누구는 죽을 힘을 다해 땀을 뻘뻘 흘리며 가마나 멘단 말인가. 가마 타는 사람은 가마꾼의 고통을 이해하고 마음을 기울일 줄 알아야 한다는 가르침일 것이다.

　하루 4만 명의 고객이 꿈과 마법의 나라 디즈니랜드에서 웃고 즐기며 하루를 보낼 수 있는 것은 직원들의 숨은 땀방울 덕분이다. 그러나 가마 타고 즐기는 사람이 가마 메는 고통을 헤아리지 못하듯이 꿈과 마법의 나라에 와서 즐기는 사람들은 디즈니랜드의 직원들이 밤낮으로 얼마나 수고하는 지는 잘 알지 못한다.

'고객은 왕이다.' 고객만족경영을 강조하는 기업에서 가장 많이 볼 수 있는 구호다. 경쟁이 치열해지고 고객들의 기대수준이 날로 높아지면서 서비스의 중요성은 더욱 강조된다. 많은 기업들이 이러한 구호 아래 내부고객인 종업원들에 대해 철저한 교육과 더불어 고객을 왕처럼 모시라면서 더 많은 것을 요구하기 시작했다.

확실히 서비스는 좋아졌다. 고객을 맞이하는 백화점이나 은행 직원들의 얼굴에는 반가운 미소가 가득하고 태도는 비할 데 없이 싹싹하다. 이렇게 서비스가 좋아지게 된 가장 큰 이유 중의 하나는 우리가 흔히 모니터링 제도라고 부르는 '미스터리 쇼핑'에 있을 것이다.

콜센터 상담원들도 시스템에 의해 엄격히 통제받기는 마찬가지다. 상담원의 모든 통화내용이 녹음되고, 녹음된 내용을 바탕으로 상담내용의 정확성과 친절도를 낱낱이 평가받는다. 그 구체적인 평가기준이라 할 QA Quality Assurance 체크리스트는 항목별로 엄격한 세부기준이 정해져 있고, 어떤 경우에도 친절하게 상담하도록 설계되어 있다. 그 결과로 고객들은 그처럼 세련되고, 고객의 말을 잘 들어주고, 고객이 아무리 화를 내도 거듭거듭 사과하는 상담원을 만나게 되는 것이다.

그러나 내부고객의 혹독한 희생을 통해 마련된, 외부고객을 위한 성대한 잔치는 오래갈 수가 없는 법이다. 잔치가 너무 오래 진행되다 보면 내부고객의 체력과 인내심도 한계에 다다르게 된다.

정서노동의 본질을 아는가?

"저도 외국에서 콜센터 매니저를 맡아본 적이 있습니다. 그곳에서는 상담원 활용도를 80~90퍼센트로 높이지 않으면 무능한 관리자로 간주합니다."

상담원 활용도에 대해 토론하던 중 한 인사담당 직원이 내게 한 말이다. 상담원 활용도란 상담원 1인당 전체 근무시간에서 고객과 실제 통화한 시간의 비율이다. 예를 들어 하루 8시간 중 6시간 동안 상담했다면 75퍼센트가 되는 것이다. 그러니까 1인당 하루 목표 통화시간을 높게 산정하면 그만큼 적은 인원으로 감당할 수 있다는 계산이 나오고, 상담원 활용도나 목표 통화시간을 낮게 산정하면 그만큼 많은 직원이 필요하다는 계산이 나온다. 그때 나는 갑자기 무능한 관리자가 되어버린 듯하여 듣고 있기가 몹시 민망했다. 그러면서도 화가 나 버럭 소리를 지르고 말았다. 상담원을 기계 취급하는 그의 언사와 계산식이 몹시 언짢았기 때문이다.

고객은 상담원들 사정 생각해서 항상 한가한 아침 시간대나 늦은 오후시간에 전화를 걸어주지 않는다. 보통 오전 11시에서 오후 3~4시에 통화량이 포화상태에 이르는데, 고객이 기다리다 못해 중간에 전화를 끊어버리는 포기콜이 생기는 것도 이 시간대다. 특히 월말이나 월요일 피크타임 때면 보기에도 안쓰러울 정도로 상담원들이 지친다. 이런 상황을 누구보다 잘 아는 내가 소리를 지를 수밖에 없었던 것이다.

직원들이 안정감과 여유를 갖고 고객을 대할 수 있도록 통화량이 많은 시간대를 기준으로 적정인원을 산정하면 서비스 품질이 당연히 좋아진다. 그럼에도 불구하고 상담원 활용도의 목표를 80퍼센트 이상으로 잡는 기업들이 많다. 한가한 시간대의 유휴인력을 효율적으로 활용한 방법을 찾는 것이 문제해결의 실마리가 될 것이다.

나의 경험을 빌린다면, 여유 있는 시간을 활용해 고객에게 이메일 보내기, 수신전화를 활용하여 다른 상품 추천하기, 자동응답으로 하던 업무를 상담원이 직접 받도록 전환하기, 고객관리나 해피콜 등 좀 더 적극적이고 깊이 있는 상담을 유도할 수 있었다.

상담원들은 적절한 휴식이 필요한 인간이지 원료를 공급하면 시간당 일정한 개수의 물건을 만들어내는 기계가 아니므로 공장가동률 같은 개념으로 접근해서는 안 된다. 백화점 직원이건, 비행기 승무원이건, 호텔 직원이건, 금융기관 직원이건 다 마찬가지다. 고객접점에 있는 대부분의 서비스업이 '정서노동emotion labor'이라는 점을 간과해서는 안 된다. 정서노동은 개인의 감정에 따라 품질이 좌우되는 노동이다. 그러므로 감정에 크게 좌우되지 않는 단순한 노동과는 당연히 구별되어야 한다.

몇 년 전 한 공중파 TV의 고발 프로그램에서 「친절한 서비스, 그 이면의 고통」이라는 다큐멘터리를 방영하여 정서노동자가 사회적 이슈가 된 적이 있다. 정서노동은 자신의 감정을 스스로 다스려 억눌린 상태를 지속적으로 유지해야 하는 노동이다. 다른 말로 '감정노동'이라고 한다. 즉, 개인의 정서와 상관없이 회사에서 만든 매뉴얼이나 지침에 맞추어 자신의 감정 표현을 관리해야 하는 노동이다.

패스트푸드점에서 바쁜 시간대에 주문한 음료가 조금 늦게 나왔다고 화를 내는 고객이나 함부로 반말을 하는 고객, 음료나 음식이 입맛에 맞지 않는다고 화를 내는 고객이라 할지라도 점원은 자신의 감정을 억누르고 시종 웃는 얼굴로 상냥하고 정중하게 사과해야 한다. 이처럼 줄곧 정서노동을 감당해야 하는 직원들은 자신의 실제 정서와 고객에게 표현해야 하는 정서가 다를 때가 많고, 자신의 불쾌한 감정을 드러내지 않고 조절해야 하는 경우가 자주 생긴다.

프로이트에 따르면 고통스러운 사건 자체보다 자신의 감정을 지속적으로 억압하거나 감정 표현을 제대로 하지 못하는 것이 몸과 마음에 더 부정적인 영향을 미친다고 한다. 정서의 표현은 인간의 기본적인 욕구로서 그 자체만으로도 치료가 되기도 한다. 따라서 내면에 억제되어 있는 감정을 표현해내는 것이 매우 중요하다.

하지만 서비스맨은 그러한 표현이 결코 쉽지 않다. 이로 인한 스트레스는 2가지 측면에서 심각한 문제를 낳는다. 첫째는 종업원 자신의 건강이다. 심할 경우 자신의 직업을 하찮게 생각하고 무력감에 빠지는 등 개인적인 생활에도 문제가 된다. 둘째는 육체 피로, 긴장감 등으로 결정적 순간에 서비스 품질이 훼손된다.

서비스 품질을 높인답시고 이들에게 태도나 예절 교육을 시키는 것은 별 효과가 없다. 관리자들이 이들을 깊이 이해하여 업무를 설계하고 휴식과 여유를 갖도록 보살피며 좀 더 감성적이고 인간적으로 배려해주는 것만이 심각한 문제를 방지하는 길이다. 정서를 관리하는 핵심적인 방법 3가지를 살펴보기로 하자

친절교육보다 중요한 정서관리법

1. 감성이 풍부한 직원을 채용한다

매장량이 큰 광산을 개발하듯 처음부터 감성이 풍부하고 끼가 넘치며 자제력이 뛰어난 직원을 채용하는 것이 문제를 원천적으로 해결하는 방법이

다. 다시 말해서 서비스에 자질이 있고 이 일을 좋아하는 사람을 채용하는 것이 가장 좋은 방법이다.

디즈니랜드는 '우리는 행복을 팝니다'라는 회사의 이미지를 보여줄 수 있는 직원을 채용한다. 즉, 자연스러운 미소, 개성, 뛰어난 사교능력이 회사의 요구조건이다. 디즈니랜드는 직원을 채용할 때 적임자를 가려내기 위해 3명 단위로 그룹인터뷰를 실시하는데, 응시자들이 서로 어떻게 사귀고 반응하는가를 보는 데 초점을 맞춘다.

2. 분노를 발산하게 하고 정서를 충전한다

만약 감정을 자연스럽게 표현하기 어렵다면 몸으로라도 표출하는 것이 좋다. 우울하거나 화가 날 때 힘껏 땀 흘리는 운동을 하는 것도 좋은 방법이다. 한스 셀리 박사는 '총체적 신체충격법'을 주창한다. 행동을 통해 자신의 부정적 감정을 밖으로 몰아낼 수 있다는 것이다. 노래방에서 큰 소리로 노래를 불러보는 것, 샌드백을 열심히 치는 것, 높은 곳에 올라가 큰 소리로 고함을 질러보는 것, 실컷 울거나 실컷 웃는 것 등 몸과 목소리로 감정을 표현하는 것 등이다.

개인과 개인 사이에 존재하는 믿음의 양과 직원이 고객을 대하는 정서적인 배려를 은유적으로 표현한 '감정계좌'라는 것이 있다. 감정도 마치 은행 계좌처럼 잔고가 많으면 찾아 쓸 수 있지만 잔고가 바닥나면 부도처리된다. 처음부터 자질이 뛰어난 사람을 채용했다고 하더라도 정서노동에 종사하는 직원들의 감정잔고가 바닥나지 않도록 지속적으로 재충전하고 체크하는 관리자의 노력이 필수적이다.

소리를 지르고 욕을 하는 고객을 상대로 자제력을 잃지 않고 웃는 모습으로 30여 분 응대하고 나면 누구라도 스트레스가 극에 달할 것이다. 이럴 때는 산책을 하거나 휴게실에서 커피를 마시며 동료들과 대화하면서 나쁜 기분을 풀어버려야 한다. 인터넷 유머란이라도 뒤지면서 한바탕 웃고 마음을 풀어야 한다. 이렇게 마음의 녹지를 만들어두어야 다음 고객을 위한 소중한 정서가 다시 충전될 것이다. 이럴 때 상사는 직원들이 충분히 쉬고 동료들과 격의 없이 어울리게 배려하며 고민을 들어주어야 한다.

3. 직원을 마음으로 감동시킨다

회사가 자신들을 잘 보살피지 않는다고 느끼는 직원들에게 고객을 잘 보살피라고 주문한들 제대로 효과를 거둘 수는 없다. 보살핌은 애정이다. 직원만족 없이 고객만족도 없다. 로젠블루스여행사의 CEO 할로젠블루스는 '고객은 두 번째'라는 말을 자주 쓴다. 고객을 무시하라는 말이 아니라 직원이야말로 고객의 마음에 이르는 통로이며 고객이 경험하는 그 무엇이라는 점에서 직원의 중요성을 강조하는 표현이다.

직원만족과 고객만족도의 상관관계에 관해서는 서로 다른 여러 이론이 있지만, 불행한 직원들은 여러 가지 방법으로 회사에 나쁜 영향을 끼치게 된다는 것은 분명하다. 결근, 저생산성, 비협조, 불평불만 늘어놓기, 파업 조장⋯. AT&T의 이사를 역임했던 레이코더플레스키는 "회사에 고용된 사람은 누구도 고객을 100퍼센트 만족시킬 수 없다. 그러나 그들이 고객을 실망시키는 일은 식은 죽 먹기다"라고 말했다. 설령 직원만족이 사업 성공의 절대요건은 아닐지라도 불만족스러운 직원은 회사에 엄청난 재앙을 몰고 오는 화근이 될 수 있다.

'젖소의 사회학'이란 말이 있다. 기업이 직원을 배려하는 정책을 농장 주인이 소의 젖을 더 짜내기 위해서 소에게 잘 대해주는 것에 빗댄 야유적인 표현이다. 분명한 것은 기업이 목표한 고객서비스의 수준을 채우기 위해서는 먼저 직원들을 인간적으로 따뜻하게 배려하고 업무에 대해 자부심을 가지게 해야 한다는 사실이다. 서비스 품질의 바탕은 무엇보다도 이들의 정서이기 때문이다.

요즘은 어느 때보다 감성서비스의 중요성이 강조되고 있다. 따뜻한 감성으로 고객을 위로하고 격려하자는 취지다. 그런데 감성서비스의 핵심은 단연코 '사람'이다. 즉, 감성서비스는 접점직원의 감성에서 시작된다는 것이다. "자기 자신을 이끌려면 당신의 머리를 사용하고, 다른 사람을 이끌려면 당신의 가슴을 사용하라"는 격언이 있다. 고객을 배려하고 보살피는 것과 마찬가지로 직원을 배려하고 보살피기 위한 기업의 노력이 선행되어야 한다.

레저러스는 광고회사인 오길비 앤 마더에서 30여 년 근속 끝에 최고경영자의 자리에 올랐다. 그는 자신이 그 오랜 세월 근속한 이유에 대해 다음과 같이 말했다.

"이십여 년 전 첫 아이를 임신했을 때 몸이 너무 쇠약해서 한동안 집에서 쉬어야 했어요. 2주일이 지나자 도저히 집에만 있을 수 없어 다시 출근을 했는데, 국장이 부르더니 이렇게 말하더군요. '당신이 그 몸으로 지하철을 타고 왔다 갔다 하는 모습을 차마 볼 수가 없군요.' 그러고는 아침저녁으로 차를 보내 출퇴근하는 데 도움을 주었죠. 그 순간부터 나는 이 회사의 영원한 직원이 되어버렸습니다."

어찌 보면 이런 것들은 대단한 것이 아닐 수도 있다. 하지만 그 작고 사소한 일들로 인해 사람은 감동을 받는다. 작은 일이지만 그 안에 '배려'라고 하는 커다란 마음이 들어 있기 때문이다. 이처럼 관리자의 인간적인 배려는 직원들이 리더와 조직에 대해 깊이 헌신하는 계기, 보다 안정적으로 자기 업무에 집중할 수 있는 계기를 만들어준다.

좋은 부하가 좋은 리더다

  지난 주 어느 날 아침 상담원들과 얘기를 하다가 "센터장님은 어떤 분이세요?", "소문에 CS전문가라던데요?"라는 질문이 불쑥 나왔습니다. 아차, 싶었습니다. 여기 와서 제 소개를 스스로 한 적이 없었던 겁니다.

  누가 뭐래도 근무환경에 지대한 영향을 미치는 사람이 상사와 동료들인데, 새로운 팀장이나 동료가 오면 보통은 사람보다는 소문이 먼저 옵니다. 고향은 어디며, 학교는 어디를 나왔고, 어디서 근무했고, 함께 근무했던 사람들한테 물어보니 성격이 어떻다더라부터 업무 스타일, 심지어 술버릇, 출퇴근시간 등등까지.

  그런데 그 사람과 몇 달 겪어보면 그때 들었던 정보 중 많은 것이 왜곡되거나 과장되었다는 것도 알게 됩니다. 그래서 GE에서는 3개월쯤 지나서 여러 번 함께 술을 같이 먹어야 알 수 있는 내용을 상사가 자기소개서를 써서 공개한다고 들었습니다. 고상한 용어로 '정보 마찰 비용'이라고 하는 비용을 줄이겠다는 것이죠.

그런 맥락에서 오늘은 먼저 상담원의 질문에 대한 대답 겸 제 소개를 할까 합니다.

저는 교사생활을 6년 하고 '은행 가면 엄청 돈을 많이 준다'는 소문만 믿고 1983년에 입행했습니다. 주로 연수원 교수, 본부의 마케팅·고객만족 부서에서 10여 년을 근무한 후 몇 곳의 지점장을 거쳤습니다. 어느 특정 분야에 관심이 있거나 공부를 하고 싶을 때는 먼저 '책을 출간하겠다'고 작정합니다. 그 분야에 경험을 축적하고 관련 전문가와 교분을 나누며 관련 서적을 탐독하고 그것을 정리해서 한 권의 책으로 만드는 거지요. 그동안 출간된 책은 『타잔 마케팅』, 『먼저 돌아눕지 마라』, 『서비스 아메리카』 등이 있고 기타 CS 연수 교재, FP 교재, 논문도 쓰고 여러 잡지 등에 글을 기고하기도 합니다.

가족을 소개하면 아내는 교사로 재직하고 있고, 큰딸애는 외국에서 공부하고 있고, 아들녀석은 올해 대학에 들어갔습니다.

다음으로 "CS 전문가라던데, 우리 콜센터의 서비스는?"에 관해 대답을 할까 합니다. 점포건 콜센터건 얼굴을 맞대고 있느냐, 전화선을 통하느냐의 차이가 있을 뿐이지 서비스의 핵심은 '고객분들이 우리가 제공하는 정보를 통하여 더 혜택을 보고, 사려 깊은 직원에 의해서 문제가 종합적으로 해결되는 것'에 있다고 생각합니다. 한마디로 상담원의 문제해결 능력이 서비스의 관건이라는 것입니다. 대부분의 사람들은 공손한 바보보다 확실한 전문가를 더 선호합니다. 로봇처럼 형식적이고 나무토막같이 딱딱한 인사말을 잘하는 게 아니라 유연성을 발휘해서 자연스럽게 고객을 배려하는 능력이 콜센터 서비스의 핵심이라고 생각합니다.

스타벅스는 전 세계에 1만 1000개의 매장을 갖고 있는데, 창업자 하워드 슐츠는 정말 부자입니다. 그는 이렇게 말합니다. "회사가 아무리 커져도 결국 커피 한

잔을 파는 일입니다." 그는 그것을 두 눈으로 보기 위해 매일 25개의 매장을 직접 방문합니다.

우리의 최대 관심사항은, 아주 사소해 보일 수도 있는 전화 한 통화 한 통화의 서비스 품질이 되어야 할 것입니다. 그것이 우리의 최종 완성물이기 때문입니다. 시스템과 기계설비, 인원도 이러한 서비스를 실현하기 위한 지원 도구입니다. 저는 여러분들의 서비스 품질이 최고가 되도록 돕는 사람입니다.

내가 전에 K은행 콜센터장으로 부임했을 때 2000여 명이나 되는 직원들에게 보낸 콜센터의 서비스에 관한 편지 겸 자기소개서의 일부분이다. 나는 그때부터 매월 한두 번씩 중요한 이슈가 있을 때마다 전 직원에게 이메일을 보냈다.

우리가 불안하고 두려운 것은 서로에 대해 잘 알지 못하기 때문이다. 상사와 부하직원의 관계도 예외는 아니다. 우리는 서로를 아는 데 너무 많은 시간과 비용을 지불한다. 폭탄주를 돌리며 정신을 잃을 정도로 술을 먹어야만 서로를 알게 되는 것은 아니다. '직장에서 상사 때문에 사표를 내려한 적이 있다'는 응답이 62.3퍼센트에 이른다는 조사결과를 본 적이 있다. 인력관리 전문가 존 곤스틴 박사가 "직장인은 회사를 떠나는 것이 아니라 직장상사를 떠난다"고 했듯이 상사와 부하의 갈등은 쉽게 치부할 문제가 아니다.

직장동료나 상사와의 갈등과 고객과의 갈등 사이에는 커다란 차이점이 하나 있다. 고객은 어차피 오늘 거래가 끝나면 돌아갈 사람이지만 상사나 동료는 내일도 그 자리에 그대로 남아 있으며, 나의 직장 내 인간관계에 큰 영향력을 미치는 사람이라는 점이다.

"최근 5년간 14개 빌딩, 1500개 사무실의 직장인 5000명을 조사한 결과, 사무실 내 인간관계가 실내공기나 작업환경보다 건강에 더 큰 영향을 미치는 것으로 나타났다. 직장 내 인간관계가 좋지 않을 때는 두통, 피로, 알레르기 질환 등 육체적·정신적 고통을 호소하는 경우가 많았다."

독일 예나대에서 발표한 직장 내 인간관계와 건강에 관한 연구결과다. 상사의 마음에 들고 싶지 않은 직원은 거의 없다. 부하가 두려워하는 상사가 되고 싶은 사람도 물론 없다. 그런데도 부하들이 상사를 두려워하고 상사는 함께 일하는 부하직원이 마음에 들지 않는다면 그것은 상사가 먼저 자기를 알려주지 못했기 때문일 수도 있다.

필요한 정보를 쉽고 간단하게 공유할 수 있다면 정보가 오가는 데 드는 비용을 최소화할 수 있고 생산성도 높일 수 있다. 새로운 상사와 기존 직원의 관계가 그 하나의 예다. 새로 온 사람은 새로 온 사람대로, 기존의 사람은 기존의 사람대로 서로를 알기 위해 많은 비용을 지불한다. 따라서 새로 오는 사람은 우선 자신에 대한 소개서를 쓰는 것이 바람직하다. 또 이런 자기소개서를 모두가 써서 파일로 만들어 공유하는 것도 방법이다. 새로 오는 사람은 직원 각자의 소개서를 미리 읽어봄으로써 같이 일할 사람들에 대해 많은 것을 알 수 있다. 상사에 대한 희망사항을 쓴다든가 하여 수시로 업데이트하는 것도 좋은 방법이다.

왜 상사를 연구하지 않는가?

부하에 대한 상사의 책임과 역할만이 중요한 것이 아니다. 부하직원들이 상사를 대하는 관점이나 태도도 그에 못지않게 중요하다. 우리는 리더십에 관한 이야기는 귀에 못이 박히도록 듣는다. 리더는 어떤 사람이고 어떻게 해야 하며, 부하들이 미워하는 상사는 누구인가…. 하지만 리더보다도 더 중요한 사람은 부하_{follower}다. 야구에서 투수가 아무리 잘 던져도 그것을 제대로 받을 수 있는 좋은 포수가 없다면 아무 의미가 없다는 말도 같은 맥락이다. 『팔로워십과 리더십』의 저자인 로버트 켈리는 "리더가 조직의 성공에 기여하는 것은 많게 잡아야 20퍼센트 정도이다. 나머지 80퍼센트는 팔로워에 의한 것이다"라고 주장했다.

나는 지금 일하는 곳에서 부하들이 상사를 대하는 생각과 방식에 관한 프로그램을 직접 만들고, 부하가 상사를 이해하고 필요한 자원을 확보하고 지지를 받는 방법이라는 의미로 '상향리더십_{upward leadership}'이라는 이름을 붙였다. 남을 따르는 법을 알지 못하는 사람은 좋은 지도자가 될 수 없는 법이다.

"상사는 부하를 한 사람의 인간으로 보지 못한다. 마찬가지로 부하들도 상사를 한 인간으로 보지 않는다. 상사들의 지위가 높아질수록 그 사람 자체보다 직위를 보기 때문이다. 고위직으로 올라가면 보상이 커지지만 높이 올라갈수록 점점 더 외로워진다."

상사라는 존재의 본질을 잘 파악했던 칼리 피오리나 전 HP 회장의 말이다. 상사로 인한 직장생활의 고통을 호소하는 수많은 직장인이 정작 상사를 탐구하지 않는다는 사실은 매우 아이러니하다. 상사는 직장생활의 성공과 실패, 나아가 일상의 행복을 좌우하는 결정적 요소다. 상사가 훌륭한 서비스를 위한 팀워크뿐만 아니라 내 일상의 행복에 중요한 영향을 미친다면 상사에 대해 연구하는 것이 마땅하다.

그렇다면 상사를 슬기롭게 관리하는 방법은 뭘까?

현명한 상향리더십을 위한 5가지 법칙

첫째, 상사를 바꾸려 하지 말라는 것이다

상사도 서비스가 필요한 고객이다. 상사는 회사가 필요로 하는 도움을 주는 사람이다. 사람은 누구나 도움을 받으면 '나도 저 사람을 도와줘야 하는데'라며 되갚아주고 싶고, 물적·심리적으로 진 빚에 대해 보상해야 한다고 생각한다. 상향리더십에서 가장 중요한 것은 내가 상사를 바꾸려고 노력하지 말라는 것이다. 원래 사람은 잘 바뀌지 않는다. 배우자나 자녀를 변화시키는 데 성공했다는 사람을 본 적이 있는가? 있어도 그리 많지 않을 것이다. 자신보다 힘이 약한 자녀조차 변화시키기 어려운데, 하물며 자신보다 강한 파워를 가진 상사를 바꿔보겠다는 것은 계란으로 바위를 치는 행위와 비슷하다. 상사가 어떤 사람인지를 잘 파악하는 것, 그가 무엇을 필요로 하는지 살펴보고 평소에 적절한 도움을 주는 것, 그 사람을 그대로 인정해주는 것, 그 사람에 맞춰 장점을 살리고 내 능력으로 그 사람의 단점을 보완해주는 것이 상향리더십의 첫걸음이다.

둘째, 상사를 칭찬하라

어떤 조직이나 직원들이 신바람나게 일하게 하려면 상사의 칭찬이 매우 중요하다는 것은 주지의 사실이다. 그러나 '부하가 상사를 얼마나 칭찬하고 격려해주는가'에 대해서는 거의 관심을 두지 않는 편이다.

사람들은 누구나 자신에게 호의적인 사람에 대해 더 긍정적으로 평가하고 도와주려는 경향이 있다. 상사라고 해서 다르지 않다. 부하가 섭섭해하는 것은 상사도 섭섭해한다. 부하가 좋아하는 것은 상사 역시 좋아한다. 더구나 '리더가 됨으로써 감수해야 되는 벌은 외로움'이라는 말처럼 상사들은 대부분 외롭다. 나보다 더 격심한 경쟁에 시달리는 상사에게 필요한 유일한 정서적 보상이 있다면 그것은 후배직원들의 존경일 것이다. 어쩌면 칭찬이나 격려는 부하보다 상사에게 더 필요한 것인지도 모른다.

칭찬과 더불어 상사에게 감사를 표하는 것도 아주 좋은 상향리더십이다. 고생했다는 말은 상사의 전유물로만 생각하고 상사의 호의에 대해서 감사 표시를 하지 않는 부하직원이 의외로 많다. 심지어는 감사의 표시를 아부라고 생각하는 사람도 있다. 그러나 건강한 인간관계의 기본은 주고받음이다. 주기만 하고 받지 못하거나, 받기만 하고 주지 않는 관계는 오래가지 못한다. 상사와 부하의 관계도 마찬가지이다. 상사가 애써 해주는 일에 대해 부하는 기꺼이 고마워할 줄 알아야 한다. "칭찬을 해주셔서 큰 힘이 되었습니다. 앞으로도 열심히 하겠습니다", "어제 사장님께 보고하신 내용은 저희들이 보기에도 일목요연했습니다"라고 말해보라. 팀장들은 팀원들로부터 이런 말을 제일 듣고 싶어한다. 직장인 3700명을 대상으로 모 잡지사에서 실시한 설문조사 결과다. "힘들어도 팀장님과 같이 일하면 배우는 게 참 많습니다"라고 진심으로 상사에게 감사하고 칭찬하라. 직장의 분위기가 바뀌고 상사가 당신을 대하는 모습이 달라질 것이다.

셋째, 자신의 실수는 흔쾌히 인정하고 고쳐라

고객의 불만을 받아들이는 자세와 마찬가지로 상사가 야단치면 우선 경청하는 것이 무엇보다 중요하다. 당장 그 자리에서 크게 반발하여 대들기라도 하면 당신은 함께 일하기 고약한 사람으로 낙인찍히고 그 상사와 원수지간이 될지도 모른다. 생각해보라. 당신이 상사라면 여러 사람 앞에서 우습게 됐는데 가만있겠는가?

아무래도 상사는 더 고급정보를 다루는 위치에 있다. 당신이 소신이라고 믿으며 고집부리는 방식이 더 높은 곳에서 보면 흠투성이로 보일 수도 있다. 직급이 올라갈수록 당신이 보지 못한 다른 관점이 생기는 법이다. 실수라고 생각될 때는 신속하고 흔쾌히 인정하고 고치겠다고 약속하라. 변명은 솔직한 인정보다 더 많은 정력과 시간이 들게 하고 자신을 비겁하게 만든다.

넷째 상사라는 인생보험에 가입하라

최근 신세대를 중심으로 합리적인 사고와 개인주의적인 성향이 두드러지면서 상사나 동료에게 특별히 덕 볼 것도 없고 그저 내 능력과 힘으로 이 세상을 살아가면 성공할 수 있다고 생각하는 경향이 강하게 나타나고 있다. 심히 우려스러운 현상이다. 능력이란 단순히 학문적 지식이나 업적만을 말하는 것이 아니다. 서로 돕고 양보하고 희생하는 자세로 좋은 유대관계를 갖는 것이야말로 혼자만의 능력보다 더 중요한 능력임을 깨달아야 한다. 그걸 모른다면 아예 직장생활을 포기하는 것이 낫다.

사람들이 연금이나 보험에 가입하는 이유가 무엇이겠는가? 불확실성에 대비하고 불의의 재난에 미리 대처하려는 것이다. 문제는 우리의 미래에 보험이나 저축으로 해결되는 경제적인 난관만 있는 것이 아니라는 것이다. 혼자의 힘으로는 도저히 어쩔 도리가 없는 일도 생기고 때로는 남의 잘못을 대신 책임져야 할 경우도 있다. 이때 내 일처럼 달려와서 위로해주고 내가 나서지 못할 때 나를 대신하여 옹호해줄 지원자가 필요하다. 그런 의미에서 상사는 인생의 보험 같은 존재이자 나의 승리를 도와주는 직장생활의

'챔피언'이다.

챔피언은 주로 '우승자'라는 뜻으로 사용하지만, 옹호자라는 사전적 의미도 동시에 갖고 있다. 직장생활에서의 챔피언이란 '나를 지지하고 방어해주는 사람'을 말한다. 직장에서 구조조정이 있을 때 "이 사람은 이러한 이유로 회사에 반드시 필요한 사람입니다"라고 강력하게 얘기해주는 상사, 승진기회가 있을 때 "이 사람은 이러한 이유로 반드시 승진해야 합니다"라면서 적극적으로 추천해주는 상사, 업무상의 실수로 회의석상에서 여러 사람으로부터 공격당하고 있을 때 "그 일에는 이러한 불가피한 이유가 있었고 다시 한 번 기회를 주어야 합니다"라고 방어해주는 상사가 바로 당신의 챔피언이다.

다섯째, 도움을 청하라

도움을 청하는 것은 한편으로 친밀감의 표시이기도 하다. 도움을 청하고 도움을 받으면서 인간관계는 두터워지고 깊어진다. 상사에게 미리 정보를 제공하고 가끔 도움을 청하라. 반드시 필요한 지원이라면 한두 번 요청한 후 포기하지 말고 계속 반복해서 요청하는 수고로움도 감수하는 것이 좋다. 심리학의 대가인 로버트 치알디니에 따르면, 특정 사안에 대해 여러 번 요청하는 것은 상대의 마음에 부담을 주어 작은 것이라도 들어주어야겠다는 생각이 들게 한다고 한다.

간혹 상사가 거절하거나 귀찮게 여길지도 모른다고 생각해서 지레 포기하는 사람들이 있다. 그건 혼자만의 생각이다. 오히려 상사는 당신이 도와달라고 요청해주기를 기다리고 있다. 상사 스스로도 부탁을 받고 해결해주었을 때 힘 있고 능력 있는 사람으로 인정받은 것이므로 유쾌해한다. 그런 면에서 상사에게 도움을 청하는 것은 상사를 상사답게 해주는 길이기도 하다.

성공적인 고객만족경영의 3원칙은 고객접점MOT 최중시, 정기적인 고객만족도 측정, 경영자·관리자의 주도다. 당신의 어려움을 해결해주면서 상사는 더욱 주도적인 리더십을 발휘할 것이고, 고객만족경영도 더욱 원활하게 돌아갈 것이다. 상향리더십은 그래서 중요하다.

3

서비스는 짧고
경험은 길다

특별함을 만드는 CRM & 고객경험

쇼를 하라, 쇼!

내가 요 이태 사이에 겪은 일이다.

주말에 원고를 쓰려고 사무실에 나오는 것이 직원들 보기에도 난처했는데, 마침 미분양된 오피스텔을 20퍼센트 할인해서 분양하고 있다는 정보를 얻었다. 게다가 집과 직장의 중간쯤인 공덕동 오거리 근처여서 나로선 놓치기가 아까운 기회였다. 결국 나는 동장군이 기승을 부리던 2년 전 이맘때 그 오피스텔을 샀다. 여기까지는 좋았다.

그런데 현관에 가까운 안쪽 공기온도와 유리창 쪽 공기온도가 너무 달랐다. 어딘가 문제가 있는 것이다. 건설사에 너무 춥다고 A/S를 신청하니 기술자가 와서 천장과 보일러실 벽을 다시 뜯어내고 보온을 강화하는 공사를 해주고 갔다. 그래도 추위는 가시지 않았다. 공사를 엉뚱하게 한 것이다. 건축전문가가 아닌 내 눈으로 보아도 두 벽면의 2/3 정도가 얇은 유리창으로 되어 있어서 바깥쪽 찬 기운이 그대로 방 안쪽으로 스며들어 웃풍이 셀 수밖에 없는 구조였다. 원고를 쓰다 늦어지면 침대가 놓여 있는 방에서 자고 갈 수 있으리라는 내 바람은 여지없이 깨져버렸다.

견디다 못해 다시 A/S센터에 이중창문을 설치하든지 조치를 취해달라고 전화를 걸었다. 그러자 참으로 한가한 대답이 날아왔다. "추운 날 연락하면 한번 가볼게요." 웃풍 문제는 이렇게 서너 달이 지나면서 저절로 해결되었다. 따뜻한 봄이 왔기 때문이다. 결국 이 문제는 다시 겨울이 올 무렵 추위를 견디지 못하는 내가 다른 업체를 불러다 공사비를 따로 내고 이중창문을 설치하고 나서야 말끔하게 해결되었다.

A/S센터는 웃풍의 원인을 찾지 못한 게 아니라 이중창문을 설치하는 데 드는 추가비용이 아까워 방치한 것이다. 그 때문에 아담하고 따뜻한 서재를 마련했다는 기쁨과 기대는 쓰라린 경험으로 변질되었다.

경험과 서비스는 다르다

'경험'이라는 말은 '자신이 해보거나 겪어서 얻는 지식'이란 뜻이다. 고객이 특정 제품을 선택하는 기준은 제품과 서비스만이 아니다. 고객은 제품이나 서비스 외의 것에도 가격을 지불한다. 내가 오피스텔의 웃풍 때문에 좋지 않은 경험을 한 것처럼 제품이나 서비스는 반드시 관련된 경험과 함께 구매할 수밖에 없기 때문이다.

나는 서울의 어느 대학원에서 3학점짜리 '서비스 품질관리론' 강좌를 맡아 고품질 서비스의 정의와 설계, 측정 등에 관한 이론과 실제 사례 등을 강의하고 있다. 그런데 서비스를 얘기하다 보면 꼭 '경험'이란 개념과 만나게 된다. 몇 년 전 한국에 온 톰 피터스의 '상상을 경험하라'라는 세미나에 참석했을 때 "제품과 서비스가 다른 것처럼 경험과 서비스는 다르다"는 말을 들었다. "고객들은 항상 제품이나 서비스 이외의 것에도 가격을 지불하는 셈이다. 왜냐하면 제품이나 서비스라는 것은 반드시 관련된 경험과 함께 구매되기 때문이다."

나는 이 말을 내 나름대로 부연해서 학생들에게 이렇게 설명했다. "우리가 흔히 알고 있는 유명한 패밀리 레스토랑에서는 고객에게 무릎을 꿇고 주문을 받음으로써 고객이 주문할 때 고개를 들지 않아도 되며sacrifice, 다양한 음식에 대한 친절한 설명satisfaction을 덧붙이고, 생일을 맞은 고객에게 축하공연을 해주고 사진을 찍어 증정하는 등 즐거운 추억을 제공surprise하고 있다. 이러한 이벤트를 통해 고객의 기억 속에 만족스러운 경험이 새겨짐으로써 다시 찾는 레스토랑이 될 수밖에 없다. 고객이 가장 끈질기게 오랫동안 기억하는 것은 경험에 대한 기억이다."

'음식점이라면 식당을 무대로, 음식을 소도구로 이용해서 고객에게 기억에 남을 만한 이벤트를 제공하고 그에 대한 입장료를 받는 영업'이어야 하는 것이다. 두고두고 잊지 못하고 그러한 경험을 주변에 얘기할 것이기 때문이다. 결국 돈을 받기보다는 고객의 마음을 얻는 것이 비즈니스의 본질이다. 음식을 파는 것이 아니라 앞서 인용한 레스토랑에서 보듯 '기억에 남을 만한 경험'을 파는 것이다.

멋진 레스토랑에 가는 이유는 단순히 허기를 채우기 위한 것만이 아니다. 연인과 달콤한 분위기를 즐기거나 아내와 단란한 시간을 보내면서 마음의 허기를 채우려는 것이 레스토랑을 선택하는 더 중요한 요인일 수 있다.

그런가 하면 5000원짜리 점심을 먹고 스타벅스 커피를 마시는 이들도 있다. 누구도 이를 경제적이라고 생각하지 않지만 그래도 이들은 마냥 행복하다. 사실 대부분의 소비자들이 합리적인 소비를 하는 것 같아도 자기 감성을 만족시키기 위해 비합리적인 소비를 하는 경우가 많다. 비싸지만 자신이 자기 스스로에게 상을 주는 것처럼 아주 특별한 경험을 위해 소풍가는 기분으로 방문하는 것이니까. 소풍 나온 사람은 가격을 크게 문제 삼지 않는다. 그리고 소풍은 뭔가 기억할 만하고 일상과는 달라야 한다고 생각한다.

그런 면에서 경험은 일반 서비스와 다르다. 고객 또는 관객은 감정이 움직이는 수준까지 제공되는 것에 빠져들게 된다. 이에 따라 기업들은 고객들에게 기억에 남을 만한 이벤트를 제공하면서 그 대가로 '입장료'를 받을 수 있도록 매장을 무대로, 상품을 소도구로 이용한다.

고객경험이 가치를 창출한다

델 컴퓨터의 CIO인 제리 그레고어는 "이제 고객경험이야말로 우리 모두가 경쟁해야 할 승부처이다"라는 말로 고객경험의 중요성을 강조한다. 기업들이 고객경험 관리에 주목하고 있는 이유는 제품 및 서비스의 차별화가 점점 어려워지는 가운데 고객경험이 새로운 차별화 수단이 될 수 있기 때문이다. 요즘 고객들은 구매를 결정할 때 제품의 편익만을 고려하는 것이 아니라 기업이 제공하는 총체적인 경험을 선택 기준으로 삼는다. 경험은 기억에 남을 뿐만 아니라 고객들이 오랜 시간에 걸쳐 제공자와 교류를 갖게 함으로써 고객충성도를 증가시킨다.

이러한 경험경제 시대에는 기업이 개인의 참여를 위해 의도적으로 서비스와 제품을 사용하고 경험하도록 유도한다. 제품은 유형의 상품이며, 서비스가 무형의 상품이라면, 경험은 인상적인 상품인 것이다.

콜롬비아의 커피농장에서 원두를 판매하면 1컵에 200원 정도 될 것이다. 원두를 캔커피처럼 제품으로 만들어 판매하면 1캔에 500원 정도를 받고, 커피숍에서 팔게 되면 1500원 이상을 받는다. 더 나아가 스타벅스 같은 커피전문점이나 고급 호텔에서는 1잔에 최소 4000원 이상 받는다.

스타벅스가 거두는 이윤의 진정한 실체는 '색다른 경험'이다. 원재료가 200원도 안 되는 커피를 4000원 이상 받을 수 있게 하는 힘은 커피 그 자체가 아니다. 스타벅스가 파는 것은 편안한 휴식, 최고급 원두커피, 사회적 교류라는 경험이다. 뿐만 아니라 '집과 회사를 제외한 제3의 공간'을 팔고 있는 것이라고 그들은 말한다.

미국의 한 경제잡지 기자인 대니얼 핑크는 미국 각지를 돌아다니면서 수백 명을 인터뷰했는데, 그가 쓴 책 『프리에이전트의 시대』를 보면 이런 내용이 나온다.

"나는 한 도시에 도착하기 직전 인터뷰 상대에게 전화나 전자우편을 보내 만날 장소를 정하곤 했는데, 약속장소의 대부분은 스타벅스였다. 스타벅스는 우선 어디나 편리한 장소에 있다. 그리고 손님들이 몇 시간씩 앉아서 얘기를 나눠도 뭐라 하지 않는다. 아니 오히려 환영한다. 거기에는 내가 가져간 물건들을 죽 늘어놓을 수 있는 커다란 테이블, 내 장비에 전원을 연결할 수 있는 전기 콘센트도 설치되어 있다.

간단히 말하자면 그들은 커피 한 잔에 단돈 3달러를 받고 4시간 동안 내게 사무실을 임대해주는 거나 마찬가지다. 어떤 날은 스타벅스 커피점 한

군데에서 테이블 하나를 차지하고, 마치 치과의사가 환자를 기다리듯 이른 아침부터 해질 때까지 약속한 시간에 맞춰 도착하는 인터뷰 상대를 맞이하곤 했다."

스타벅스가 값은 좀 비싸지만 고급스런 커피를 내놓는다는 사실을 아는 사람은 많지만, 스타벅스가 단순한 커피전문점이 아니라는 점을 깨닫는 사람은 많지 않다. 이 인터뷰를 액면 그대로 보면 사실 스타벅스는 사무실 임대업을 하는 것이나 마찬가지다. 문자 그대로 고객의 '제3의 공간'인 것이다.

고객의 경험을 디자인하라

고객은 TV, 인터넷, 매장, 친구 등 수많은 접점에서 기업의 제품과 서비스를 직·간접으로 경험한다. 이 다양한 경험이 해당 기업이나 브랜드에 대한 충성도를 높이기도 하고 낮추기도 한다. 따라서 기업은 다양한 접점에서 고객의 경험을 일관성 있게 제공하도록 경험의 품질을 종합적으로 관리할 필요가 있다. 즉, 제품의 구매에서부터 사용에 이르기까지의 모든 과정의 서비스를 하나하나 분석하고 개선한다. 그리고 고객의 경험을 긍정적으로 창출하는 프로그램을 설계하여 체계적으로 가동하는 것이다. 이를 '고객경험관리customer experience management'라고 한다.

치열해져가는 비즈니스 현실에서 기업이 고객에게 가치 있는 경험을 제공하려면 어떻게 해야 할까?

첫째, 고객의 관점에서 좋은 서비스, 나쁜 서비스, 훌륭한 서비스가 어떤 것인지를 눈에 보이도록 하는 구체화된 서비스 표준을 마련하여 직원들에게 제시하라.

단순히 직원에게 좋은 서비스를 하라고 말로만 강조하지 말고 눈에 보이는 구체적인 기준을 제시해야 직원들은 회사가 원하는 서비스를 이행하게 된다. 최소한의 기대치기대표준와 화가 나는 경험부정적 경험과 기대 이상의 수준 긍정적 경험이 무엇인지를 눈에 보이듯 알려주는 것이다. 도표나 청사진으로 그려놓는 것도 하나의 방법이 될 수 있다.

둘째, 고객이 경험하는 장소에서 그 과정을 단위별로 쪼개보는 것이다. 에이비스AVIS 렌터카는 고객들이 자동차를 빌리는 전 과정을 분석하여 고객 경험을 개선한 사례로 유명하다. 에이비스는 고객들의 자동차 렌터 경험을 조각조각 100단계로 구분하여 각 단계별로 문제점이 발견되면 이를 집중적으로 개선했다. 예컨대 고객들이 렌트하는 데 걸리는 시간이 길어지자 회원

A/S담당 콜센터 직원과 통화 시 고객의 기대행동

부정적 경험(-)	기대표준(O)	긍정적 경험(+)
• 상담원의 말을 이해할 수가 없다. • 두 번 이상 전화를 해야 했다. • 녹음된 소리를 들으며 별로 환영받지 못한다는 느낌이 들었다. • 통화보류가 된 상태에서 너무 조용해 전화 연결이 끊어진 줄 알았다. • 상담원은 마치 정해진 질문을 순서대로 따라하는 것 같았다. • 사무실에 찾아갔지만 담당자를 직접 만나 이야기할 수 없었다.	• 한 번만 전화하면 될 것이다. • 시내전화 요금으로 될 것이다. • 친절하고 명랑할 것이다. • 이해하기 쉽게 말할 것이다. • 합리적인 시간 안에 대답하거나 해결책을 줄 것이다. • 상담원은 내 문제에 귀를 기울이고 내 요구를 완전히 이해할 것이다. • 상담원은 자신감이 넘치고 친절하며 이해심이 깊을 것이다.	• 상담원은 듣기 좋은 부드러운 목소리를 가지고 있었다. • 상담원은 내 문제를 진심으로 이해하고 어떻게 해야 할지 잘 알고 있었다. • 상담원은 내가 특별한 상황이어서 보통 때보다 서둘러 보수해야 하는지 물어보았다. • 상담원은 마치 이웃처럼 우리 지역을 잘 아는 듯했다. • 상담원은 내 편의에 따라 일을 처리해주겠다고 약속했다.

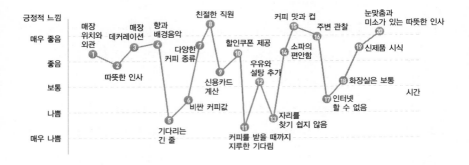

고객경험지도(스타벅스)

에 한해서는 공항 내에 있는 렌터카 신청부스를 들르지 않고도 차를 바로 배정받을 수 있게 했다.

스타벅스는 고객이 들어갈 때부터 커피를 마시고 나올 때까지의 과정을 20개의 고객경험 단위로 해부하여 이것을 고객경험지도Customer Experience Map로 그려내고 있다.

이 지도에는 세부적인 경험단위별로 고객들이 어떻게 느끼는지가 자세히 그려져 있다. 고객의 총체적 경험의 합은 그것들의 단순 합이 아니라 곱이기 때문에 하나라도 부정적인 경험이 있으면 전체의 합은 제로가 될 수 있다. 지도를 통해 부정적인 경험이 발생하는 접점을 파악하여 고객경험을 관리하는 방법으로 사용할 수도 있다.

다음으로 중요한 것은 고객의 경험을 구체적으로 드라마틱하게 구성하는 것이다. 스타벅스에서 보듯이 경험은 개별적이 아니라 총체적으로 고객에게 전달된다. 물론 긍정적이든 부정적이든 총체적인 경험을 제공하지 않는 기업은 없지만, 심리학적인 토대나 드라마틱한 짜임새를 고려하지 않고 무

신경하게, 뻔하게, 기계적으로 제공하는 것은 "기억해주세요!"가 아니라 "제발 잊어주세요!"라고 부탁하는 것과 같다. 즉, 막연하게 오래 기억하게 하는 것이 아니라, 긍정적으로 오래 기억하도록 구체적으로 설계해야 한다는 말이다.

고객경험관리와 고객만족경영의 차이점

고객만족경영CSM이란 만족스런 제품이나 서비스를 제공하여 전반적인 고객만족도를 높임으로써 제품을 반복적으로 재구매하게 하고 추천을 통해 다른 고객을 끌어들이는 경영을 말한다.

고객경험관리CEM는 앞서 말했듯이 고객과 기업이 만나는 모든 접점에서 고객이 겪는 다양한 경험을 긍정적으로 갖도록 관리함으로써 기존 고객들에게 우리 상품을 재구매하게 하고 잠재 고객들을 끌어들여 경영성과를 높이는 고객관리 프로세스라고 정리할 수 있다.

그렇다면 고객만족경영과 고객경험관리는 도대체 무엇이 같고 무엇이 다른가가 궁금해진다. 기존 고객을 대상으로 고객과의 접점에서 만족스러운 경험을 제공함으로써 재구매/추천구매를 유도하겠다는 점은 똑같다. 그러나 고객경험관리는 아직 한 번도 우리 상품과 서비스를 구매해보지 않은 잠재 고객들에게도 기업과 접촉하여 만족한 경험을 하게 함으로써 이런 경험을 통해 구매에 영향을 미치도록 노력하는 것이다.

이렇게 잠재 고객까지 그 대상에 포함시켜 그들의 경험을 관리하여 신규 고객으로 끌어들인다는 점에서 고객경험관리는 기존 고객이 주된 대상이 되는 고객만족경영과 뚜렷한 차이가 있다.

고객경험관리와 고객만족경영의 비교

	고객만족경영	고객경험관리
출현시기	1990년대 초	2000년대 초
출현배경	재구매를 위해서는 고객만족이 필수라는 사실을 깨달음	고객만족과 접점에 대한 확장된 개념이 필요해졌음
기본 목적	만족한 고객의 추천을 통한 신규구매 및 재구매	고객만족을 통한 기존 고객의 재구매와 고객경험 개선을 통한 잠재 고객의 신규구매
제공의 본질	제품(유형), 서비스(무형)	(기억할 만한) 경험
대상고객	기존 고객(미사용 고객은 만족시킬 수가 없음)	기존 고객 및 잠재 고객 (사용 고객, 미사용 고객 포함)
특징	구매 및 사용 후 만족이 핵심 (구매/설치/사용/AS)	구매 및 사용 전후의 모든 접점에서 긍정적 경험 전달이 핵심 (인지/탐색/고려/구매/배달/설치/사용/AS/폐기)
접근방법	상품·서비스·브랜드 등을 크게 분류하여 개선점 도출	고객과 접촉하는 경험의 과정을 세부적으로 나누어 긍정적이 되도록 설계하고 실행

소풍 가는 기분이 들게 하려면

어느 세미나에 참석했다가 주제발표를 하는 강사로부터 이야기를 들었다. 그가 아이와 함께 영화관에 갔다가 겪은 일이다.

아이들이 좋아해서 외국 만화영화를 보러 갔는데, 글쎄 화면에 한글자막이 나오지 뭡니까. 주로 아이들이 관객이니까 우리말 더빙이 된 필름을 틀어야 하잖아요. 영화관 측에서는 급히 상영을 중지하고 사과방송을 내보내고는 얼른 더빙이 된 필름으로 교체하겠다고 하더군요. 할 수 없이 잠시 기다리는데 영화관 직원이 객석을 돌아다니면서 다과를 대접하더군요. 그리고 아이를 동반한 관객들에게 주인공 캐릭터가 새겨진 기념품을 하나씩 품에 안기는 겁니다. 영화가 끝나니까 '오늘 관객 여러분께 실수를 해서 죄송합니다. 다음에 다시 오셔서 제대로 된 서비스를 받아보세요' 라고 다시 사과하면서 무료 초대권을 한 장씩 주더군요. 그날 영화를 본 관객들은 영화관 측 실수에 대해서 뭐라기는커녕 오히려 기념품과 무료 초대권을 받았다고 모두 흥겨워했지요."

그때 함께 세미나에 참석했던 동료 직원은 연방 감탄사를 내뱉었다.
"상무님, 실수를 훌륭한 서비스로 바꾼 멋진 사례네요!"
그런데 동료 직원의 칭찬에 대한 내 대답은 이랬다.
"그건 영화관 측의 실수가 아니라 관객을 위한 쇼야! 고객들에게 잊어버리지 않을 만한 경험을 하게 주려고 영화관 측에서 사전에 치밀하게 디자인한 거라고."
비록 쇼이긴 하지만 이 영화관의 사례는 고객의 경험을 어떻게 설계해야 하는지를 아주 극명하게 보여준다. 구체적이면서도 드라마틱한 고객경험 설계와 연출의 전 과정을 실감나게 예시한다. 그들은 어떤 시나리오를 가지고 있었을까?

- 더빙과 자막 처리 필름을 살짝 바꿔서 최초 2분간 방영한다.
- 사과 안내방송을 준비하고 사과멘트를 한다.
- 잠시 기다리는 고객을 위하여 다과를 준비하고 직원들이 서비스한다.
- 아이를 동반한 관객에게 영화 주인공 캐릭터가 그려진 기념품을 증정한다.
- 잠시 후 기다려준 것에 대한 감사멘트를 방송한다.
- 영화가 종료된 직후 거듭 사과하고 무료영화 초대권을 증정한다.
- 더 달라는 고객 요청에 응하기 위해 충분한 기념품을 미리 준비한다.

추측컨대 영화관 측은 사전에 치밀한 시나리오를 짜서 아주 색다른 경험을 연출했을 것이다.

"쇼를 하라, 쇼!", "쇼 곱하기 쇼는 쇼!"가 유행어가 될 정도로 선풍적인 인기를 모았고, 기발한 상황 설정과 파격적인 막춤으로 웃음을 주었던 KTF의 '쇼' 광고를 떠올려보자. '고향 부모 방문' 편에서 부모님은 "우린 아무것도 필요 없다"면서도 고장난 TV를 보여주며 "연속극 옆집 가서 본다"며 아들에게 TV를 사달라고 '귀엽게' 조른다. 이 광고는 할머니, 할아버지의 능청스런 연기, 그 코믹함과 유쾌함으로 단연 화젯거리가 되었다.

사전적으로 '쇼를 한다'란 말은 일부러 꾸미는 일을 비유적으로 이르는 비난성 표현이다. 여기서 내가 영화관의 쇼와 KTF의 광고를 들먹인 것은 일부러, 의도적으로 고객에게 감동이라는 경험을 주는 쇼를 연출하라는 말을 하고 싶어서다. 즉, 쇼는 어떻게 하다 보니까 고객이 즐거워하는 것이 아니라, 사전에 치밀하게 의도된intentional 것으로, 항상 그 회사의 독특함으로 각인된consistent 것이어야 한다.

이제 본격적으로 고객의 경험을 드라마틱하게 설계하는 방법을 크루즈 여행 사례를 통해 알아보기로 하자. 크루즈 여행을 설계하는 기업의 입장에서 심리학적 법칙을 적용하여 바람직한 경험을 창출하는 단계와 패턴을 찾아보는 것이다.

마무리를 강하게!

사람들은 모든 순간을 기억하지 못하지만 몇 가지 중요한 순간만큼은 생생하게 기억한다. 심리학에서 말하는 순서효과에 따르면 고객의 기억은 마지막 부분에 특히 강하다고 한다. 따라서 초기에 제공하는 서비스의 강도는 약하게 하고, 마지막으로 향할수록 점점 그 강도를 높이면 더 기억에 남는 경험이 될 수 있다. 즉, 끝맺음이 시작보다 더 중요하다. 이는 앞의 '긍정형으로 매듭지어라'에서 설명한 것처럼 대화기술에도 그대로 적용된다.

크루즈 여행에서는 매일같이 쇼, 경품행사, 경연대회의 순으로 일과를 설계한다. 특히 여행이 끝나는 시점에서 선장은 특별한 저녁식사를 베푼다. 그리고 고객들에게 기억에 남는 기념품을 선물한다.

일부 기업에서는 이와 반대로 고객의 경험을 설계한다. 한 인터넷쇼핑몰은 오픈 초기에는 무료 배송과 각종 사은품으로 많은 고객을 끌어들여 매출을 높였다. 그러나 점차 부담이 늘어나자 일정금액 이상만 무료배송을 하겠다고 공지했다. 그 결과 이미 무료배송 서비스에 익숙해진 고객 가운데 상당수가 왠지 혜택이 줄어든다는 느낌 때문에 다른 쇼핑몰로 옮겨갔다.

초기에만 고객의 기대를 높여놓고 지속적으로 그 기대를 충족시키지 못하면 고객은 결국 떠나고 만다.

나쁜 경험을 먼저!

"나쁜 소식도 있고 좋은 소식도 있어. 뭐부터 들을래?" 그러면 사람들은 이구동성으로 외친다. "나쁜 소식!"

매도 먼저 맞는 게 낫다고 했다. 이게 사람 심리다. 안 좋은 일 뒤에 좋은 일을 하게 되면 그 기쁨도 더 크게 느껴지게 마련이다. 가령 서비스에 서류작성이나 대금지불과 같은 일이 포함되어 있다면 이런 일은 일찍 끝내고 서비스의 나머지 부분을 더 나은 활동으로 채우는 것이 효과적이다. 크루즈 여행은 고객이 고통을 빨리 잊고 즐거움을 만끽하도록 책임각서 작성이나 비용지불은 일찌감치 끝낸다.

저녁식사 시간대의 패밀리 레스토랑을 상상해보라. 항상 붐비는 시간대인 걸 알면서도 꼭 거기서 식사를 하고 싶은 가족이 있다. 예상했던 대로 종업원은 30분 정도 기다려야 한단다. 실망은 했지만 어쩔 수 없이 기다린다. 그때 종업원이 다가와 쿠키와 따끈한 차를 주며 "오래 기다리시게 해서 죄송합니다. 기다리시는 동안 차라도 드세요"라고 말해준다면? 고객은 방금 전 실망했던 기분을 떨치고 여유롭게 기다리는 시간을 즐기게 될 것이다.

고통은 줄여주고 기쁨은 잘게 나누어주라

서로 다른 즐거운 활동들은 이어서 계획을 잡아라. 이렇게 함으로써 즐거운 경험이 더 길게 느껴지게 할 수 있다. 크루즈 여행은 짧은 기간 동안 많은 이벤트를 실시한다. 고객들은 요리, 요가, 댄스, 교육 등 다양한 활동에 참여하면서 휴가를 더 길게 느낀다.

여기서 덧붙이고 싶은 것 중의 하나가 '신용카드 효과'다. 사람들은 현금으로 지불하느냐, 신용카드로 지불하느냐에 따라 지불의 고통에 대한 강도를 다르게 느낀다. 일부 소매점에서 세원이 노출되는 것을 막고 카드수수료를 아끼려고 신용카드 사용을 꺼리는데, 이는 어리석은 짓이다. 고객은 현금보다 신용카드를 쓸 때 더 망설임 없이 물건을 구매한다. 현금보다 지불에 대한 고통이나 저항이 줄어들기 때문이다. 신용카드는 경험관리 측면에서 현금보다 훨씬 긍정적이다.

심리학의 기대이론에 따르면, 사람들은 각각 이득과 손실이 있을 때 똑같은 정도로 반응하지 않는다고 한다. 예를 들어 도박을 할 때 10만 원씩 두 번에 걸쳐 20만 원을 따는 것과 한 번에 20만 원을 따는 것을 비교해보자. 무엇을 더 선호할까? 대부분은 두 번 이기는 것을 좋아한다.

점심메뉴에 한해 할인하려는 레스토랑이 있다. 할인율은 40퍼센트로 생각하고 있다. 이때도 그냥 40퍼센트라고 광고하는 대신 '30퍼센트의 기본 할인＋생일 맞으신 분 10퍼센트 추가 할인'이라고 나누어 광고하면, 소비자들은 40퍼센트 할인보다 30퍼센트＋10퍼센트 할인이 더 가치가 크다고 생각하게 된다.

'기쁨 나누기' 전략은 특히 홈쇼핑에서 자주 목격할 수 있다. 진작부터 18K 목걸이와 팔찌를 사려던 사람은 언제든 기꺼이 299,000원을 내지만, 추가로 시계까지 얻을 수 있다고 하면 처음에는 살 생각을 하지 않았던 사람들도 갑자기 구미가 당긴다. "목걸이와 팔찌, 시계를 299,000원에 드립니다"보다는 "목걸이와 팔찌를 299,000원에 만나볼 수 있습니다. 오늘의 특별한 찬스로, 방송이 진행되는 시간에는 여기에다 고급시계까지 얹어드립니다"가 고객의 기대 관리 측면에서 더 효과적이란 얘기다.

따라서 기업들 역시 기쁜 경험은 여러 단계로 나누고, 좋지 않은 경험은 최소화하여 한 번에 처리하는 방법을 사용할 필요가 있다.

고객이 직접 선택하게 하라!

사랑하는 이에게 큰맘 먹고 선물을 했는데, 정작 본인이 맘에 들어하지 않아 속상했던 경험들이 더러 있을 것이다. 하지만 먼저 본인에게 선물 고를 기회를 주면 선물을 주고도 섭섭한 소리를 들을 우려가 없고 받는 사람의 기쁨도 배로 커진다.

한 연구에 따르면, 헌혈을 할 때 자기 피를 줄 사람을 직접 선택하면 공포나 불안감이 훨씬 줄어든다고 한다. 사람들은 프로세스를 스스로 통제할 수 있다고 느낄 때(특히 불편한 부분에 있어서) 더 행복하고 편안하다고 느낀다는 것이다.

기본적으로 사람은 누군가에게 당하고 싶어하지 않는다. 물건을 살 때도 누가 권해서 구입하는 것이 아니라 자신의 의사로 구입했다고 생각하고 싶어한다. 그렇다면 고객이 직접 선택하게 만들어주어야 한다. 크루즈 여행은 서로 다른 가격에 다양한 객실을 제공한다. 편의시설 측면에서 고객들은 더 많은 비용을 지불할수록 더 많은 서비스와 더 큰 공간을 선택할 수 있다.

규모가 있는 미장원을 처음 방문하면 대개 접수하는 직원이 손님에게 미용사를 직접 선택하라고 권유한다.

"어느 디자이너 분에게 하시겠어요? 실장님께 하시겠어요? 실장님께 맡기시면 10퍼센트 프리미엄이 추가됩니다", "파마만 하시겠어요? 모발을 보호하는 영양 마사지 추가하시겠어요?", "스타일은 어떻게 해드릴까요?"처럼 묻는 것은 모든 선택을 고객에게 맡김으로써 새로운 미용실에 대한 불안감을 줄여주려는 의도다.

의례를 제공하라!

사람들은 반복적이고 익숙한 활동에서 편안함을 느낀다. 기대했던 의식과 다를 때는 경험활동 전반에서 불만족을 느낀다. 오후의 티타임, 스낵이 곁들여 나오는 와인 타임, 호텔 룸에 들어서자마자 맞아주는 환영의 꽃다발처럼 일단 고객이 즐거운 의식을 기대한다면 서비스는 이를 만족시키도록 설계되어 있어야 한다.

우리나라 모 백화점에서 판매의 달인들이 즐겨 쓰는 멘트는 이런 것이다. 구매를 망설이는 고객을 위한 최고의 말은 바로 "절 믿어보시라니까요"33.1퍼센트였고 2위와 3위는 "젊어 보이세요"24.5퍼센트, "체형에 비해 날씬해 보여요"16.2퍼센트라는 의례적인 인사치레였다. 그런데 고객들은 그것이 판매를 위한 상술이라는 것을 알면서도 싫지 않은 내색이다.

이처럼 의례는 고객과 기업 사이에 매우 중요한 연결고리 역할을 하면서 고객의 경험 지각에 중요한 영향을 미친다. 크루즈 여행에서 선장과 저녁을 먹는 이벤트, 영화시사회에서 주연배우들이 무대에 나와 인사하는 것, 연초에 회사대표의 이름으로 고객들에게 연하장을 보내는 행사도 하나의 의례다.

매직 워드를 생각하라!

맥도날드가 판촉 차원에서 '똑같은 버거 2개를 사면 하나는 반값'에 준다는 광고를 내보낸 적이 있다. 예컨대 1개에 3200원짜리 빅맥 2개를 사면 그 중 하나를 1600원에 주겠다는 것이다. 햄버거 2개값 전체로 보면 25퍼센트 할인해주는 셈이다. 하지만 대개의 소비자가 '반값'이란 말에 솔깃해서 광고가 나가는 15초 사이에 실제 할인율을 제대로 계산해내지 못하고 순간적으로 50퍼센트 할인이라고 착각할 수도 있다.

사실 멤버십 카드를 갖고 있거나 신용카드 제휴업체의 매장에 가면 25퍼센트나 30퍼센트 할인은 기본이다. 그러나 이런 문구로는 소비자의 눈길을

끌기에 역부족이라고 판단한 맥도날드가 25퍼센트보다 더 큰 '반값'이라는
매직 워드로 소비자에게 파고든 것이다.

병원은 추억의 장소다

어머니가 수술을 받는 날이었다. 우리 가족은 침대에 누우신 어머니를 모시고 병원 복도에서 초조하게 한참을 기다렸다. 연락이 되었는지 흰 옷을 입은 남자직 원이 20분 만에 나타나서는 어머니 침대를 6층 수술실로 옮기기 시작했다. 그러 면서 바로 곁에 있는 동료직원에게 한마디 툭 던졌다.

"6층 수술실에 얼른 넣어주고 올게."

그 말이 떨어지자마자 우리는 동시에 그 직원을 쳐다보았다. 하지만 그는 날마 다 많은 환자들을 이 병실에서 저 병실로, 입원실에서 수술실로 옮기고 치다꺼리 하는 데 너무 익숙해서인지 아무 눈치도 채지 못한 듯했다. 서른여섯에 홀몸이 되 어 5남매를 키우느라 다 늙어버린 어머니를 바라보면서 눈물이 핑 돌았다.

"우리 어머니를 수술실로 옮기는 일이 당신한테는 한낱 작업일지 모르지만 나한테는 이 세상에 한 분밖에 없는 어머니예요. 6층 수술실에 넣는다니, 모셔다 드리고 빨리 오겠다'고 해야지요."

내가 예전에 쓴 책『먼저 돌아눕지 마라』에 나오는 내용이다. 이 이야기를 다시 꺼내는 것은 병원의 불친절을 꼬집으려는 것이 아니다. '훈련받지 않은 직원을 고객과의 접점에 두는 것은 테러리스트를 배치하는 것과 같다'는 말을 강조하고 싶어서다. 이런 테러리스트들은 한순간에 고객의 경험을 송두리째 파괴시켜버린다. 나는 경험을 통해서 누구보다 이 점을 잘 알고 있다. 그리고 파괴된 경험은 쉽게 잊혀지지 않는다. 부정적인 경험은 좋은 경험보다 더 오래 기억장치에 남아 있기 때문이다.

'병원도 멋진 추억의 장소가 될 수 있습니다.' 미국의 어느 병원 로비에 쓰여 있는 문장이다. 병원의 철학과 비즈니스의 본질을 고스란히 담고 있는 표현이라 하겠다. 원래 병원hospital과 호텔hotel은 둘 다 호스트host에서 유래한 말이다. 호스트는 손님을 접대하는 주인이다. 그러니 호텔은 집 떠난 사람을 보살펴주는 곳이고, 병원은 아픈 사람을 보살펴주는 곳이다. 말의 뜻 그대로 정성스레 보살펴준다면 호텔이건 병원이건 멋진 추억의 장소가 될 것은 분명하다.

고객은 제품과 서비스만으로 특정 제품을 구매하는 것이 아니다. 고객이 평가하는 구매조건에는 제품이나 서비스 외에 경험이라는 무형의 가치가 포함된다. 제품이나 서비스는 반드시 관련된 경험과 함께 판매되기 때문이다. 병원도 마찬가지다. 환자들은 질병 치료에 대해서만 치료비를 지불하는 것이 아니다. 병실과 간호사에게서 받는 무언의 분위기와 느낌을 더해 치료비가 적절한지 여부를 따진다. 마음에 든다면 조금 비싼 치료비도 문제가 되지 않는다.

하지만 우리나라의 의료 현장을 들여다보면 의사들은 온통 물리적 치료에만 초점을 맞추고 있는 듯하다. 사람의 몸을 고장난 물건쯤으로 취급하는 것 같다. 치과에서는 잇몸병만 없애주면 되고 성형외과에서는 코를 높여주기만 하면 된다는 식이다. 어느 대학병원의 설문조사에서 환자들이 가장 많이 지적한 내용이 '수술 후 깨어났을 때 내가 산소마스크를 쓰고 있어서 깜짝 놀랐고 겁을 먹었다'는 것이었다. 의사들이 얼마나 자기중심적으로 일하고 있는지를 보여준다. 이 병원에서는 수술하기 전에 환자에게 수술 후 깨어났을 때의 상황에 대해서 미리 말해주지 않았던 것이다.

오랫동안 똑같은 일을 반복적으로 해온 사람들은 흔히, 오랜 경험을 통해 자신들이 고객을 제대로 꿰뚫고 있다고 오해한다. 이러한 오해가 '고객이 정말로 원하는 것'과 '기업이 제공하고 있는 것' 사이에 갭을 만들고, 고객이 원하지 않는 서비스에 비싼 비용을 치르게 한다. 의사들도 자신의 해박한 의학지식과 탁월한 의료기술만으로 환자를 만족시킬 수 있다는 오해를 곧잘 한다.

잊을 수 없는 치과의 추억

얼마 전 우연히 "한쪽 치아에 충치가 생긴 사람들은 대개 반대쪽 치아를 계속 사용하게 되고 그러다 보면 양쪽 얼굴의 균형을 잃게 되며 결국 얼굴 모습까지 약간 달라지게 된다"라는 말을 듣게 되었다. 순간 나도 더럭 겁이 나서 사무실 바로 옆 상공회의소 건물에 있는 태평로 예치과를 찾아가 충치를 뽑고 스케일링을 했다. 그런데 이 치과병원은 그간 내가 다른 병원에서 겪었던 아픈 기억을 송두리째 허물어버렸다. 나를 환자로 취급하기보다는 내 자존심과 권위를 다치지 않고 마치 일류호텔에서 손님 대하듯 정중하고 따뜻하게 배려해주었기 때문이다.

전문가의 시각으로 볼 때, 이 치과병원이 내게 호텔 못지않은 인상적인 경험을 제공한 추억의 장소로 남게 된 몇 가지 포인트를 짚어보면 이렇다.

첫째 여느 병원처럼 검사와 진찰을 받으려고 진료실 이곳저곳을 기웃거리며 가는 곳마다 기다리는 고역을 겪지 않아도 되었다. 이 치과병원은 전문 코디네이터를 두어 환자의 치료를 따뜻하고 인상적인 경험으로 만들었다. 병원 비즈니스의 본질을 전환하는 데 성공한 것이다.

조지 피셔 전 모토로라 사장은 "오늘날 조직은 고객에 대한 서비스를 위해 만들어진 것이 아니라 기업 내부의 관리를 위해 만들어진 것이다"라고 말했다. 대개 조직은 업무를 효율적으로 처리한다는 목적하에 하나의 과정을 쪼개어 부서단위별로 분배한다. 그러면 해당부서의 일은 신속하고 완벽하게 돌아간다. 하지만 타 부서로의 이동 및 대기 시간, 이른바 '손이 떨어지는 시간'이 길어진다. 나는 강의 때마다 그 전형적인 예로 종합병원을 지목해왔다. 병원도 조직으로서의 효율을 추구하기 때문에 직원들의 역할을 조정하고 분담한다. 자연 그 과정에서 틈과 허점이 생긴다. 이것은 고스란히 환자들의 고통과 부담으로 돌아간다.

내가 찾은 치과병원은 이런 문제를 지혜롭게 해결하고 있었다. 바로 환자와 의사의 중간에서 그 틈을 메워 균형을 잡아주고 환자의 동선을 물 흐르듯 연결해주는 전문 코디네이터를 두었기에 가능한 일이었다.

둘째, 나는 이번 진료과정을 체험하면서 왜 그러한 진료가 필요한지를 다른 사람에게 알려줄 수 있을 정도로 박식해져버렸다. 내가 만나는 모든 직원이 치료받아야 하는 이유나 치료방법 등에 대해 끊임없이 그리고 자세하게 설명해주었기 때문이다.

'치료를 받아야 하는 환자'와 '진료를 해야 하는 의사'의 입장에는 큰 차이가 있다. 도대체 지금 어떤 치료를 하는 중인가, 왜 이런 치료가 필요한가, 이 치료를 받는 데 얼마나 걸리는가를 알지 못하니 환자는 답답하고 불안하다. 이러한 불안감을 없애는 방법은 아주 간단하다. '스몰 토크small talk'로 치료의 모든 과정을 환자에게 그때그때 알려주기만 하면 된다. "이가 약간 시릴 수 있습니다", "참기 어려우시면 왼손을 들어주세요", "기계 돌아가는 소리가 크게 나니 놀라지 마세요. 아프지는 않습니다", "가장 어려운 것은 다 했습니다", "잘 참으셨습니다", "10분 정도 더 걸립니다" 하면서 나를 치료하는 동안 의사는 철저한 수다쟁이가 되었다.

기다림의 심리학에서는 '언제 끝나는지 알고 있는 30분'과 '언제 끝날지 모르는 5분' 가운데 후자가 더 고통스럽다는 게 정설처럼 되어 있다. 이 병원은 이 점을 너무 잘 알고 있었다.

셋째, 이 병원의 진료절차는 철저하리만큼 환자 중심이었다. 대부분의 병원은 환자가 방문하면 환자 이름과 주소, 생년월일부터 적는다. 병원의 행정사무를 위해서다. 그러나 이런 것들은 환자의 관심사가 아니다. 환자는 불편한 것을 빨리 얘기하고, 훌륭한 치료를 받고, 편안하게 집으로 가기를 원한다. 이 치과에서는 제일 먼저 '어떤 증상으로 내원했는지'부터 묻는다. 이것이야말로 환자가 제일 관심을 갖고 중요하게 생각하는 부분이기 때문이다. 그다음으로 '치료에 대한 두려움이 있는가'를 묻는다. 환자가 채 얘기하기도 전에 환자의 관심사항에 대해 먼저 물어주면 환자는 공포감을 덜고 병원에 신뢰감을 가지게 되기 때문이다.

마지막으로, 나는 이 병원의 '숱한 환자 가운데 한 사람'이 아니라 '소중하고 특별한 고객'이었다. 내가 병원을 찾은 첫날, 그들은 내 명함을 달라고 했다. 그리고 다시 찾았을 때 병원 입구에 '장정빈 상무님, 환영합니다'라는 문구가 게시판에 붙어 있었다. 나를 치료하는 30분을 위하여 장정빈이라는 이름표를 붙인 것이다.

　내가 진료실에서 잠시 기다리자 의사가 들어왔다. 내가 의사를 찾아간 것이 아니라 잠시나마 내 문패가 새겨진 방에서 의사가 들어오기를 기다리는 주인처럼 느껴졌다. 게다가 HSBC은행이라는 회사 이름을 확인하고는 10퍼센트 할인 혜택을 주기까지 했다. 다른 환자들도 똑같이 누리는 혜택일 수도 있지만, 잠시나마 나는 내가 특별한 고객으로서 정중하게 대접받는다는 느낌을 강하게 받았다. 어쩌면 내가 쓴 칼럼이 실린 치과잡지 2부를 직원들에게 주었기 때문일 수도 있고, 차트를 보고 내 이름과 직책을 알아서 그랬는지도 모른다. 이유야 어떻든 중요한 것은 내가 마주친 병원 사람들이 모두 나를 특별하게 기억했다는 사실이다. 짐작컨대 이들은 내 관심사나 성격, 가족사항, 심지어 잡지에 실린 칼럼과 기사까지도 메모하고 스크랩하여 보관하는 듯하다. 아마도 한 달 후 내가 갔을 때 그들은 잡지에 실린 내 원고를 첫번째 화제로 들춰내면서 진료를 시작할지도 모르겠다.

　하나 더 부언하자면, 아니나 다를까 진료비는 내가 생각했던 것보다 상당히 비싼 편이었다. 그러나 나는 다른 치과를 찾지 않을 것이다. 치료과정은 어디든 똑같겠지만 바보가 아닌 이상 이렇게 기분 좋은 곳을 두고 어디 가서 또다시 평범한 환자가 되어 병원의 시스템에 맞추어 고통스런 경험을 자초한단 말인가.

환자의 마음을 훔쳐라

병원도 스타벅스의 커피숍이나 리츠칼튼호텔 못지않게 기분 좋은 추억의 장소가 될 수 있다. 이제 병원은 입장료를 받는 곳으로 비즈니스 개념을 바꾸어야 한다. 그래서 환자가 고통스런 치료를 걱정하는 마음으로가 아니라 제대로 대접받고 또 어떤 서비스를 경험하게 될까 설레는 마음으로, 소풍 가는 기분으로 병원 문을 들어서고 기꺼운 마음으로 입장료를 지불하게 해야 한다.

병원은 어떻게 고객의 마음을 훔칠 수 있을까? 몇 년 전 MBC에서 방영된 「하얀거탑」이라는 드라마를 본 적이 있다. 주인공인 외과의사는 권위와 명예만을 좇다가 결국 의료판단의 착오로 한 환자를 죽게 만들고 재판정에 서게 된다. 그때 주인공의 스승이 한 말이 "수술만 잘하면 뭐 하는가? 고작해야 기술자지"라는 것이었고, 바로 이 말이 드라마가 내세우고 싶은 '핵심 메시지' 중의 하나였다.

환자가 싫어하는 의사의 유형에 대한 조사자료를 보았더니, 병에 대해 잘 설명해주지 않는 의사55퍼센트, 건성으로 진료하는 의사28퍼센트, 반말로 응대하는 의사8퍼센트, 전문용어를 쓰는 의사8퍼센트의 순으로 나타났다고 한다. 의료서비스에 대한 환자의 판단기준이 의사가 생각하는 기준인 '탁월한 의료기술'과는 사뭇 다르지 않은가. '환자에게 중요한 것은 탁월한 의료기술'이라는 것은 두말할 나위가 없다. 그러면서도 환자는 병에 대해 잘 설명해주는 의사에게 더 큰 차별성을 부여한다.

한국에서는 어떨지 모르지만 미국의 의사들을 대상으로 연구한 결과에 따르면, '의사들이 환자의 말을 잘 들어주는 인내심의 한계는 17초'라고 한다.

증상을 잘 들어주고 치료법을 친절하게 설명해주는 의사를 최고로 꼽는 것에 비한다면 환자에게 17초는 턱없이 부족한 시간이다.

'의료서비스의 기본은 환자 중심'이라는 말은 삼척동자도 다 안다. 당신의 병원이 정말 고객의 눈으로 설계되었는지를 되돌아보기 바란다. 말로만 '고객만족, 환자 중심'을 외치지 말고 오랜 경험에 의지한 고정관념을 벗어던지기 바란다. 그리고 우리 병원이 '환자가 중심에 서 있는가'를 디테일하게 둘러보기 바란다.

고객을 중심에 두고 '자유롭고 편안한 병원' 콘셉트로 창조적 파괴를 할 수 있다면 스타벅스를 닮은 카페처럼 당신의 병원은 환자에게 멋진 추억의 장소로 기억될 것이다.

보랏빛 소의 탄생

저는 누구랑 결혼해야 할까요

Q 세스코님, 바퀴벌레가 자꾸 저보고 사귀자고 하네요. 어쩌면 좋죠? 저는 모
   기랑 결혼하기로 했는데, 누구를 선택해야 할까요?

A 네, 고객님! 세스코입니다. 모기 수명은 2~4주이고, 바퀴는 4개월~1년입니
   다. 이렇게 하면 어떨까요? 먼저 모기와 뜨거운 사랑을 하시고, 노후는 바퀴
   벌레와 보내는 겁니다. 항상 행복한 결혼생활이 되시기 바랍니다.

마누라, 토끼 같은 자식들이 죽었습니다

Q 저는 역삼동 한 지하방 장롱에 사는 바퀴벌레인데요, 저희 집 주인이 살충제
   를 뿌리는 바람에 저희 마누라, 토끼 같은 자식 1500마리가 전부 죽었습니다.

저 혼자 남았는데, 저도 얼마 못 살 것 같네요. …너무 힘듭니다.

A 아직도 싫어하는 이유를 모르신다니 저희 홈페이지에 오셔서 바퀴벌레의 피해를 보시면 정확히 알 수 있습니다. 고객님의 다리에 있는 각모에는 100여 종이 넘는 균들이 붙어 있고, 그런 다리로 이곳저곳 다니면서 균을 옮겨놓으니 그 이상의 나쁜 짓이 어디 있겠습니까? 더구나 음식물을 먹을 때 항상 먼저 먹은 음식물을 토해내고 먹는데 누가 그런 음식물을 먹고 싶겠습니까? 결국은 사람이 사는 집에서 살고 있다는 자체가 나쁜 짓 아닌가 생각합니다. 특히 집주인 허락도 없이 들어가서 사는 것은 주거침입죄(?)에 해당되죠. 빨리 떠나시는 것이 좋을 것 같네요.

이 글은 유머전문 사이트에서 퍼온 것이 아니다. 바퀴벌레 때문에 성공한 해충방제회사 세스코 홈페이지www.cesco.co.kr의 '묻고 답하기' 코너에 올라온 문답들이다.

세스코에서는 이것을 매뉴얼에 따른 서비스의 일환일 뿐이라고 설명한다. 장난기 많은 글들이 올라오니까 자연스럽게 그렇게 나갈 수밖에 없다는 것이다. 이들은 "저희로선 전혀 유머러스한 게 아닙니다. 고객 한 분 한 분이 소중하기 때문에 아무리 황당한 질문을 하더라도 답변을 해드렸고, 그저 저희는 성심성의껏 서비스하고 있을 뿐입니다. 그건 한 사람의 힘이 아니라 사실은 저희의 중요한 정책입니다"라고 진지하게 말한다. 즉, 이들의 인터넷 답변은 개인의 재치와 기민성에 기댄 것이 아니라 사전에 마련한 철저한 '설계'에 따른 것이고, '재화를 파는 것이 아닌 만큼 무형의 서비스도 고객의 기억에 남도록 사전에 설계되어 있어야 한다'는 방침 아래 광고와 문의, 서비스에 이르기까지 방대한 시스템을 구축한 결과인 것이다.

재치 있고 인상적인 인터넷 답변 서비스 덕택에 이 게시판은 하루 방문자 수가 10만 명에 이를 만큼 네티즌들 사이에 최고의 인기 사이트가 되었다. 그들은 벌레를 잡은 것이 아니라, 이 책의 콘셉트인 '기억에 남을 만한 의도된 경험'을 설계함으로써 고객의 마음을 사로잡았다.

평범한 것은 사라진다

몇 년 전 내가 가족과 함께 자동차로 프랑스를 여행할 때의 일이다. 우리는 동화에나 나옴직한 수백 마리 소 떼가 고속도로 바로 옆 그림 같은 초원에서 풀을 뜯고 있는 모습에 매혹되었다. 수십 킬로미터를 지나도록, 우리 모두는 창 밖에 시선을 빼앗긴 채 감탄하고 있었다.

"아, 정말 아름답다!"

그런데 채 이십 분도 지나지 않아, 우리는 그 소들을 외면하기 시작했다. 새로 나타난 소들은 아까 본 소들과 다를 바가 없었고, 한때 경이롭게 보이던 것들은 이제는 평범해 보였다. 아니 평범함 그 이하였다. 한마디로 지루하기 그지없었다. (중략)

그렇지만 만일 '보랏빛 소'라면… 자, 이제는 흥미가 당기겠지?

세스 고딘이 지은 『보랏빛 소가 온다』는 '두드러지지 않는다는 것은 보이지 않는 것과 다름없다'라는 발상에서 나온 책으로, 눈에 번쩍 뜨이는remarkable 보랏빛 소purple cow를 예를 들어 설명하고 있다.

두통약을 예로 들어보자. 아스피린을 세상에 처음 소개한 마케터는 광고를 하면서 얼마나 신이 났을까? 지구상의 거의 모든 사람이 원하고, 값도

저렴하고, 효과도 즉시 나타나며 경쟁제품도 없었다. 하지만 현재는 잠깐 약국을 들러보아도 100가지 이상의 두통약이 진열되어 있다. 만약 당신이 신종 두통약을 개발했다면 100종이 넘는 누런 소 떼와 같은 두통약 사이에서 어떻게 성공할 수 있을까? 단연 키워드는 '보랏빛 소'다. 물론 그 본질은 '리마커블'이다. 제품 자체가 리마커블하여 소비자들이 알아서 입소문을 내주는 제품이라면 더 이상 바랄 것이 없다. 제품은 스스로 말을 할 수 없다. 그러므로 기업은 광고와 고객의 입소문에 의존하여 판매할 수밖에 없다.

이제 새로운 시장의 법칙은 이렇다.

"열성적 전파자 역할을 할 만한 잠재 소비자 집단을 발굴하고, 화젯거리가 되고 추천거리가 될 만한, 한마디로 리마커블한 제품을 공급하라. 그리고 이들이 효과적으로 주변에 전파할 수 있도록 다양한 인센티브와 커뮤니케이션 도구를 제공하라."

당초에 구글은 직접적인 광고를 하지 않았다. 다만 시장이 예측할 수 없는 서비스를 함으로써 언론에서 이를 앞다투어 보도하게 했다. 그것은 자연스럽게 이목을 끌었고 광고가 되었다.

그냥 푸른 들판에 서 있는 누런 소들은 처음에는 "와!" 하는 탄성을 지르게 하지만 20~30분 동안 똑같은 광경이 펼쳐진다면 그저 지루할 뿐이다. 이럴 때 보랏빛 소가 필요하다. 바로 세스코와 구글은 보랏빛 소를 통하여 언론의 주목과 고객의 입소문을 만들어냈고 시장에서 성공할 수 있었다.

업종을 불문하고 변하지 않는 최고의 마케팅은 고객의 '입소문'이다. 입소문을 유도하는 핵심요소에는 좋은 품질, 다른 제품과의 차별성, 편리함, 마음에 드는 디자인 등 여러 가지가 있겠지만, 그 모든 것을 한마디로 말하라면 바로 '독특함'일 것이다.

고객은 더 이상 누런 소를 원하지 않는다. 보랏빛 소를 원한다. 과거에는 안전하고 평범한 제품을 만들되 그것을 마케팅과 결합시켜 성공을 꾀하는 일이 가능했지만, 이제는 아예 처음부터 주목할 만한 제품이나 서비스를 생산해 가치를 창출하려는 노력이 필요하다. 세스 고딘이 말하는 것처럼 '지루하고 안전한 것의 탄생이야말로 사라지는 방법의 탄생'인 것이다. 제품이든 서비스든 고객에게 제공되는 상품 자체가 리마커블해야 고객의 눈과 마음을 사로잡을 수 있다는 뜻이다. 결국 고객경험관리란 것도 그 부가가치의 핵심은 '리마커블한 경험'이다.

크든 작든 기업의 부가가치는 그 기업이 제공하는 경험의 질에서 나온다. 경험은 전체적이고, 완전하고, 감성적이다. 서비스는 거래인 반면, 경험은 이벤트다.

스타벅스는 커피를 팔지 않는다. 할리데이비슨 역시 오토바이를 팔지 않는다. 클럽메드는 관광을 팔지 않는다. 기네스는 맥주를 팔지 않는다. 이들 기업에는 뭔가 특별한 것, 보랏빛 소가 있다. 그리고 이 특별한 것이야말로 이들 기업이 부가가치를 낳는 원동력이다. 즉, 세스 고딘의 '리마커블'과 경험경제의 '메모러블'은 같은 의미를 지닌 보라색인 것이다. 이제 기업은 그저 그런 누런 소나 평범한 친절을 통하여 고객의 마음을 얻겠다는 생각을 버려야 한다. 그건 너무 안일한 생각이다.

유머는 가장 멋진 명함이다

명함을 주고받는 법

• 반드시 서서 건네야 하며 고객보다 먼저 명함을 꺼낸다.

- 양손으로 명함의 여백을 잡고 소속과 이름을 정확하게 밝힌다.
- 목례를 하며 가슴선과 허리선 사이에서 건넨다.
- 명함의 위쪽이 자기를 향하게 해서 상대가 읽기 쉽게 한다.
- 동시에 주고받을 때는 오른손으로 주고 왼손으로 받는다.
- 혹시 모르는 한자가 있을 경우에는 "실례지만 어떻게 읽습니까?"라고 질문한다.

치열한 경쟁에서 살아남아야 하는 현대의 비즈니스맨들에게 첫인상은 때론 영업이나 경영의 성패를 좌우할 수도 있다. 그래서 직원교육과 서비스 관련 서적들이 예외 없이 이미지 메이킹, 인사 요령, 전화 서비스, 명함 매너, 악수 요령 등을 다루는 것이다.

경영 컨설턴트 데브라 벤튼은 "좋은 첫인상을 남기려면 반드시 '4분 규칙'을 기억하라"고 강조한다. 어떤 만남에서든 첫 4분 동안은 스스로의 행동을 의식적으로 통제하라는 것이다. 하지만 인사나 악수, 명함 등을 통해 상대에게 좋은 첫인상을 위한 이미지 메이킹이 완성된다고는 할 수 없다. 왜냐하면 이 정도의 매너는 사회 초년생들은 물론이고, 일반 서비스맨들이 이미 상식적으로 알고 있는 내용이기 때문이다. 어차피 악수나 명함 매너의 목적은 상대에게 독특한 자기 이미지를 뚜렷이 심어주는 데 있고, 그러려면 남들과 확실히 다른 '보랏빛 소'가 있어야 한다. 처음에 어떤 말과 표정과 행동으로 상대의 마음을 사로잡느냐에 따라 만남의 결과가 180도 달라질 수 있기 때문이다.

이 모든 것을 한꺼번에 만족시킬 수 있는 훌륭한 보랏빛이 바로 유머다. 첫 만남에서 유머로 상대의 웃음을 이끌어낼 수 있는 사람은 굳이 기발한 명함을 만들거나 4분이라는 시간을 재기 위해 시계를 들여다볼 필요가 없다. 그가 구사하는 한마디의 유머가 바로 가장 인상적인 명함이며 효과적인 인사이기 때문이다.

유머는 고객과의 관계에서 인상적인 명함이 될 뿐 아니라 직장에서도 좋은 인간관계를 유지하는 데 필수적인 능력이다. 세계적인 경기 침체로 직장인들이 불안을 느끼는 상황에서는 유머가 더욱 절실하다. 명퇴와 감원, 봉급 삭감, 구조조정, 정리해고 등 듣기만 해도 가슴이 철렁하는 단어들이 횡행할 때 마음을 달래줄 유머가 넘친다면 얼마나 다행스러운 일이겠는가.

그 전에 하던 거 계속하고 있어

동창회에서 오랜만에 만난 친구들이 서로의 근황을 묻고 있다.

"야, 넌 요새 무슨 일 하냐?"

"나? 그냥 전에 하던 거 계속 하고 있지 뭐."

"니가 전에 뭐 했더라?"

"놀았잖아."

A씨는 유머를 잘 구사하는 반면에 B씨는 유머감각이 전혀 없다면 과연 두 사람은 주변 사람들에게 어떻게 비칠까? A씨가 미혼여성들은 물론 남성들에게도 인기를 끌 것이라고 누구나 짐작할 것이다. 유명한 여성 탤런트나 여성 지도자들을 인터뷰한 것을 수년간 수집, 분류해보니 재미있는 통계가 나왔다.

"당신의 장래 남편감으로 어떠한 남성을 원하십니까?", "가장 이상적인 남성은 어떤 조건을 갖추어야 한다고 생각하십니까?"라는 질문에 대한 답으로 건강한 남자, 생활력 있는 남자, 종교가 같은 남자, 이해심이 많은 남자, 돈이 많은 남자, 안정된 직장이 있는 남자 등 많은 유형이 나왔다. 그런데 복수 대답을 허용했을 때 항상 들어가는 조건은 놀랍게도 '유머감각이 있는 남자'였다.

퀴리부인을 구한 아인슈타인의 유머

아인슈타인은 유머의 달인이었다. 여류 물리학자 퀴리부인이 유부남과의 불륜 때문에 언론의 공격을 받은 적이 있었다. 이때 아인슈타인은 "그녀는 다른 남자를 위협할 만큼 매력적이지 못합니다"라고 말해 퀴리부인과의 정치적 의견 차이가 있었음에도 불구하고 그녀를 언론의 공격으로부터 방어해주었다.

다른 사람을 이끌려면 가슴을 사용해야 한다. 리더는 풍부한 감성과 유머감각의 소유자여야 한다. 특히 경영자의 유머는 직원들의 마음을 열어주고 일할 맛 나는 직장문화를 세우는 핵심이다. 직장인들이 가장 좋아하는 CEO도 경영수완이 뛰어나거나 성실한 CEO가 아니라 유머감각이 뛰어난 CEO다.

비행기 날개 위에서 담배를 피워라

"담배를 피우실 분들은 밖으로 나가 날개 위에 앉아 마음껏 흡연하시기 바랍니다. 오늘 흡연하면서 감상하실 영화는 「바람과 함께 사라지다」입니다."

흡연자들에게 "고객님, 담배를 피우시면 안 됩니다"라고 잘못을 곧바로 지적해주는 대신 이처럼 유쾌한 유머를 던져주는 사우스웨스트항공의 이야기는 너무도 유명하다. 이 항공사의 창업자인 허브 켈러허 회장은 직원과 고객을 즐겁게 하는 '유머경영'이 사람을 최우선시하는 경영이라고 항상 강조한다. '일은 재미있어야 한다'는 그의 경영철학은 사우스웨스트항공을, 타항공사의 평균에 못 미치는 급여수준에도 불구하고, 1999년부터 '가장 일하기 좋은 기업'에 연속 오르게 했다.

이 회사는 명문화된 사훈이 없는 대신 유머감각을 강조한다. 직원을 채용할 때에도 유머감각이 있는 사람에게 후한 점수를 준다. 유머가 있는 직원들이 창의력이 있고 자발적으로 회사에 충성하며, 그러한 분위기 속에서 인화와 창의력이 극대화된다는 믿음을 갖고 있다. 직원들은 "출근하면서 오늘은 무슨 재미난 일이 있을까 생각한다"고 말할 정도고, 이러한 분위기가 '일하고 싶은 기업' 순위에서 늘 수위를 다투는 비결이 되고 있다.

재치 있는 유머는 고객과의 만남을 부드럽게 하고, 청중에게 호감을 줄 수 있는 훌륭한 수단이다. 사람들과의 만남이 잦은 리더나 세일즈맨은 헤어스타일이나 넥타이의 색깔, 향수의 종류 등을 고민하기에 앞서 제일 먼저 '유머라는 이름의 명함'을 준비해야 한다. 그것이 수많은 서비스맨 중에서 당신을 리마커블한 '보랏빛 소'로 만들어줄 것이다.

그렇게 되기 위해서는 타고난 유머감각이나 비상한 기억력뿐만 아니라 남다른 노력이 반드시 필요하다. 외국의 기업인들 중에는 재미있는 에피소드들을 쉽게 찾아볼 수 있도록 주제별 카드 파일이나 컴퓨터 데이터베이스를 준비해두는 사람도 있다. 그때 그때 필요한 유머를 미리 준비해서 활용하려는 것이다. 그런 정도의 준비와 노력이 없다면 상대를 휘어잡는 유머러스한 상담이나 PT는 결코 이루어지지 않는다.

인사말에도 보라색이 있다

"사랑합니다, 고객님. 무엇을 도와드릴까요?"

전화번호를 안내하는 114로 전화를 걸면 나오는 말이다. 그런데 유머감각을 갖춘 어느 짓궂은 중년 남성은 "뭐라고, 날 사랑한다고? 진심으로? 나는 안 사랑하는데…"라고 해서 114안내원을 민망하게 했다는 에피소드를 들은 적이 있다. 이보다 더 심한 일도 벌어진다. 이 인사말이 하도 인상적(?)이어서 "저 외로운 사람인데요…"라며 희롱하는 남자들까지 있단다. 그래서 요즘은 이런 일을 아예 방지하기 위해 밤에는 "안녕하십니까, 고객님"으로 바꿔 부른다고 한다.

이런저런 사연에도 불구하고 2006년 7월 3일부터 "사랑합니다, 고객님"은 상냥하고 친절한 이미지를 확실하게 부각시킨 114안내의 보랏빛 소가 되었다. 보랏빛 소는 사우스웨스트항공의 유머경영에만 활용되는 것이 아니라 사소해 보이는 인사말이나 생일카드, SMS에서도 나타날 수 있다.

나도 예전에 보랏빛 소를 만난 적이 있다. 모 자동차회사의 연수담당자와 통화를 하다가 강의료가 너무 적어 거절하려 했더니 그가 이렇게 다시 부탁해왔다.

"선생님처럼 훌륭한 분을 모시게 될 줄을 미처 예상하지 못해서 예산이 낮게 책정되어 있습니다."

물론 나는 그 말에 감동받아 흔쾌히 강의를 허락했다. 나를 보라색으로 인정해준 것이므로.

"찾아주실 때 새해 달력을 드리겠습니다. 새해 복 많이 받으세요"라는 인사말보다는 "고객님께서 언제쯤 오시려나 기다리고 있습니다. 새해 달력을 드리고 새해 인사를 전해드리고 싶었습니다"가 훨씬 보라색다운 표현이다.

한번은 모 은행의 부장님과 명함을 주고받다가 깜짝 놀란 적이 있다. 우둘투둘한 점자명함이었던 것이다. 그것은 평범함을 넘어 '장애인을 배려하는 마음 씀씀이'가 그려져 있는, 인상적이고도 확실하게 차별화된 보라색이었다.

여러분이라면 어떤 인사말을 보내고 싶은가? 아니 어떤 인사말을 받고 싶은가? 누구나 보내는 연말카드나 인사말 등은 이미 누런 소가 되어버렸다. 남이 하는 대로 평범하게 하면 그 방법은 이미 리마커블하지 않다. 유머를 활용하고 인사말과 대화에도 보랏빛 소로 당신의 품격과 독특함을 담아내야 한다.

디즈니랜드에 부친 편지

　얼마 전 수년 만에 남편과 디즈니랜드에 놀러 갔습니다. 실은 그날이 1년 전에 죽은 저희 딸의 생일이었고 기일이었습니다.

　너무 약했던 저희 딸은 태어나자마자 바로 하늘로 떠나버려 남편과 나는 오랫동안 깊은 슬픔에 싸여 있었습니다. 우리 아이에게 무엇 하나 해줄 수 없었던 것이 너무도 마음이 아팠습니다.

　아이가 태어나면 꼭 디즈니랜드에 함께 놀러 가겠다는 다짐을 지키겠다는 생각으로 남편과 의논하여 드디어 그날, 딸을 위해서 디즈니랜드에 갔습니다. 입장권도 어른 2장, 어린이 1장 해서 3장을 샀습니다. 미리 가이드북을 보고 딸에게 먹이고 싶던 귀여운 어린이용 런치가 있는 것을 알아냈고 월드바자에 있는 이스트사이드 카페에 들어갔습니다.

우리는 어른용 2인분과 어린이용 런치를 주문했습니다. 직원은 의아해하면서 어린이용은 8세 이하만 가능하다고 말했습니다. 그러면서 "죄송하지만 어느 분이 드시는지 여쭤보아도 되겠습니까?" 하고 물었습니다. 제 딸아이와 함께 먹을 거라며 사정을 이야기하자 기분 좋게 주문을 받아주었습니다.

그리고 근처의 4인용 테이블로 옮겨주고 어린이 의자까지 따로 준비해주면서 "세 분, 이쪽으로"라고 자리를 바꿔주었습니다. "와주셔서 감사합니다. 그럼 온 가족이 함께 즐겁게 지내세요"라며 마치 우리 아이가 이 자리에 있는 것처럼 대접해주어서 남편과 나는 가슴이 벅차올라 눈물을 흘렸습니다. 딸을 잃고 나서 처음으로 '우리 온 가족이 함께하는' 자리를 만들어주어서 얼마나 감사했는지요.

카페 직원분이 친절하게 해주셔서 딸도 필시 기뻐하고 있을 겁니다. 생각지도 못한 따뜻한 대접 덕분에 정말로 좋은 추억이 생겼습니다. 우리가 딸을 위해서 처음으로 뭔가를 할 수 있었고, 부모와 자식 셋이서 즐거운 한때를 보낼 수 있었습니다.

그때의 고마움에 인사를 드리고 싶어서 이렇게 편지를 썼습니다. 딸은 천국으로 가버렸지만, 그 아이는 아직도 우리의 둘도 없는 보물입니다. 앞으로도 우리 사랑하는 딸과 평생을 함께하려고 합니다. 또 딸을 데리고 놀러 가겠습니다. 다시 한 번 멋진 시간을 보낼 수 있는 날을 기대하고 있습니다.

딸의 1주년 기일을 기념하러 온 어느 부부가 디즈니랜드에 보낸 편지를 내가 조금 다듬어서 옮겨본 것이다. 디즈니랜드의 한 카페에서 탄생한 이 이야기는 결국 고객을 감동시키는 서비스는 어디에서 비롯되는가를 잘 보여주고 있다.

규정과 매뉴얼에 충실한 직원이었다면 "8세 이하만 어린이용 런치 주문이 가능합니다. 카페 규정상 대단히 죄송합니다"라며 예의 바르게 거절했을 것이다. 그러나 이 직원은 어느 분이 드실 건지 먼저 사정을 알아보았고, 마치 세 사람이 온 것처럼 4인용 테이블로 옮겨주고 어린이용 의자를 준비해주었다. 그리고 따뜻하게 "온 가족이 즐겁게 지내세요"라고 인사를 했다. 허기를 채워준 것이 아니라 딸을 사랑하는 부모에게 잊을 수 없는 추억과 경험을 선물한 것이다. 고객을 감동시키는 잊을 수 없는 경험은 매뉴얼과 규정만 가지고는 만들기 어려운 선물이다.

규정을 어기더라도 문제를 해결하라

호텔에 도착하니 벌써 자정이 넘은 시간. 배가 고팠지만 식당은 이미 문을 닫은 후였다. 그런데 얼마 지나지 않아 호텔 직원 한 사람이 내 방으로 푸짐한 음식을 가지고 들어왔다. 다음 날 아침 호텔 매니저에게 어제 저녁 직원이 이 호텔의 규칙이나 규정을 어기지 않았느냐고 걱정스럽게 물었다. 그러자 매니저는 "예, 그 직원은 분명히 규정을 위반했습니다. 하지만 메리어트호텔에 근무하는 모든 직원은 필요한 경우에는 규정을 어겨서라도 문제를 해결하라고 배웁니다. 호텔은 직원들이 항상 올바르게 판단하기만을 바랍니다"라고 대답했다.

경영 컨설턴트 래리 존슨이 그의 저서 『정직한 경영 존경받는 기업』에서 밝힌 사례다. 탁월한 기업은 이처럼 '때로는 규정을 어기라'고 가르친다. 『전쟁론』으로 유명한 클라우제비츠는 "규정된 이론이 가장 해롭다"고 말했다. "주어진 상황에서 공격과 방어 둘 중 어느 것이 좋은지 나쁜지 얘기할 수 없다. 어떤 조건하에서 기습할 것이냐 버틸 것이냐 중 어느 것도 권고할 수 없다. 보유하고 있는 병력을 합해야 할지 나누어야 할지 모른다"는 뜻이다.

실은 규정된 이론에 의존하는 것이 더 편리하다. 비즈니스 측면에서 볼 때도 규정은 거부하기 힘든 측면이 있다. 하지만 클라우제비츠는 이를 단호히 비난한다. 각양각색의 고객을 만족시키는 길은 고객의 상식에 입각하여 모든 규정을 깰 수 있을 때 가능하다.

로고가 찍힌 컵만 들고 다녀도 수준 있는 커피 마니아로 인정받을 정도로 완벽한 포지셔닝 전략을 구사한 스타벅스도 이러한 원칙을 가지고 있다. 스타벅스는 직원들에게 언제나 '예스'라고 말할 수 있는 권한을 주고, 예스라는 대답을 함으로써 생기는 결과에 대해서는 회사가 전적으로 책임을 진다.

규정을 넘어선 서비스가 가능하기 위해서는 무엇보다 현장에 있는 직원이 권한과 유연성을 갖는 게 중요하다. 직원은 기계적으로 시키는 일만 하는 보조수단이 아니라 고객을 흡족하게 하기 위해 스스로 판단하는 현장 책임자이며 회사를 대표하는 실제 결정권자다. 직원이 이러한 권한을 갖고 있지 못하면 일일이 상사의 결재를 받느라 고객을 짜증스럽게 할 것이고, 회사방침을 고집하며 고객과 싸우게 될 것이다. 고객은 융통성 없는 직원과 회사 방침에 맞서 원하는 바를 얻어내기 위해 큰 소리를 내면서 고약한 행동도 불사할 것이다. 소란을 피우고 강하게 나가면 결국 회사가 손을 든다는 것을 경험적으로 알고 있기 때문이다.

'홈런 서비스'는 어떻게 나왔을까?

맹수들이 들끓는 서비스 정글에서 우리는 스스로 판단하는 직원이 아니라 로봇과 이야기하는 것 같은 느낌이 들 때가 가끔 있다. 상식에 맞게 문제를 해결하는 것에 눈감아버리고 규정이나 매뉴얼에 종속되어 친절하게(?)

거절하는 것이다. 한마디로 규정을 핑계로 귀찮은 고객을 따돌리고 있다고 해도 과언이 아니다.

미국 GIS사의 최고경영자 제레스티드는 위기에 처한 여러 기업들을 경영 혁신을 통해 회생시킨 전문경영자로 유명하다. 그는 규정에 대해 이렇게 말한다.

"복잡한 회사규정은 1퍼센트의 못된 직원을 대상으로 한 것이기 때문에 99퍼센트의 선량한 직원들을 속박한다. 누구도 규정대로 할 수 없기 때문에 대부분의 사람들은 어차피 지키지 못할 바에는 차라리 윗사람이나 즐겁게 하자는 자세를 취하게 된다."

실제로 그는 모 회사의 사장으로 재직하는 동안 두꺼운 책 2권 분량의 규정집을 모두 없애고 단 11개의 핵심적인 규정만 남겨놓았다. "쓸데없는 규정을 없애야 직원들이 자유롭게 일할 수 있다. 중요한 것은 규정집이 아니라 성과와 보상"이라고 그는 주장한다.

스칸디나비아항공의 얀 칼슨 전 회장도 비슷한 말을 했다.

"근무자들이 고객에 대해 너무 너그러워 회사가 손해볼 위험은 그리 크지 않다. 진짜 큰 문제는 종업원들이 책임지는 것을 두려워해서 서비스를 아예 포기하는 것이다."

직원들이 자발성을 가지려면 자신이 실수하더라도 처벌받지 않을 것이라는 믿음을 가져야 한다. 지나치게 철저하고 편협한 기준을 만들어놓고, 거기서 조금이라도 벗어나면 불이익을 주거나 처벌하게 되면 직원들은 두려워서 움직이려 하지 않는다. 그래서 직원들은 때로 자조적으로 "친절은 순간이고 사고는 영원하다"라며 몸을 사리고 칼슨의 말처럼 서비스를 아예 포기한다.

나는 야구경기를 즐겨 시청하는 야구 애호가다. 내가 응원하는 팀의 선수가 홈런을 때릴 때는 나도 모르게 엉덩이가 들썩이며 두 손을 번쩍 치켜올리며 환호한다. 홈런이 극적인 것은 공이 정해진 한계를 넘어서 담장을 훌쩍 넘어가버리기 때문이다. 서비스가 규정을 넘어 홈런을 치는 순간 고객은 황홀경에 빠진다.

어느 토론회에서 내가 고객경험의 중요성과 직원의 유연성, 자발성을 강조하자 경영자 한 분이 "어느 정도까지 유연성을 허락해야 합니까?"라고 물었다. 나는 "야구의 홈런처럼 '일정 범위홈런 존'에 들어가기만 하면 됩니다. 일정 범위란, 첫째로 고객의 상식으로 생각해도 충분히 일리가 있고, 둘째로 직원의 사리사욕을 채우는 것이 아니고, 셋째로 상대규칙 정도가 아니겠습니까?"라고 대답했다. 여기서 상대규칙이란 원활한 관리와 운영의 편의를 위해 만들어진 것이다. 항공서비스라면 20분 전까지 티케팅, 기내에 갖고 들어갈 수 있는 수화물 크기, 금연석에서의 금연 같은 것들이다. 절대규칙이란 안전벨트 착용, 휴대폰 끄기처럼 절대로 어겨서는 안 되는 규칙을 말한다.

중국의 춘추전국시대에 제나라 사람 순우淳于가 맹자에게 예禮에 대해서 물으면서 "형수가 물에 빠지면 손을 뻗쳐 건져야 합니까?"라고 물었다. 그러자 맹자는 "형수가 물에 빠졌는데 구하지 않으면 곧 시랑豺狼, 승냥이와 이리이다"라고 단언했다.

『맹자』 「이루」에 나오는 이야기다. 이처럼 현실과 상황에 따라 유연하게 응용하는 것을 '권도權道'라고 한다. 반대로 항상 지켜야 하는 것을 '상도常道'라고 한다. 바꾸어 말하면 상도는 절대규칙이요, 권도는 상대규칙인 셈이다.

어느 회사에나 진심으로 고객의 입장이 되어 고객을 위해서라면 무슨 일이든 해주고 싶어하는 영웅들이 존재한다. 언제나 틀에 박히고 자질구레한 규칙까지 엄수하는 완벽주의자보다 융통성 있는 세일즈맨이나 서비스맨이 결과적으로 업적이 좋고 고객에게 좋은 일을 많이 한다.

나는 한때 모 은행의 지점장으로 근무한 적이 있다. 그때 우리 직원들과 함께 만든 서비스 행동지침은 이런 것이었다.

1. 고객이 왔는지를 신속하게 알아본다.
2. 부드럽고 상냥한 목소리로 인사한다.
3. 고객의 근황을 자연스럽게 이야기한다.
4. 고객의 요구사항을 성의 있게 해결한다.
5. 고객에게 주의를 집중하고 경청한다.
6. 고객의 상식으로 판단하고 규정을 어길 때도 있다.
7. 또 처리해드릴 일은 없는지 확인한다.
8. 한 번 이상 감사의 표현을 한다.
9. '오래 기다리셨습니다' 등 특색 있는 맞이인사를 한다.
10. 고객의 성명이나 직책을 기억하여 불러준다.

직원들과 토론하여 이 규정을 다듬었는데 지점 직원들이 여섯번째 '고객의 상식으로 판단하고 규정을 어길 때도 있다'라는 항목을 제안했을 때 참 대견스러웠다. 사실 주어진 규정대로만 일하기는 쉽다. 그러나 중요한 것은 한 발 더 나아가서 규정도 지키면서 고객의 요구사항도 충족시켜줄 수 있는 성의와 유연성을 갖추는 것이다.

매뉴얼을 따르고 규정을 곧이곧대로 지키는 것보다 더 큰 문제는 로봇처럼 규정 핑계나 대고 고객을 골탕 먹이는 경직성이다. 때로는 고객의 상식을 활용하고 회사의 방침과 규정을 어겨야 할 때도 있는 법이다. 규정은 고객에게 봉사하기 위해 존재하는 것이지 직원을 노예로 만들기 위한 것이 아니기 때문이다.

　　경영자가 직원들을 자유롭게 해주어야 디즈니랜드의 이스트사이드 카페처럼 고객을 감동시키는 홈런성 서비스가 탄생한다. 치밀하게 설계되지 않았더라도 기꺼이 고객을 돕겠다는 직원들의 열정과 자발성과 유연성이 눈물을 쏟을 만큼 감동적인 고객경험을 창출하는 것이다.

청소하는 아줌마의 이름은?

간호학교에 입학해서 두 달이 지난 어느 날, 교수가 우리에게 예고도 없이 문제를 냈다. 나는 성실한 학생이었기 때문에 막힘없이 문제들을 풀어나갔다. 그런데 마지막 문제가 이것이었다.

"이 강의실을 청소하는 아줌마의 이름은 무엇인가?"

분명히 이것은 일종의 유머라고 여겨지는 문제였다.

나는 대여섯 번 정도 본 적이 있었다. 검은 머리에 키가 큰 50대 후반 여성이었다. 하지만 내가 어떻게 그녀의 이름을 안단 말인가? 나는 마지막 문제를 공백으로 남겨둔 채 답안지를 제출했다.

수업이 끝나기 전에 한 학생이 마지막 문제가 점수에 큰 영향을 미치는지 물었다. 교수가 대답했다.

"물론이지. 앞으로 여러분은 인생을 살아가면서 많은 사람을 만날 겁니다. 모두가 중요한 사람들입니다. 그들은 여러분의 관심과 보살핌을 받을 자격이 있습니다. 여러분이 그들에게 해줄 수 있는 것이 미소와 한마디 인사뿐이라 할지라도 말입니다."

나는 그 교훈을 결코 잊은 적이 없다. 나는 또한 그녀의 이름이 도로시라는 것을 알았다.

미국 프랜시스대학의 교수이며 신부인 브라이언 카바노프가 '내게 큰 교훈을 준 시험문제'라는 제목으로 쓴 글의 한 대목이다.

사람들은 누구나 자기 이름이 들리면 거의 반사적으로 고개를 돌리게 된다. 자기 이름 하나가 지구상의 모든 이름을 다 합친 것보다 더 소중하기 때문이다. 사람의 기본 욕구 중에서 식욕만큼이나 강렬한 욕구가 인정받고자 하는 욕구라고 한다. 그 욕구를 상징하는 것이 바로 그 사람의 이름이다.

우리가 잘 알고 있는 강철왕 카네기가 이름을 비즈니스에 활용한 이야기는 너무도 유명하다. 어린 시절 카네기는 토끼를 키운 적이 있었다. 토끼가 불어나 혼자 힘으로 감당하기 어렵게 되자, 카네기는 토끼마다 토끼풀을 뜯어오는 친구들의 이름을 붙여주었다. 친구들로 하여금 자기 이름이 붙은 토끼를 자발적으로 먹여 살리게 한 것이다. 또 강철공장을 운영할 때는 공장에 주고객으로 상대할 사람의 이름을 붙임으로써 고객을 확실히 붙잡았다. 참으로 기발한 이름 활용술이라 하겠다.

프랭클린 루스벨트 대통령도 이름의 중요성을 깊이 인식하고 활용한 정치인으로 유명하다. 그는 "유권자의 이름을 외우는 것, 그것이 바로 정치적 수완이다. 그리고 그것을 잊는다는 것은 스스로 유권자들로부터 잊혀지는 것이다"라는 명언을 남겼다.

고객의 이름을 불러주는 서비스

이 세상에서 가장 듣기 좋은 것은 '자기 이름'을 부르는 소리다. 그래서일까. 시어머니에게 사랑받는 며느리는 말끝마다 "~해요, 어머님" 하고 시어머니를 자주 부르는 며느리라고 한다.

직원이 "백 사장님, 참 오랜만에 뵙습니다" 하고 이름을 기억하여 반갑게 불러주는 것이 수준 높은 서비스의 첫걸음이다. 일본의 어느 은행에서는 '고객의 이름을 누가 많이 기억하는가'라는 재미있는 대회를 연다고 한다. 테스트는 창구를 찾는 고객을 보고 "다나카 선생님!", "하나코 양!" 하면서 이름을 맞추는 것이다.

우리나라의 품질경영상과 비슷한 미국 말콤볼드리지상을 받은 리츠칼튼 호텔도 서비스 3단계 중 첫 단계를 이렇게 시작한다.

"따뜻하고 진실된 마음으로 고객을 맞이하며, 되도록 고객의 성함을 사용한다."

K은행 연수원 교수 시절, 전 지점을 찾아다니며 서비스 순회지도를 한 적이 있다. 이것을 '임점연수'라고 부르는데, 근무 현장에서 직접 서비스를 교육하는 방법이다. 내가 모든 지점에서 빼놓지 않고 했던 일의 하나가 백지 한 장을 주고 친근하게 지내는 고객의 이름과 신상정보를 아는 대로 적어보게 하는 것이었다. 꽤 많은 이름과 근황, 거래정보를 적어낸 직원도 있었지만, 대부분은 당황스러워했고 간신히 몇 사람을 적어냈다.

나는 리츠칼튼에서 하듯 체계적인 프로그램을 만들 필요성을 절감하고 직원들에게 '고객을 기억하는 10대 실천요령'을 만들어주는 한편, '고객 기억 100명 운동'을 벌여나갔다.

'고객의 이름을 정확하게 기억하고 정성으로 대한 사람' 하면 단연 육일 약국 시절의 김성오 약사를 들 수 있다. 그는 '천재'라는 닉네임으로 통했

고객을 기억하는 10대 실천요령

① 반드시 기억해야 한다며 의도적으로 외우려고 노력하지 않으면 외우지 못한다. 의도는 심리적 긴장을 낳고 그것이 기억으로 이어진다.

② 줄거리는 잊어도 감동적인 영화의 한 장면은 잊혀지지 않는다. 기억하고 싶은 것을 감동적인 장면으로 이미지화하라.

③ 무심코 보아넘기면 기억에 남을 수 없다. 대상을 마음으로 보고 눈에 띄는 특징을 관찰하는 것이 기억으로 이어진다.

④ 목소리는 기억의 능률을 높여주고, 입은 눈만큼 기억할 수 있다. 한 시간에 3번 외우고 소리 내서 말하라.

⑤ 자신의 목소리를 녹음해서 듣고 따라하면 공명하는 상태와 같아 기억이 강화된다. 테이프에 자신의 목소리를 녹음하라.

⑥ 이 세상 모든 소리 가운데 가장 감미롭고 중요한 소리는 자신의 이름이다. 고객을 방문하기 전에 반드시 다시 한 번 확인하라.

⑦ 명함은 인간관계의 재산이다. 명함 뒷면을 활용해서 시간, 장소, 특징, 인상, 용무를 메모하라.

⑧ 기회 있을 때마다 내 이름을 밝히고 고객에게 인상적으로 소개하라. 고객이 당신을 오래 기억하게 하는 방법을 병행하라.

⑨ 이름을 기억해주어도 고마운데 목소리까지 기억해주면 금상첨화다. 전화 목소리까지 기억하라.

⑩ 시험을 봐야 긴장해서 기억효과가 커진다. '고객 기억하기 경진대회'를 열어 재확인하라.

다. 고객들에게 친근감을 주기 위해 이름을 모두 외웠기 때문이다. 그는 고객과 상담을 마치면 조제실로 들어가 차트를 들여다보며 바로 이름을 외웠다고 한다. 마치 벼락치기로 공부하는 수험생처럼. 40~50번씩 이름을 되뇌이고 발음하기가 힘들거나 외우기 어려운 이름은 하루 종일 입에 달고 살았다. 이름을 외운 고객이 다시 찾아오면 즉시 그 고객의 차트를 꺼내와 인사를 건넸다.

"김영희 씨, 편도선은 좀 어떻습니까?"

놀란 고객이 그를 쳐다보고 이렇게 말했다.

"이야, 약사님 천재 아이가?"

김 약사가 손님의 이름을 외우기 위해 얼마나 노력을 기울였는지 알았다면 아마도 그 고객은 '천재'라고 하기보다 '정성이 대단하다'고 말했을 것이다.

당신도 김 약사와 같은 노력을 기울여보라. 전화를 하거나 만날 때마다 고객의 이름을 불러주고 직업, 가족사항, 이전에 나눈 대화내용 등을 끄집어내 자연스럽게 이야기를 나눌 수 있다면 당신은 이미 고객의 나라에 들어간 것과 다름이 없다. "둔한 연필이 명석한 두뇌보다 낫다"는 말이 있다. 고객과 만난 후에는 단 1분이라도 고객의 이름과 대화내용을 고객노트에 기록하고 외우는 노력이 필요하다.

전에 지점을 순회하면서 서비스교육을 할 때의 일을 한 가지 더 소개한다. 당시 나를 제일 싫어했던(?) 이들은 은행 객장에 근무하는 청경들이었다. 내가 간단한 상품지식에서부터 가장 가까운 파출소와 지하철역을 찾아가는 방법까지 온갖 문제를 만들어 답을 적어내게 했기 때문이다. 내가 시시콜콜한 문제로 그들을 괴롭힌(?) 것은 고객들이 가장 편하게, 온갖 질문을 던지는 대상이 다름 아닌 그들이기 때문이었다.

디즈니랜드에서는 가장 먼저 고객과 만나는 직원의 90퍼센트 이상이 아르바이트직원들이다. 이들은 단 하루를 근무하더라도 철저한 교육을 받는다. 특히 청소원들은 공원 곳곳에서 고객들로부터 받을 수많은 질문에 응답할 수 있도록 트레이닝을 받는다.

"화장실이 어디입니까?"

"천천히 식사할 수 있는 곳이 어디입니까?"

"다음 퍼레이드는 몇 시입니까?"

"미키마우스 인형이나 의상은 어디에서 살 수 있습니까?"

이와 같은 여러 가지 질문에 익숙해질 때까지 반복해서 훈련을 받는다. 신입사원이든 누구든 공원 안의 전체 시설을 알고 있어야 하며, 질문에 답하지 못하는 사람을 위해서는 곧바로 연수과정에 포함시키는 시스템까지 마련해두고 있다.

호칭을 바꾸면 사람이 달라진다

이름을 기억하고 불러주는 일의 중요성에 덧붙여 '호칭' 문제도 생각해보자.

국내 기업에서만 25년을 근무하다 외국계 기업으로 옮기고 나서 내가 제일 생소하게 느낀 것은 상사나 부하 모두 실무자 수준으로 함께 일한다는 점, 그리고 서로서로 '동료associate'라고 부르는 점이었다. 이 호칭 덕택(?)에 나는 상하 구분 없이 다른 직원들과 동료로서 똑같이 일한다.

최고급 등산복 원단으로 유명하며, 11년 연속 '일하고 싶은 기업' 최상위

권에 오른 고어텍스의 CEO 테리 켈리의 인터뷰 기사를 읽은 적이 있다. 이 회사의 정식명칭은 'W. L. Gore & Associates'. 직역하자면 '고어와 동료들'이다. 실제로 이 회사는 상사나 부하가 없는 완전 수평조직이어서 모두가 동료로 불린다. 모든 직원의 명함에는 이름 밑에 'Associate'라고만 씌어 있다.

기자가 켈리 대표에게 "이 회사에는 없는 게 그렇게 많다는데 무엇이 없습니까?"라고 물었다. 그녀는 "직위도 서열도 권위도 보스도 관리자도 피고용인도 표준화된 고정업무도 지시도 없습니다"라고 대답했다.

1970년대 1차 오일쇼크가 왔을 때 한국의 건설업체들은 중동으로 달려가 오일달러를 벌어들였다. 그때 대통령이 연초에 근로자들에게 편지를 보냈는데, "여러분은 근로자가 아니라 산업역군이다"라는 표현을 해서 근로자들을 감동시켰다는 기사를 읽었다. 열사의 땅에 돈을 벌러 간 '근로자'가 아니라 나라의 경제위기를 극복하는 첨병인 '산업역군'으로 만들어준 것이다. 그들은 정말로 한 푼 쓰지 않고 달러를 전부 본국에 송금하는 애국자가 되었다.

전에 함께 근무했던 K은행 지점장을 송년회에서 만났을 때도 대화 중에 계약직 여직원의 호칭문제를 꺼낸 적이 있다. 입출금 창구에서 근무하는 여직원들도 계약기간이 없어져서 정규직이 되었는데 은행에서 부르는 호칭은 변함이 없었기 때문이다. K은행 지점에서는 창구 직원을 '금융상담원'이라 바꿔 부르고 있고, 명함도 그렇게 제작한다고 했다. 흥미로운 것은 이렇게 호칭을 바꿔 부른 뒤로 창구 직원들이 단순한 입출금 거래를 처리하는 데 그치지 않고 정말로 금융상담 및 세일즈에 더 열중해서 지점의 보물이 되었다는 거였다.

내가 즐겨보는 잡지 「리더피아」에서 어느 분의 경험담을 인상 깊게 읽은 기억이 난다. 요약하면 이런 이야기다.

고교동창이, 함께 골프장에 가기로 했던 사람이 급한 일로 참석하지 못하게 되자 예약인원을 채우기 위해 그에게 대신 참석해달라는 부탁을 해왔다. 그래서 땜방이면 어때, 운동이나 하고 오자며 골프장에 간 그는 '땜방'스럽게 제일 구석자리에 앉아 조용히 식사를 했다.

그런데 꽝! 놀라 자빠질 만한 사건이 벌어졌다. 모임 사회자가 처음 본 그를 "오늘 게스트로 초대받으셨군요"라며 참석자들에게 소개해버린 것이다. 그는 그날 일을 이렇게 매듭짓고 있다.

"그날 게스트라는 소개말을 듣고 구석에서 서성이던 땜방은 집으로 가버리고, 초대받은 게스트로 주인공들과 나란히 앉아 함께 시간과 공간을 즐기는 자신을 발견했다. 그 순간 이후 게스트가 된 나는 하루 종일 게스트의 기분으로, 게스트의 걸음걸이로, 게스트의 음성으로, 게스트의 눈빛으로 하루를 즐겼다."

위의 사례들 모두 호칭 하나 바꿔 불러서 일어난 놀라운 변화를 보여준다. 이제는 우리 주변에서도 택시운전수가 아니라 '기사님', 미장원 아가씨가 아니라 '헤어 디자이너 선생님'으로 바꿔 부른 지 오래다. 요구르트 아줌마는 '건강설계사', 보험 아줌마는 '재무설계사'로 부른다. 대단히 반가운 현상이다. 호칭이 변한다고 무엇이 달라질까 싶지만, 당사자는 스스로 자긍심을 느끼며 전문가로서 사회적 지위가 한층 올라간 듯한 기분이 든다.

마음을 바꾸면 밖으로 드러나는 실제의 삶이 놀랄 만큼 달라진다. 내가 믿는 것이 바로 현실이 되고, 믿는 바대로 세상을 보게 되는 것이다.

한 번의 거래를
영원한 관계로

고객감동의 현재와 미래

미쳐도 단단히 미쳤네

퇴근하고 집에 들어갔을 때 아내가 반색을 하며 이렇게 물을 때가 있다.

"여보, 나 어디 달라진 데 없어요?"

이날은 아내가 미장원에 갔다 온 날이다. 이때 "머리가 바뀌었네!" 하고 관심을
보이는 남자는 그나마 괜찮은 남편이다.

나 어디 달라진 데 없느냐고 묻는 여자의 심리는 무엇일까? '예뻐졌다'는 소리를
듣고 싶어서일 것이다. 그런데 과연 예쁘다고 말하는 남자가 얼마나 될까? 여기 흥미
로운 조사결과가 있다. 어느 강사가 100명의 사람에게 직접 조사한 것이라고 한다.

아내들은 평소에는 벨을 눌러도 천천히 문을 열어주는데, 미장원에 다녀온 날은
번개처럼 뛰어나와 문을 열어준다. 그러고는 남편이 들어가자마자 "여보, 나 어디
달라진 데 없어요?" 하고 묻는다. 이때 100명의 남편 중 65명은 버럭 신경질을 내

면서 "달라진 거고 뭐고 밥이나 줘!"라고 말한단다. 꼭 밥을 먹기 위한 역사적 사명을 띠고 태어난 남자처럼 말이다.

100명 중 7명은 잠시 살펴보다가 "머리가 달라졌네?"라는 반응을 보이는데, 문제는 그 다음이다.

"그거 얼마 줬어? 10만 원? 이 여자, 미쳐도 단단히 미쳤네."

이런 남편은 대개 회사에서 경리를 담당하거나 은행원처럼 숫자를 다루는 일을 하는 사람이라고 한다.

100명 중 2명은 "호박에 줄 긋는다고 수박 돼?"라며 대놓고 면박을 준다. 이런 남편은 대개 회사에서 품질관리 부서에서 일하는 사람들이라고 한다.

그리고 "어, 머리가 예뻐졌는데?"라며 바로 알아주는 남편은 100명 중 겨우 1명이라고 한다. 물론 과장과 유머가 섞여 있지만, 어쨌거나 이런 사람이야말로 남자다운 남자, 호감 가는 남자라고 할 수 있다.

『화성에서 온 남자 금성에서 온 여자』의 저자인 존 그레이 박사가 방한했을 때 그의 세미나에 참석한 적이 있다. 그레이 박사는 그날 남녀 간의 커뮤니케이션 차이에 대해 많은 이야기를 했다. 지금은 오래되어서 기억이 어렴풋하지만, 아내는 남편에게 레슬링 경기의 심판처럼 끊임없이 점수를 매긴다고 했다.

남자들은 대개 여자로부터 높은 점수를 따고 싶을 때 새 차를 사준다거나 여행을 데리고 가는 등 아주 굉장한 것을 해주어야 한다고 생각한다. 자동차 문을 열어주거나, 꽃다발을 건네거나, 안아주거나 하는 작고 사소한 일은 큰 점수를 얻지 못한다고 생각한다. 이런 관념에 젖은 남자는 시간과 돈을 들여 큼지막한 선물을 하면 여자가 틀림없이 크게 만족해할 것이라고 믿는다. 레슬링 경기에서 큰 기술을 사용했을 때 5점을 주듯이.

하지만 그레이 박사는 여자들이 점수를 매기는 방식은 남자들과는 다르다고 말한다. 여자의 채점방식은 이렇다. 사랑의 선물은 크든 작든 똑같은 가치를 지니므로 똑같은 점수를 준다. 남자가 자그마한 선물은 1점, 큰 선물은 5점쯤 될 걸로 생각하는 것과는 다르다. 사소한 것들, 다시 말해서 장미 한 송이만으로도 자동차를 사주는 것과 맞먹는 점수를 주는 것이다.

점수를 매기는 방식이 이처럼 서로 다르다는 사실을 알지 못하면 남녀 사이에는 좌절과 실망이 되풀이될 수밖에 없다. 그레이 박사의 책에 여자에게 점수를 따는 101가지 방법이 적혀 있는데, 그중 몇 가지를 추려보면 이렇다.

- 집에 돌아오면 우선 아내부터 찾아 가볍게 포옹하라.
- 아내의 외모에 늘 찬사를 보내라.
- 귀가가 늦어질 것 같으면 아내에게 미리 전화로 알려라.
- 아내가 누군가와 다투고 감정이 상해 있으면 아내 편을 들어주어라.
- 결혼기념일이나 생일 같은 특별한 날을 잊지 않도록 메모해두어라.
- 아내에게 걸려온 전화는 단정한 글씨로 메모를 남겨놓아라.
- 아내의 요리솜씨를 칭찬해주어라.
- 아내의 이야기를 들을 때는 '아하, 어허, 오, 음~' 같은 간단한 추임새로 적절히 호응하라.
- 그녀가 머리를 새로 하고 오면 바로 아는 체를 해주고 보기 좋다고 표현하라.

눈에 띄는 대로 몇 가지를 골랐지만 유심히 들여다보면 바로 우리가 아는 고객서비스의 원리와 하나도 다를 것이 없다. 아내가 미용실에 다녀온 날 "나 머리 했는데 어때?" 할 때는 이미 늦은 것이다. 아내가 말하기 전에 미리 알아보고 표현해주어야 큰 점수를 받는다. 묻고 나서 뒤늦게 보이는 반응은 옆구리 찔러 절 받기로 점수가 낮을 수밖에 없다. 가수의 노래가 끝났을 때 청중이 바로 큰 박수를 보내야 가수가 감동을 받지, 사회자가 "다 같이 박수를 쳐주세요" 했을 때는 분위기가 아주 싱거워지는 이치와 같다.

고객이 옆구리 찌르기 전에 서비스하라

물 한잔을 얻어 마시더라도 "물 좀 갖다 달라"고 해야 하는 곳과 미리미리 알아서 채워주는 곳을 고객들은 구분한다. 고객의 요구는 니즈needs와 원츠wants로 나뉜다. 물을 갖다 달라고 하는 직접신호는 니즈고, 미리 알아서 채워주기를 바라는 간접신호는 원츠다. 일류 서비스란 두말할 필요도 없이 원츠에 바로 응하는 서비스다.

고객의 부탁을 받아 제공하는 서비스는 누구라도 할 수 있는 평범한 서비스다. 그것은 '옆구리 찔러 절 받는' 서비스로 5점 만점에 1점이다.

고객이 '와!' 하고 인정해주는 최고의 서비스는 모두 미리 알아서 해주는 서비스다. 리츠칼튼의 서비스 3단계 중 두 번째는 '고객이 원하는 바를 미리 예측하고 부응한다'이다. 리츠칼튼에서는 전 직원이 고객의 기호와 정보를 고객기호카드에 기록하여 리츠칼튼인의 기본수칙 제12조 고객의 취향에 맞춘 개별 서비스를 제공한다. 그렇다고 직원들에게 고객에게 일일이 물어 기호를 파악하라고 지시하지 않는다. 그들은 고객정보를 세계적으로 공유한다. 예를 들어 리츠칼튼서울에 투숙했던 고객이 알레르기가 있는 손님이라면, 고객기호카드에 기록되고 다시 컴퓨터시스템의 고객이력 파일에 입력·저장된다. 이 데이터베이스를 바탕으로 각국의 리츠칼튼호텔은 매일 예약자 명단을 확인하고 고객파일을 열어 고객의 기호를 미리 파악한다. 그리고 나서 고객이 도착하기 전에 제공할 서비스를 준비한다. 그래서 세계의 어느 리츠칼튼에 묵더라도 이 고객에게 무자극성 베이비샴푸가 제공되는 것이다. 바로 이것이 모든 고객에게 놀랄 만한 경험을 갖게 하는 리츠칼튼의 비결이다.

리츠칼튼의 고객만족도는 99퍼센트를 자랑한다. 전 세계에서 최고 수준이다. 이것은 리츠칼튼이 고객과의 일회적인 거래를 단골관계로 만드는 능력이 탁월하다는 증거다.

고객과 기업은 상품이나 서비스를 주고받으면서 일회성 '거래'로 끝나기도 하고 장기적인 '관계'를 맺기도 한다. 한 번의 조우가 어째서 이렇듯 판이하게 갈리는 걸까? 그 차이는 바로 서비스하는 직원이 상품 파는 일을 단순한 거래로 간주하는 데서 생긴다. 다시 말해서 고객과의 관계는 중시하지 않고 상품을 제공함으로써 자기 의무를 다했다고 생각하기 때문이다. 이렇게 되면 고객과 기업은 단순히 돈과 상품을 맞바꾸는 사이에 불과하다. 반대로 고객이 다시 찾아오게 만드는 일류 서비스는 상품이나 서비스를 주고받는 거래관계를 뛰어넘어 고객 자체에 집중하고 관계 맺기에 정성을 들인다. 부부도 평생의 동반자이기 때문에 '거래'라 하지 않고 '관계'라고 하지 않던가.

먼저 알아서 챙겨주는 서비스 센스

리츠칼튼처럼 고객 한 명 한 명을 미리 알아보고 대접하는 독특한 경험을 제공함으로써 평생고객을 만들어가는 체계적인 전략, 그것이 바로 CRM_{customer relationship management}이다.

"만약 당신에게 450만 명의 고객이 있다면, 상점도 450만 개를 갖고 있어야 한다. 방문하는 한 사람 한 사람을 위해 잘 꾸며진 상점 말이다."

아마존의 경영자 제프 베조스 회장이 한 말이다. 아마존에서는 고객이 전에 산 걸 모르고 같은 책을 다시 주문했을 경우 고객에게 그 사실을 알려준다. 한 권의 책을 더 팔지 못하는 대신에 아마존에 대한 만족도를 높이고 고객과 장기적인 관계를 맺는 기회로 삼는 것이다. 따라서 아마존과 거래하는 고객은 중복구매할 우려가 전혀 없다. 아마존이 대신 기억하고 있다가 바로 확인해주니까. 한 조사결과는 이러한 맞춤형서비스를 제공함으로써 "기업 매출이 42퍼센트까지 늘어날 수 있고, 판매비용은 35퍼센트까지 절감되며, 고객만족도가 20퍼센트까지 향상될 수 있다"고 밝혔다.

CRM의 정의에 대해서는 논의가 분분하지만 간략하게 말하면, 선별된 고객과 정기적으로 긴밀한 관계를 유지함으로써 평생고객으로 만들고, 고객의 생애가치_{lifetime value}를 향상시켜 고객 및 기업 양자의 만족을 극대화하는 것이라고 말할 수 있다.

CRM을 통해 미리 고객을 알아봐주는 서비스를 제공하고 또 고객만족도를 높여 매출을 늘리기 위해서는 무엇보다도 잘 다듬어진 고객정보가 중요하다. 그러면 먼저 잘 다듬어진 CRM 데이터가 얼마나 막강한 힘을 발휘하는지부터 알아보자.

요즘은 집이나 사무실, 심지어 휴대폰에까지 시도 때도 없이 DM, 문자메시지, 텔레마케터의 전화 공세가 쏟아진다. 고객 입장에서 보면 정말 짜증나는 일이다. 오히려 그 회사에 대한 충성도를 떨어뜨리는 역효과를 낼 수도 있다. 고객이 원하는 타이밍과 니즈를 맞추지 못하기 때문이다. 국립호주은행은 바로 이 점에 착안하여 고객 개개인에 대한 맞춤서비스를 제공함으로써 수익을 극대화했다.

호주은행은 20년 동안 거래해온 72세의 할머니가 어느 날 1만 5000달러를 출금한 사실을 알게 되었다. 평소에 거액 거래가 없었던 이 할머니의 출금은 일종의 사건이었다. 콜센터 담당자는 다음 날 곧바로 전화를 걸어 할머니의 손녀딸이 2개월 후 결혼한다는 사실을 알아냈다. 또한 결혼선물로 손녀딸이 살 주택을 구입하는 데 필요한 계약금인 6개월치 월세를 미리 대납하기로 했다는 것도 확인했다. 해당 영업점에서는 손녀딸과 예비신랑을 만나서 주택대출, 주택저당대출, 당좌예금, 신용카드, 자동차론 등을 판매했다.

결국 할머니의 1만 5000달러 인출 사실을 통해 타이밍과 고객의 니즈를 찾아냈고, 특별한 제안과 서비스를 제공함으로써 고객만족과 수익 확대라는 두 마리 토끼를 한꺼번에 잡은 것이다.

각종 서적과 컨설팅회사, 언론들이 CRM의 대표적인 성공사례로 자주 인용하는 월마트의 '맥주와 기저귀' 사례는 CRM에 대한 기대감을 높이는 데 크게 기여했다. 월마트는 고객들의 구매내역을 분석한 결과, 오후시간에 맥주와 기저귀를 동시에 구매하는 신기한 패턴이 존재한다는 것을 발견했다. 남편들이 퇴근길에 아내의 심부름으로 기저귀를 사면서 맥주도 동시에 산다는 것을 확인한 월마트는 맥주와 기저귀를 나란히 진열하여 맥주 매출 확대에 성공했다.

실은 이러한 구매 패턴을 처음 발견한 것은 월마트가 아니라 미국의 드러그스토어 체인인 오스코약국이었다. 하지만 그들은 이를 현장에 적용하지 못했다.

대화는 정보창고

이번에는 거래 데이터가 아니라 고객과의 대화를 통해 수집된 정보로 고객을 미리 알아본 서비스의 사례를 살펴보자.

황사가 극심하던 날, 신용대출 상담차 거래은행 지점을 찾은 중소기업 임원 이 씨는 뜻밖의 선물을 받았다. 창구직원이 "황사가 심한데 기관지를 보호하셔야죠" 하면서 황사용 마스크를 선물로 건넨 것이다. 수년째 기관지염을 앓고 있던 이 씨는 흐뭇하면서도 '도대체 어떻게 알았을까' 궁금했다. 비밀은 은행의 고객관계관리 시스템이었다.

창구직원은 이 씨가 수개월 전 "기관지염 때문에 고생한다"고 무심코 한 말을 고객정보로 입력했다. 은행은 황사 시즌이 되면 마스크를 선물해야 할 고객으로 이 씨를 분류하고, 이 씨의 고객번호를 입력하면 '황사 마스크 선물 요망'이라는 내용의 팝업창이 뜨게 했다.

은행은 생년월일, 주소, 가족관계, 종교는 물론이고 고객과의 대화를 통해 입수하는 투자성향, 가족소식, 의료기록 등 고객관리에 도움이 되는 것이라면 분야를 가리지 않고 정보를 수집한다. 그리고 이 정보를 토대로 맞춤서비스를 제공하면서 고객과 끈끈한 관계를 맺는다. 특히나 영업직원, ATM, 전화, 우편, 웹페이지 등 다양한 채널에서 고객에게 일관성 있는 '브랜드 경험'을 제공하기 위해서는 CRM을 효과적으로 전개할 수 있는 역량을 키우는 것이 마케팅 경쟁력의 관건이 된다.

콜센터는 기업과 고객을 이어주는 '끈'으로서 고객정보 수집에서도 가장 활발한 채널이다. 기본 정보의 갱신은 물론 캠페인에 대한 고객 반응과 고객서비스의 문제점, 만족도 등 다양한 정보를 수시로 수집하고, 이를 기업

경영과 서비스 전략에 반영한다. 이러한 이유로 몇몇 기업은 콜센터를 'CRM센터'라고 부르기도 한다. 최근의 콜센터는 고객의 문의나 상담, 사고 신고 접수 등 단순한 '서비스센터'의 기능을 뛰어넘어 조사, 기획, 마케팅, 판매를 아우르는 '다이내믹 센터'로 바뀌고 있다. 미국의 키뱅크에서는 전체 매출의 16퍼센트 정도를 콜센터에서 올리고 있으며, 콜센터가 연결하여 발생하는 매출까지 포함하면 그 비중이 무려 60~70퍼센트에 이른다.

고객의 개인적인 관심사나 문의사항에 대한 데이터가 차곡차곡 쌓이면 획일적이고 기계적인 응대가 아니라 '개인화된 서비스'가 가능해진다. 그리고 이러한 서비스가 고객이 부탁하지 않아도 먼저 알아서 해주는 감동의 원천이 되고 있다.

먼저 돌아눕지 마라

어느 여성 잡지에선가, 산부인과 전문의 부부가 쓴 「남편은 냄비 아내는 뚝배기」라는 제목의 글을 읽은 적이 있다. 남녀의 성관계 시 흥분속도에 대한 내용이었다. 남녀가 관계를 통하여 함께 기쁨의 절정에 다다르게 되는 것을 오르가슴이라고 하는데, 이때 감각적으로 느끼는 남녀의 성감에는 큰 차이가 있다고 한다. 한마디로 '남자는 쉽게 끓는 냄비, 여자는 천천히 달아오르는 뚝배기'라는 것이다. 다시 말해서 남성의 오르가슴은 순식간에 왔다가지만, 여성은 남성보다 오래 걸리고 완만한 성감 곡선을 그리며 일정 수준에 도달해야 오르가슴을 느끼게 된다는 것이다. 그래서 남녀가 동시에 오르가슴에 도달하는 일은 흔치 않다고 한다.

또 남자는 대부분 사정이라는 과정을 통해 오르가슴을 느끼지만, 여성의

20~30퍼센트는 한 번도 오르가슴을 경험하지 못한다고 한다. 더군다나 관계가 끝난 후 남편들은 금세 돌아눕지만, 아내는 남편이 가볍게 안아주고 무언가 한마디라도 해주기를 바란다. 천천히 달아오른 뚝배기라 식을 때도 연착륙이 필요하다. 그러므로 함께 오르가슴에 도달했더라도 아내는 서서히 열기가 가라앉는다는 점을 남편들은 충분히 배려할 필요가 있다. 바로 이 차이점을 깨닫는 것이 중요하다. 아내의 몸이 아직 뜨거울 때 남편들은 바로 돌아눕지 말라는 얘기다.

2003년 내가 서비스에 관해 쓴 『먼저 돌아눕지 마라』라는 책의 제목은 이렇게 붙여졌다. 서비스를 주고받는 고객과 직원의 심리적 곡선도 성감곡선과 너무나 닮았다는 이야기를 하고 싶었던 것이다.

"고객 없는 사업은 없다"는 피터 드러커의 말처럼 비즈니스의 핵심은 고객이다. 기업은 모두 고객만족경영을 강조한다. 그러나 고객은 기업의 비상경영이나 핵심역량과 같은 슬로건에서 만족을 느끼는 것이 아니라, 기업과의 접점에서 피부로 느낄 수 있는 만큼의 구체적인 변화를 보았을 때 비로소 만족을 느낀다.

고객의 피부에 와닿는 서비스 성과를 내려면 우리는 고객접점을 어떻게 설계하고 관리해야 할까?

첫째, 고객의 시각으로 중요한 고객접점을 찾아낼 수 있어야 한다. 호텔이나 컨벤션센터에서 열리는 세미나에서의 고객접점은 결코 화려한 인테리어나 근사한 룸이 아니다. 참석자가 원하는 내용은 표에서 보듯 가까운 화장실, 충분한 공간, 근접한 비즈니스센터 등이다.

반면에, 호텔 연회담당 전문매니저에게 동일한 질문을 던지면 따뜻하고 향이 좋은 커피, 과일 등의 다과, 멋진 장소, 깨끗하고 흠집이 나지 않은 식

고객	기업 연회담당 매니저
• 화장실이 가까이 있어 **빠른** 시간 내에 이용할 수 있을 것	• 따뜻하고 향이 좋은 커피를 제때 내놓을 것
• 이메일을 체크할 수 있도록 비즈니스센터가 가까울 것	• 롤, 머핀, 신선한 과일 등의 다과류를 준비할 것
• 신속하게 나갔다가 다시 돌아올 수 있을 것	• 서비스 장소를 멋있게 꾸밀 것
• 다른 참석자들과 대화를 나눌 수 있는 충분한 공간이 있을 것	• 깨끗하고 흠집 나지 않은 식기를 사용할 것
• 세미나 참석자들을 위해 커피나 홍차가 준비되어 있을 것	• 깨끗한 테이블을 적절히 배치할 것

기 같은 답이 나온다.

여기에서 알 수 있는 것처럼, 기업 관점으로 접점을 관리할 경우 실제 고객이 원하는 것과 전혀 다른 서비스가 제공될 가능성이 높다. 고객 입장에서 덜 중요한 요소들을 관리하느라 괜한 시간과 비용만 낭비하는 잘못을 저지를 수 있다.

둘째, 모든 접점을 다 파악하기보다는 고객에게 더 중요한 것을 파악하는 데 중점을 두어야 한다. 고객이 기업과 관계를 맺는 과정에서의 온갖 접점을 완벽하게 관리하면 제일 좋겠지만, 현실적으로 불가능할뿐더러 그러기에는 너무나 많은 돈과 시간이 든다. 긍정적이든 부정적이든 고객에게 깊은 인상을 줄 수 있는 것, 즉 임팩트가 커서 고객의 경험에 특별한 영향을 끼치는 핵심적인 접점을 선별하여 관리하는 것이 더 현명한 태도다.

그리고 무엇보다 '마지막' 고객접점이 중요하다. 고객의 니즈 충족은 마무리 단계에서 판가름 난다. 다른 것들이 다 좋아도 마지막 단계가 어떤가에서 고객의 평가는 뒤집힐 수 있다.

끝이 좋으면 다 좋아!

『끝이 좋으면 다 좋아!』

재치와 익살로 몇 백 년 동안 전 세계 사람들을 웃게 한 셰익스피어의 희곡작품 제목이다. 슬픔과 오해와 고통과 절망도 끝이 좋으면 다 아름답다는 메시지를 담고 있다. 서비스도 그렇다. 서비스도 끝이 좋아야 제대로 된 서비스다. 그런데 아직도 용두사미 서비스가 횡행한다. 처음계약에는 보통 거창하고 훌륭하게 시작하지만 끝마무리판매 후가 점점 나빠지는 습성이 여전하다.

심리학 이론에 따르면, 사람들은 자신이 겪은 체험의 모든 순간을 일일이 기억하는 것이 아니라 나중에 일어난 체험을 더 중요하게 생각하며 뚜렷하게 기억한다고 한다. 초기에 친절하게 대해주다가 마지막에 가서 불친절하게 대하면 '속았다'는 생각에 배신감을 느낀다. 반대로 마지막 단계에서 감동을 받으면 그동안 내가 오해했구나, 하며 긍정적으로 평가한다. 이 마지막 인상이 제품이나 기업에 대한 이미지로 남는다.

'남편은 냄비 아내는 뚝배기'처럼 심리적 성감곡선이 극명하게 드러나는 곳이 세일즈 세계다. 상품을 팔고 대금을 받으면 판매원은 최고의 기분이 되지만, 그 순간부터 고객에 대한 관심도는 현저히 떨어진다. 자동차 세일즈맨도 계약 시점에서 만족도가 최고 수준에 달했다가 곧바로 급속한 하강커브를 그린다. 잔금까지 받고 나면 남성의 성감 곡선처럼 고객에 대한 관심이 뚝 떨어진다.

거꾸로 고객의 만족도는 계약 당시가 아니라 차를 인도받으면서부터 시작된다. 고객과 세일즈맨이 심리적으로 큰 격차를 보이고 고객의 불만족 원인이 생기기 시작하는 지점이 바로 이때다. 역시 남녀가 동시에 오르가슴을 느끼지 못하는 이치와 비슷하다. 따라서 자동차 세일즈맨이 차량을 인도한 후 '고객만족을 유지하기 위해 필요한 조치'를 취하지 않거나 잘못 대응하면 고객을 잃을 뿐만 아니라 고객의 입소문으로 인한 나쁜 영향까지도 감수해야 한다.

사람은 잠시 사랑하고 훌쩍 떠나버리는 것 같은 한순간의 연애를 좋아하지 않는다. 지속적인 관심과 배려가 있는 결혼관계를 원한다. 연애는 길어야 몇 년이지만 부부관계는 수십 년이다. 자기 볼일 끝났다고 바로 돌아누워버리는 남편이라면 아내는 당신과 결혼한 것을 후회할지도 모른다.

한 번 고객을 평생의 팬으로

"정말로 이 남자랑 결혼하길 잘했다", "당신 회사 제품을, 당신한테서 구매하기를 참 잘했다"는 것을 확신시켜주는 지속적인 관심과 성의는 상대방

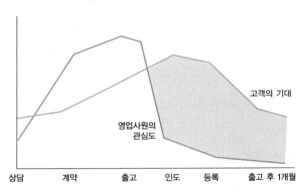

고객의 기대와 세일즈맨의 관심도(자동차)

고객의 기대

영업사원의
관심도

상담　계약　출고　인도　등록　출고 후 1개월

을 당신의 영원한 팬으로 만들어줄 것이다. 제품을 구입하여 사용할 때 고객의 만족도는 최고로 높아진다. 만족도가 높을 때, 당신의 배려는 고객의 만족도를 최상으로 끌어올린다.

배려의 목표는 가전회사의 A/S처럼 고객이 좋은 상품을 구매했음을 확신시켜줌으로써 고객과의 관계를 지속적으로 유지하는 것이다. 이를 애프터마케팅after-marketing이라고 한다. 제품이나 서비스를 구매하는 것은 한 번의 이벤트에 불과하지만, 고객과 기업의 관계는 구입한 상품이 '폐기되거나 서비스가 잊혀지기 전까지'는 지속된다고 볼 수 있다.

백화점의 판매왕들은 고객이 물건을 살지 말지를 한눈에 알아본다고 한다. 뿐만 아니라 언제나 고객을 정성으로 대한다. 이 옷 저 옷 다 걸쳐보고 그냥 나가는 고객이라 해서 미워하지도 않는다. 어느 옷가게 사장님은 "맘에 드시는 옷이 없어서 죄송하다"며 반드시 출입구까지 따라 나가서 배웅 인사를 한다고 한다. 참 훌륭한 일이다. 이런 행동은 생각을 고객중심으로 바꿔야 비로소 가능하다. 그리고 이것은 절대 헛수고가 아니다. 지금 당장 옷은 팔지 못했지만 고객의 기억 속에서 인상 깊은 경험만은 성공적으로 판매한 것이기 때문이다. 시작도 좋아야 하지만 마무리는 더 좋아야 한다.

한번 고객을 평생고객으로 만들기 위해서는 제품을 팔고 난 후에도 지속적인 관리가 꼭 필요하다. 카드업체나 유통업체, 이동통신업체에서 생일에 축하 이메일이나 문자를 발송하는 이유도 다른 것이 아니다.

안부를 묻고, 감사를 표하고, 상품 정보를 제공하고, 소개 부탁을 곁들여 고객의 쾌감곡선을 지속시켜주는 배려, 우리는 이런 마무리 노력을 아끼지 말아야 한다.

스니저를 양성하라

공항까지 달려가 비행기표를 돌려주다

한 중년 여성이 백화점에서 옷 한 벌을 사고는 비행기를 타러 공항으로 나갔다. 그런데 공항에 가보니 비행기표가 없었다. 서두르다가 그만 백화점에 놓고 온 것이다. 발만 동동 구르고 있는데 누군가 다가와서 비행기표를 건넸다. 바로 백화점 의류매장직원이었다. 그녀는 모든 것을 제쳐놓고 고객이 놓고 간 비행기표를 들고 부랴부랴 공항까지 달려온 것이다.

정가에 사와서 할인가에 팔다

세일이 끝난 다음 날, 한 부인이 백화점에 바지를 사러 왔다. 부인은 세일기간이 끝난 줄도 모르고 자기가 눈여겨 봐두었던 고급 브랜드의 바지를 사고 싶어했다. 그런데 맞는 사이즈가 모두 팔리고 없었다. 점원은 고객이 원하는 바지가 백화점 내에 있는지 연락해보았지만 유감스럽게도 없었다. 다시 건너편 백화점에 알아보니 거기에는 고객이 찾는 바지가 있었다. 판매원은 고객이 원하는 바지를 정가에 사와서 세일가격으로 고객에게 팔았다.

양복 2벌에 넥타이 3장을…

어느 기업 간부가 세일 중이던 양복 2벌을 구입하고 수선을 부탁했다. 원래 이 백화점에서는 당일 수선해주지만, 세일기간에는 다음 날 수선해주기로 되어 있었다.

이튿날 그가 양복을 찾으러 간 것은 폐점 15분 전이었다. 그가 이 백화점을 이용한 것은 딱 한 번뿐이었는데, 점원은 놀랍게도 그의 이름을 부르며 반갑게 맞이하고 양복을 가지러 2층으로 사라졌다. 5분 후에 나타난 점원은 양복을 가지고 오지 않았다. 아직 수선을 마치지 못했기 때문이다. 고객은 다음 날 시애틀에서 약속이 있었고, 그 다음 날에는 댈러스에서 중요한 회의가 있었기 때문에 서둘러 공항으로 향할 수밖에 없었다.

그런데 댈러스의 호텔에 여장을 풀었을 때, 뜻밖에도 소포가 왔다. 노드스트롬 백화점에서 온 것이었다. 풀어보니 잘 수선된 양복 2벌과 주문하지도 않은 실크 넥타이 3장이 있었다. 그리고 점원이 쓴 짤막한 사과편지에는 그의 집에 전화를 걸어 여행 일정을 알아냈다는 이야기가 적혀 있었다.

팔지도 않은 타이어를 환불해주다

어떤 노인이 백화점 매장에 자동차타이어의 반품을 요구했다. 노인이 영수증을 가져오지 않았기 때문에 판매원은 얼마를 지불했느냐고 물었다. 고객이 가격을 말하자 직원은 두말없이 타이어값을 환불해주었다. 그런데 그 타이어는 자기네 매장에서 구입한 것이 아니라 다른 매장에서 구입한 것이었다. 이 백화점은 자동차타이어를 판매한 적이 없었기 때문이다.

이상은 고객감동 서비스의 신화적 기업으로 알려진 노드스트롬백화점의 뛰어난 서비스를 보여주는 일화들이다. 첫 번째 사례는 두말할 것도 없이 노드스트롬백화점 직원의 탁월한 서비스 정신을 보여준다. 노드스트롬은 오직 단 하나의 근무규칙을 가지고 있다.

'모든 상황에서 스스로 최선의 판단을 내릴 것. 그 밖의 다른 규칙은 없음.'

이 말은 어떤 상황이든 간에 판단은 매장 직원 자신이 내린다는 뜻이다. 매장의 책임자는 매장 직원이며, 그가 최고의 권한을 가진다.

여러 사례 가운데 내가 가장 유심히 들여다본 사례는 판매하지도 않은 타이어의 환불건이다. 이 이야기는 『초우량기업의 조건』의 저자이자 경영 전도사인 톰 피터스를 통해 널리 알려졌다. 결과적으로 수백만 달러의 가치가 있는 무료 홍보가 된 셈이다. 원하는 바지를 산 부인도 평생을 두고 주변에 이야기할 것이다. 이처럼 입소문 효과로 기업의 브랜드 가치를 높이는 것을 경영용어로 '노드스트롬효과_{Nordstrom Effect}'라고 한다.

한국 삼성자동차와 딤채의 성공사례도 주목할 필요가 있다. SM5. 예전에는 이 이름을 들으면 삼성자동차의 쓰디쓴 실패를 떠올리는 사람이 많았다. 누구나 인정하는 한국 최고 기업인 삼성이지만 자동차만은 2000년 부도를 내면서 결국 프랑스의 르노자동차에게 넘기는 굴욕(?)을 당했다. 그후 르노삼성자동차는 기사회생하여 국내 중형차시장의 리더로 올라섰고, 2001년에는 히트상품을 내놓기까지했다. 어떻게 이런 일이 가능했을까?

르노삼성자동차는 초기에 택시시장을 적극적으로 공략했다. 자동차의 품질에 민감한 택시기사의 입소문이 효과를 발휘할 것으로 믿었기 때문이다. 결과는 대성공이었다.

"타보면 다릅니다. SM5는 에어컨을 틀어도 엔진에 힘이 넘칩니다. 핸들링이 탁월합니다. 잔고장이 전혀 없습니다. 보증수리 기간이 월등히 깁니다."

승객들은 택시 안에서 이런 말을 수없이 들었다. 일반인 입장에서는 차량 전문가인 택시기사들의 말을 신뢰하지 않을 수 없다. SM5에 대한 택시기사들의 지대한 공헌을 확인한 르노삼성자동차는 재빠르게 그들을 대상으로 차별화된 서비스를 실시했다. 공항택시를 대상으로 한 무상점검 서비스, 택시기사를 우대하는 퀵서비스, 기사 스스로 점검해볼 수 있도록 하는 자가정비 코너 등을 마련하여 더 많은 택시기사를 홍보맨으로 끌어들였다.

'김치는 김치냉장고에'라는 새로운 시장의 룰을 만들어낸 딤채의 성공 스토리도 널리 알려져 있다. 딤채는 서울 강남지역에서 45세 전후의 중상류층 주부들을 대상으로 제품 체험을 통한 입소문마케팅을 펼쳐 김치냉장고 시장을 석권했다.

SM5와 딤채는 모두 자사 제품의 우수성을 소문낼 수 있는 스니저sneezer들을 전략적으로 발굴해서 입소문마케팅에 성공한 경우다. 스니저라는 말은 원래 '재채기하는 사람'이란 뜻이다. 그런데 마케팅에서는 이 말이 재채기처럼 새로운 것을 발견하면 주위 사람들에게 퍼뜨리지 않고는 못 견디는 사람을 지칭하게 되었다.

소문내는 고객이 '완소' 고객

나는 기업이나 대학에서 고객만족과 마케팅에 관련한 강의를 할 때 간혹 질문을 던진다. 어느 정수기회사 임원들에게는 이렇게 물었다.

"내가 정수기를 팔았다고 해보지요. 여러분이 좋아하는 객관식으로 묻겠습니다. 다음 중 언제를 판매의 종료시점으로 보아야 할까요?"

① 고객이 구매의사를 표시한 때
② 고객이 신용카드나 현금으로 대금을 지불한 때
③ 정수기 설치를 끝냈을 때

대답은 여러 가지로 나왔다. 그런데 내가 "이 3개의 보기에는 정답이 없다"고 말하자 모두 어리둥절한 표정을 지었다. 그때 맨 앞에 앉아 계시던 사장님이 "정수기에서 물이 나왔을 때"라고 해서 강의장을 웃음바다로 만들었다. 진정한 마케팅은 고객이 구매하는 순간 끝나는 것이 아니라 상품의 효용이 다하는 순간까지 계속되는 것이다. 또한 상품의 효용은 서비스를 통해 무한대로 늘어나게 된다. 내가 바랐던 정답은 '고객이 이 정수기 사기를 참 잘했다고 이웃 주부들에게 소문내고 다닐 때'였다.

두번째 질문은 "우리 회사 입장에서 가장 고맙고 소중한 고객은 누구겠습니까?"였다.

① 우리 제품을 많이 사주는 고객
② 우리 회사 제품만 사주는 충성도 높은 고객

③ 회사 입장에서 마진이 큰 제품을 사주는, 수익성이 좋은 고객

④ 회사 제품이나 서비스에 대해 불만이나 의견을 적극적으로 제시해주는 고객

사실 회사 입장에서 4가지 유형 모두 소중한 고객이다. 하지만 이 보기들 중에는 가장 소중한 고객의 유형 하나가 빠져 있다. 일반적으로 기업에서는 자사 제품을 많이 사주는 사람들을 주요 고객으로 생각하지만, 그보다 더욱 소중한 '완소완전 소중한' 고객은 '다른 사람에게 제품을 적극 추천해주는 고객'이다.

회사 제품을 10개 사주는 고객이 있다고 가정해보자. 이 고객이 자기와 동등한 구매력을 가진 2명을 추천해서 새로운 고객으로 연결한다면, 기업 입장에서 볼 때 이 고객은 '구매에서 발생하는 가치'보다 '추천에서 발생하는 가치'가 더 큰 고객이 된다. 또 추천받은 고객이 다시 새로운 고객을 추천하게 되고 다시 그 고객이 또 다른 고객을 추천하는 경우, 그 가치는 시간이 흐를수록 기하급수적으로 커진다.

나는 앞서 '잊을 수 없는 치과의 추억'에서 소개한 병원을 "이가 아프다"고 말하는 모든 직장동료와 친구에게 추천해주었다. 병원 매출에서 내 치료비 100만 원은 얼마 안 되는 액수일지 모르지만 내 추천을 받고 찾아간 사람은 10명이 넘는다. 의료기관은 체험으로만 알 수 있는 무형의 서비스를 제공하는 곳이다. 따라서 먼저 병원을 찾은 사람의 경험담이나 입소문이야 말로 병원의 최대 자산이다.

고객가치는 내가 지불한 치료비를 의미하는 고객평생가치CLV: Customer Lifetime Value와 내 추천으로 찾아간 고객을 의미하는 고객추천가치CRV: Customer

Referral Value로 나누어진다. 고객평생가치란 '어떤 고객이 한 평생 가져다주는 이윤의 합계'를 말하고, 고객 추천가치란 '어떤 고객이 다른 고객을 데려옴으로써 그 회사에 가져다주는 이윤'을 말한다. 나는 기회 있을 때마다 평생가치보다 추천가치에 더 주목하라고 권한다. 실제로 상품 구매와 추천에 도무지 관심이 없는 부류의 고객들에게 소개한 사람과 소개받은 사람 모두에게 인센티브를 제공해서 마케팅에 성공한 기업들이 있다. 또 일반전화와 고속인터넷 서비스 등을 세트상품으로 묶어 할인하는 마케팅을 전개했더니 투자 대비 수익률이 무려 15.4배가 높아졌다는 연구결과도 나와 있다.

나는 은행이나 기업체에 서비스 컨설팅이나 강의 등을 해주면서 수많은 회사의 갖가지 서비스를 주의 깊게 관찰해왔다. 기분 나쁜 서비스와 기분 좋은 서비스도 수없이 경험했다. 그런데 어떤 기업이나 공통점이 있었다. 그것은 서비스를 제공하는 기업은 하나같이 자기네가 고객에게 훌륭한 서비스를 제공하고 있다고 생각한다는 것이다. 고객들은 서비스가 형편없다고 생각하는 경우에도 말이다. 세계적인 컨설팅업체인 베인&컴퍼니가 최근 전 세계 362개 기업의 임원들을 대상으로 조사한 결과도 그랬다. 응답자의 95퍼센트는 "우리 회사는 고객 지향적인 전략을 사용하고 있다"고 대답했다. 또 80퍼센트의 기업은 "우리 회사는 경쟁사보다 우수한 상품, 차별화된 서비스를 고객에게 제공한다"고 믿고 있는 것으로 나타났다. 하지만 고객들의 생각은 기업들과 천양지차였다. "당신과 거래하는 기업이 경쟁사보다 차별화되고 우수한 상품과 서비스를 제공하고 있는가?"라는 질문에 대해 응답자의 8퍼센트만이 "그렇다"고 답했다.

이런 차이가 생긴 원인은 기업들이 고객만족경영을 소홀히 했기 때문이 아니라 그간의 고객만족도 조사가 고객의 마음속에 숨어 있는 충성도를 끄집어내는 데 한계를 갖고 있었기 때문이다. 기존의 고객만족도 조사는 질문 자체가 모호할 뿐 아니라 고객이 실제로 어떻게 행동하는지, 앞으로 어떻게 행동할지를 분석하고 예측하는 데 큰 도움을 주지 못했다. 최근의 조사결과에 따르면, 기업과 거래를 중단한 고객의 60~80퍼센트가 직전에 실시된 고객만족도 조사에서 '만족한다'거나 '매우 만족한다'고 답했다.

NPS에 주목하라

바로 이러한 맥락에서 최근 고객만족의 성과를 고객의 추천 의향에 의하여 계량해보려는 시도인 NPS에 대해 세간의 관심이 높아지고 있다. 고객만족에 관심이 많은 사람이라면 '소비자추천지수NPS: Net Promoter Score'에 대해 한번쯤 들어봤을 것이다. 보스턴컨설팅그룹에서 최초로 주창한 이 개념은 소비자들이 제품이나 서비스를 다른 소비자들에게 추천하는 정도를 의미한다. 즉, 만족, 불만족 같은 단순한 표현으로는 끄집어내기 힘든 고객의 속내를 파악하기 위해 고객에게 단도직입적으로 '당신이 거래하는 기업을 주변 친구나 동료에게 추천하겠는가'를 물어보는 것이다. 이때 추천하겠다는 고객은 충성도가 높은 고객이다. NPS는 '추천하겠다'는 고객의 비율에서 '추천하지 않겠다'는 고객의 비율을 뺀 수치다.

흔히 서비스라고 하면 단순히 고객들이 기대하는 바를 제공하는 행위라고 생각하고 상품이 주는 편익이나 특징에 초점을 맞추는 것을 떠올린다. 사람들은 서비스를 돈을 건네고 그 대가로 어떤 대상을 제공받는 '거래'의 일종으로 여긴다. 그러나 서비스는 기업과 고객의 긴밀한 상호작용으로서 일반적인 거래를 훨씬 넘어서는 행위다. 사실상 서비스가 아닌 경험이 되어야 하는 것이다. 왜냐하면 그러한 경험은 특별한 '관계'를 창조하여 특별한 브랜드로 각인될 뿐만 아니라, 혜택을 받은 고객들이 다른 고객들에게 추천할 수 있기 때문이다.

미국 렌터카업계 1위인 엔터프라이즈사의 CEO 앤디 테일러는 "사업을 성장시킬 수 있는 유일한 방법은 고객들이 우리 물건을 한 번 더 사게 하고 친구들에게 우리 물건을 사라고 얘기하게 하는 것이다"라고 말한다.

매출액 기준으로만 보면 나는 태평로 예치과의 VIP고객이 되기 힘들겠지만, VIP고객으로 대접받아 마땅하다. VIP고객은 물건을 많이 구매해주는 사람뿐 아니라 자주 추천해주는 사람도 포함되어야 하기 때문이다. 그래서 SM5가 그랬던 것처럼 소문을 내주는 고객에게 차별화된 서비스가 필요한 것이다.

충성심 높은 고객을 많이 갖는 것은 모든 기업의 지상 목표다. 충성심 높은 고객은 여간해서는 다른 회사 제품에 눈길을 주지 않고 익숙해진 기업의 제품을 반복적으로 재구매한다. 뿐만 아니라 주변 사람들에게 구전효과를 일으키는 최일선 영업사원 역할까지 한다. 추천해주는 고객에 절대 주목해야 하는 까닭이 바로 여기에 있다.

'여섯 개의 종'이 가져온 행운

'일곱 개의 별'이라는 이름을 가진 여관이 있었다. 여관 주인은 실내를 안락하게 꾸미고, 친절한 서비스를 제공하고, 가격도 적당한 선에서 유지하는 등 손님 유치를 위해서 할 수 있는 온갖 수단을 동원했지만 성과는 미미했다.

절망에 빠진 여관 주인은 현자를 찾아가 조언을 구하기로 했다. 여관 주인의 이야기를 듣고 난 현자는 이렇게 말했다.

"방법은 아주 간단하네. 여관 이름을 바꾸면 되네."

여관 주인은 펄쩍 뛰었다.

"여관 이름을 바꾸라고요? 그럴 수는 없습니다. '일곱 개의 별'은 조상 대대로 이어온 이름인 데다 전국 어디에나 알려져 있는걸요."

그러자 현자가 다시 말했다.

"어쨌든 여관 이름을 바꾸어야 하네. 여관 이름을 '다섯 개의 종'으로 하고, 입구에 종을 여섯 개 매달아놓게."

"아니 여관 이름은 '다섯 개의 종'인데 여섯 개의 종을 매달아놓으라니, 어처구니가 없군요."

현자가 미소를 지으며 말했다.

"일단 그렇게 해놓고 한번 지켜보게나."

여관 주인은 미심쩍어하면서도 시키는 대로 이름을 바꾸고 종을 매달아놓았다.

그런데 놀라운 일이 벌어졌다. 여관 앞을 지나던 여행객들이 너나 할 것 없이 주인의 실수를 알려주려고 여관에 들어왔던 것이다. 이들은 하나같이 실수를 알아차린 사람이 자기밖에 없을 것이라고 굳게 믿고 있었다.

그리고 뜻밖에도 여관에 일단 발을 들여놓은 여행객들은 이곳의 안락한 분위기와 친절한 서비스에 감동을 받아 음료수를 주문하고 방이 있는지를 물어보았다. 현자의 말대로 여관 이름을 바꾸고 약간은 엉뚱한 시도를 해본 것이, 여관 주인이 그토록 고대하던 특별한 기회를 제공해주었던 것이다.

독일의 코칭전문가 토마스 홀트베른트가 쓴 『웃음의 힘』에 나오는 이야기다. 여관 주인과 여행객들처럼 직원과 고객은 문제를 대하는 관점에서 큰 차이를 보인다. 고객은 실수를 알아차리고 가르쳐주고 싶어서 안달을 하는데 직원들은 귀찮아한다.

고객이 우리에게 고마운 이유는 우리의 제품과 서비스를 구매해주고, 우리에게 불만을 말해주기 때문이다. 즉, 위의 이야기에서처럼 '여관의 실수를 알아차린 사람이 자기밖에 없을 것이라 굳게 믿고' 기꺼이 여관으로 들어와 주인의 실수를 가르쳐주는 사람이 정말로 고마워해야 할 고객이다.

'멋진 고객'이 기업을 망친다

학회 행사가 있어서 한 대학병원을 방문하게 되었다. 일을 마친 후 주차장을 나오며 병원에서 구입한 할인주차권을 주었더니 주차요원이 병원에서 받은 것이라서 학교에서는 쓸 수 없다고 요금을 다 내라고 했다. 병원과 학교가 한 울타리에 있는데 무슨 이야기냐고 했더니, 두 곳의 주차관리 회사가 다르기 때문이라는 황당한 답변이 돌아왔다. 그 직원은 매우 공손하고 친절하게 화를 내는 나를 달랬다.

"선생님, 뒤에서 기다리는 분들이 많으니 돈 내고 나가시고 병원 측에 항의하시지요."

이런 불만을 많이 겪어본 말품새였다. 뒤에서 짜증 섞인 표정으로 쳐다보고 있는 운전자들에 떠밀려 어쩔 수 없이 주차요금을 내고 나오면서 정말 기분이 나빴다. 당장 그 병원 사이트에 항의의 글을 올렸더니, 며칠 후 다음과 같은 답변이 왔다.

"저희 직원의 잘못으로 불편을 끼쳐 대단히 죄송합니다. 선생님께서 내신 주차요금은 돌려드리겠습니다. 앞으로 주차관리 직원의 친절교육을 더욱 철저히 시키겠습니다.."

이 문제는 직원이 불친절해서 생긴 게 결코 아니다. 잘못된 시스템으로 고객을 골탕먹이면서 직원에게 책임을 전가하다니 어이가 없었다. 내가 그 병원 게시판에 불만의 글을 쓴 이유는 나도 병원을 운영하는 입장에서 고객을 불편하게 만드는 주차관리가 고쳐졌으면 하는 바람이 있었기 때문이지 요금이 아까워서가 아니다. 마치 아파서 우는 아기에게 치료는 해주지 않고 사탕을 주어 울음을 그치게 하는 꼴이다.

고객의 불평불만을 듣기 좋아하는 사람은 없을 것이다. 그러나 고객의 쓴소리는 통증과 같다. 암이 두려운 이유는 아프지 않기 때문이다. 불만을 터뜨리는 고객은 우리 조직의 부족한 점이 암으로 발전하지 않도록 조기 발견, 조기 치료할 수 있도록 경고해주는 고마운 존재들이다.

백수경 백병원 재단본부장의 글이다. "고객의 쓴소리는 통증과 같다. 암이 두려운 이유는 아프지 않기 때문이다. 따라서 불만을 터뜨리는 고객은 조기 치료할 수 있도록 경고해주는 고마운 존재"라고 했는데 아주 적절한 표현이다.

불만을 느낀 고객의 91퍼센트는 말없이 떠나버리고 나쁜 소문을 퍼뜨린다는데, 스트레스를 받는 상황에서도 말없이 떠나버리지 않고 우리에게 불만을 터뜨려주는 고객이 있다면 그 고객은 9퍼센트 안에 드는 귀한 고객이다. 그들은 요구사항이 왜 채워지지 않았는지, 우리가 무엇을 고쳐야 하는지를 지적해주는 사람, 곧 '보석이 있는 곳을 가르쳐주는 고마운 사람'이다. 침묵하는 고객은 결코 '멋진 고객'이 아니다. 이유도 말해주지 않고 떠나서 '다시는 돌아오지 않는 고객'이기 때문이다.

나는 정말로 좋은 고객입니다. 나는 어떤 종류의 서비스를 받더라도 불평하는 법이 없습니다. 음식점에 갈 때는 들어가 조용히 앉아서 종업원들이 주문을 받기를 기다리며, 그사이 절대로 종업원들에게 주문받으라고 요구하지도 않습니다. 종종 나보다 늦게 들어온 사람들이 나보다 먼저 주문을 받더라도 나는 불평하지 않습니다. 나는 기다리기만 할 뿐입니다.

그리고 내가 무엇인가를 사기 위해 상점에 가는 경우 나는 고객의 권력(?)을 휘두르려고 하지 않습니다. 대신 다른 사람들에 대해서 사려 깊게 행동하려고 노력합니다. 만약 무엇을 살 것인지를 결정하지 못해 여러 물건을 놓고 고심하고 있을 때 옆에 서 있는 판매원이 귀찮다는 듯이 행동하더라도 나는 최대한 예의바르게 행동합니다.

언젠가 주유소에 들른 적이 있는데, 종업원은 거의 5분이 지난 후에야 나를 발견하고는 기름을 넣어주고 자동차 유리를 닦고 수선을 떨었습니다. 그러나 내가 누구입니까? 나는 서비스가 늦은 것에 대해서 일언반구도 하지 않고 그 주유소를 떠났습니다.

나는 절대로 흠잡거나 잔소리를 한다거나 비난하지 않습니다. 그리고 나는 사람들이 종종 하듯이 시끄럽게 불평을 늘어놓지도 않습니다. 그런 행동들이 쓸데없다는 것을 알고 있기 때문입니다.

솔직히 나는 멋진 고객입니다. 여러분 내가 누구인지 궁금하십니까?

나는 바로 '다시는 돌아오지 않는' 고객입니다. 하하하!!

서울대 이유재 교수의 『서비스 마케팅』에 나오는 글이다. 말없이 돌아서는 고객은 좋은 고객이 될 수 없음을 역설적으로 표현하고 있다. 어떻게 해주든지 아무런 불평이 없는 고객만 있다면 서비스가 향상될 수 없다. 많은 결혼식에서 춤을 추면 많은 장례식에 가서 울게 되는 법이다. 실수를 많이 했다는 것은 그만큼 많은 시도를 했다는 뜻이다. 어느 누구의 불평이나 클레임도 발생하지 않는 완벽한 서비스는 없다. 따지고 드는 고객, 꾸짖을 줄 아는 고객이 고객으로서의 자격이 있는 사람이며 우리에게 도움이 되는 사람이다. 보석이 있는 곳을 가르쳐주듯 시간과 돈을 들여 고객의 눈으로 본 회사의 개선점을 정확히 지적해주기 때문이다.

CS경영이란 한마디로 고객의 관점에서 즉, 고객의 렌즈를 통해서 기업의 문제점을 찾아내 혁신시켜나가는 활동이라고 할 수 있다. 초우량기업은 평범한 기업이 하지 않는 일을 하는 것이 아니라 평범한 기업도 하고 있는 일을 탁월하게 하고 있는 기업이다.

어떤 사람이 최악의 집주인인가

나는 더러 강의 때 최악의 집주인은 어떤 사람이냐고 묻곤 한다. 나도 아파트를 세놓고 있긴 한데 사실 최악의 집주인에 속한다. 그럼 나는 누구일까? 세 들어 사는 사람에게 어떻게 못되게 굴었을까?

집값을 끊임없이 올리는 주인? 고장난 수도를 고쳐달라고 요구해도 들은 척하지 않는 주인? 아니, 그렇지 않다. 주변의 전셋값은 계속 오르는데도 몇 년 동안 전셋값을 올리지 않다가 어느 날 갑자기 방을 빼달라고 요구하는 주인이다. 세 들어 사는 사람은 전셋값 시세에 전혀 관심이 없던 주인 덕에 월등히 싼 가격으로 오랫동안 편히 살다가 한순간에 갈 곳 없는 신세가 되어버린다.

그런데 이와 비슷한 경우가 CS부서에서도 그대로 재연되곤 한다. CS를 추진하는 사람들은 고객만족도가 높게 나타나면 몹시 좋아한다. 하지만 대다수의 고객이 만족해하거나 민원이 확 줄어든다고 해서 세 들어 사는 사람처럼 마냥 기뻐해서는 안 된다. 오히려 걱정해야 한다.

첫 번째 이유는 만족한 범주에 드는 고객들이 완전한 만족감을 갖고 있는 것은 아니기 때문이다. 그럼 왜 고객들은 처음에 만족한다고 말했을까? 일반적으로 고객은 그럭저럭 괜찮은 제품이나 서비스를 제공받으면 회사의 만족도 조사에서 부정적으로 대답하지 않는 경향이 있다. 그 결과 1점부터 5점까지의 범위에서 대체로 높은 점수인 4점 혹은 5점을 선택한다. 정말 불만스러운 점이 있다면 그 불만을 이유로 다른 회사를 찾아나서면서도 말이다.

두 번째는 고객불만이 줄었다고 반드시 좋은 일로 볼 수 없기 때문이다. 그래서 고객불만 건수를 해당 부서의 서비스 평가에 반영하는 일은 신중해야 한다. 기업에서는 흔히 고객불평의 빈도수를 가지고 해당 부서의 성과를 평가하는 경향이 있다. 고객불평이 많으면 해당 부서장의 승진기회를 박탈한다든가 직원들의 보너스를 삭감한다. 하지만 그렇게 되면 불평의 경중에 상관없이 현장에서 고객과 흥정하여 무마해버리거나 관련 부서에 보고하지 않게 된다. 직원이 고객의 불평 때문에 고통을 겪으면서도 불이익을 받지 않으려고 그대로 덮어버리면 불평이 제도 개선에 반영되지 못하기 때문에 고객들로 하여금 더욱 많은 불평을 하게 하는 악순환이 되풀이된다.

불평고객은 성가시고 귀찮은 훼방꾼이 아니다. 오히려 문제를 해결하고 해당 고객을 충성고객으로 만들 수 있는 절호의 기회다. 그러므로 고객불만을 성의 있게 처리하여 충성고객으로 만드는 부서나 직원을 더 높이 평가해야 한다. 그리고 고객불평이 많이 발생하는 부서일수록 시스템을 개선해주고, 더욱 많은 지원과 관심을 가져주어야 한다. 그래야 고객불평의 악순환의 고리가 끊어지게 된다.

세 번째로는 우리 회사의 고객서비스가 경쟁사보다 탁월하다고 과신하지 말라는 것이다. 의외로 많은 서비스 담당자가 공주병과 왕자병에 빠져 있다. 여러 많은 심리연구 결과에 따르면 사람들 대부분은 자기자신을 있는 그대로 보지 않는다고 한다. 학생들에게 자신의 능력을 평가해보라고 하면 60퍼센트 이상이 스스로를 상위 10퍼센트에 든다고 여긴다. 남성들도 대부분 자신을 미남이라고 생각한다. 이와 마찬가지로 서비스 담당자들은 자신이 제공하는 서비스에 대해 고객이 실제로 느끼고 있는 것보다 훨씬 더 잘하고 있다고 여기는 경향이 있다.

고객불만 관리의 최대 적은 자기 회사의 고객서비스에 대한 착각이다. 앞서 말했듯이 실제로 기업들은 자신의 서비스 수준을 과신하는 경향이 있다. 그러므로 기업이 해야 할 일은 자신의 서비스에 대한 자만을 버리고, 고객불만에 대한 원인을 분석하고, 대응방안을 수립하여 개선사항을 정기적으로 모니터링하는 겸손한 자세를 가지는 것이다.

환자도 불평할 권리가 있다

얼마 전까지 의사들이 보는 잡지에 서비스 관련 칼럼을 연재해오면서 이런 글을 쓴 적이 있다. 「환자도 불평할 권리가 있다」는 제목의 글이다. 그 일부를 옮겨본다.

최근 의사들이 견디기 힘들어하는 것 중의 하나가 아무 의학지식도 없는 환자들이 의사의 전문성이나 권위를 예전처럼 존중하지 않는다는 것이고, 다른 하나는 의사들이 최선을 다하고 있는데도 환자들이 무리한 요구와 비합리적인 불평을 하면서 의사나 병원을 비난한다는 것이다. 의사나 병원 직원들의 입장에서 이런 일은 정말 억울할 것이다.

그러나 그렇게 억울해하거나 크게 상처받지 않기를 바란다. 환자는 이상한 나라에서 온 외계인이 아니라 원래 그런 속성을 갖고 있는 우리 이웃들이기 때문이다. 공장에서 제아무리 엄격한 품질검사를 거치더라도 불량제품과 하자는 발생한다. 사실 이건 어쩔 도리가 없는 것이다. 더욱이 환자고객은 천성적으로 자기중심적이며, 객관적인 품질이 아니라 주관적인 정서로 병원의 서비스 품질을 판단한다. 그리고 의사들은 이런 천차만별인 사람들을 모두 만족시킬 만한 신의 영역에 아직 도달해 있지 않다.

의사나 병원 직원 스스로가 마음이 편안해지고 현명하게 대처하는 방법은 '환자는 불평할 권리가 있다'는 사실을 그대로 인정하는 것이다. 미국 백화점에서 물건을 사면 가장 매력적인 것이, 왜 반품을 하는지 한마디도 묻지 않고 얼마든지 반품을 받아준다는 것이다. 속상해하지도 않고 고객의 책임 유무도 따지지 않는다. 그들은 고객이 지불한 제품가격에 이미 반품할 수 있는 소비자의 권리가 포함되어 있다고 철석같이 믿고 있기 때문이다. 환자의 요구사항이나 불만이 상식적이건 비상식적이건 간에 진료과정에서 '환자의 불평하는 몫'까지 포함하여 치료해야 하는 것이다. 병원이 청구하는 진료비에는 '환자의 불평에 대한 치료비'도 들어 있는 셈이니까 말이다.

최근에는 어느 기업이나 콜센터를 통하여 고객불만의 대부분을 처리하고 있다. 그런데 89퍼센트의 고객은 "제품에 하자가 있더라도 해당 기업의 콜센터에서 나의 불만을 경청하고 효과적으로 문제를 해결해준다면 그 기업의 제품을 재구매할 의사가 있다"고 한다. 이것은 실수 자체보다는 그후에 기업이 어떻게 대처하느냐가 더 중요하다는 뜻이다.

세 명의 교수가 세미나에 참석하기 위해 한 차에 타고 지방으로 내려가는데 차가 그만 고장이 났다. 이들은 급한 대로 자동차 딜러에게 가서 차를 빌리기로 했다. 딜러는 그 회사의 다른 차를 내어주고, 세 교수가 돌아오기 전에 고장난 차를 말끔히 고쳐놓았다. 그후에 아주 놀라운 일이 일어났다.세 교수가 모두 바로 그 고장난 자동차회사의 차를 구입한 것이다. 자동차회사로서는 고장난 차 때문에 오히려 판매건수를 올리는 행운을 만난 셈이다.

그러나 더 정확하게는 고장이라는 불의의 상황에 잘 대처해서 고객의 상처를 치료하고 고객과 더 돈독해질 수 있는 기회로 만든 것이다.

대부분의 회사는 고객의 불만이나 클레임이 발생하면 고객 입장이 아니라 대학병원의 주차장처럼 회사 규정을 내세워 고객을 설득하려 든다. 그러나 어떤 기업은 고객의 불만이나 클레임이 발생하면 이 특별한 기회를 이용하여 오히려 고객과 더 가까워진다. 화가 머리끝까지 났던 고객도 충성고객으로 만든다. 위기를 기회로 삼는 기업은 불만이나 클레임 처리과정에서 고객의 기대를 뛰어넘는 감동을 선물하기 때문이다. 그래서 리츠칼튼에서는 고객이 불만을 터뜨리는 것을 '기회', 고객의 마음을 얻을 수 있는 '특별한 서비스의 기회'라고 생각한다.

나한테 무슨 죄가 있다고…

토요일 저녁부터 보일러에 점검불이 켜지면서 보일러가 작동되지 않았고 원고를 쓰기 위해 일요일 아침 사무실에 출근했는데, 추위 때문에 더 이상 견딜 수가 없어 A/S센터에 전화를 했지요.

08:50 '지금은 서비스할 수 없다'는 안내멘트와 함께 다행스럽게도 전화번호를 녹음하라는 메시지에 내 전화번호를 또박또박 음성녹음으로 남겨두었음.

09:11 1577-○○○○으로 전화했으나, 1번 누르고 "연결해드리겠습니다"라는 음성멘트가 나오고 나서 자동으로 연결이 끊기는 것을 보고 오기가 나 15번을 반복했음.

09:30 인터넷을 뒤져 어느 영업소(424-○○○○)에 문의하니 2653-○○○○으로 전화번호를 가르쳐주어 다른 번호인 줄 알고 걸었더니 역시 1577-○○○○ 콜센터와 같은 안내멘트가 나왔고, 드디어 김○○이라는 직원과 연결, 상황을 설명하고 전화 연결이 자동으로 끊긴 것에 불평하니 기가 막힌 대답이 돌아오더군요.

"전화국 사정인데 왜 우리한테 따집니까?"

"다른 사람 전화는 잘되는데 왜 유독 당신 전화만 그럽니까?"

"오전 중으로 A/S기사의 전화가 가게 하겠습니다"라는 답변을 들음.

12:34 오전 내내 아무 연락이 없어 다시 전화를 했더니 역시 김○○라는 사람이 받기에 "왜 오전 중에 전화가 온다고 했는데 여태 안 오는 겁니까?" 따지자, "제가 12시까지 전화가 가게 될 거라고 했지 언제라고 꼭 약속한 건 아니지 않습니까?"

"전화가 가게 될 거라고 한 게 약속 아닌가요?" 하고 내가 항의하자, "말꼬리 잡지 말라"고 폭언(이것 녹음되느냐고 묻자 녹음 안 된다고 응답).

"내일 당신네 사장한테 좀 찾아가서 따져야겠습니다" 하자 본사가 하남이라고 응수함.

겨우 "A/S기사의 전화가 다시 가게 하겠습니다" 해서 기다렸으나 하루 종일 전화 없었음.

11:00 월요일 아침 상담원을 통해 과장이라는 분과 연결해 사장님과의 통화를 요구했더니 "당신 같으면 사장 전화를 알려줄 수 있소?" 하고 맘대로 하라는 식으로 응답함.

자료를 준비하거나 원고를 쓰는 공간으로 오피스텔의 개인사무실을 하나 빌려 쓰고 있는데, 지난 겨울에 보일러가 고장나서 어느 회사의 서비스센터에 보냈던 이메일 내용을 그대로 옮겨본 것이다. 추운 겨울날 보일러 고장은 고객에게는 '응급'에 버금가는 비상상황인데, 문제해결은 고사하고 이렇게 무성의하고 폭언까지 듣게 될 줄은 미처 몰랐다.

결국 월요일 오후에 이메일을 보낸 후 내 신분을 밝히고 회사 사장님과 통화를 하고 싶다고 비서에게 메모를 남겼다. '여섯 개의 종'을 알아챈 사람처럼 현장의 서비스 문제점을 직접 가르쳐드리고 싶었던 것이다. 그러자 해당 A/S센터에서 전화가 걸려오고 내 전화를 직접 받은 직원의 사과전화가 걸려오고 담당과장이 한밤중이라도 좋으니 직접 찾아뵙겠다면서 전화가 오고… 모든 일이 순식간에 해결되었다.

불만을 제기한 고객에게 어떻게 해서든 자신이 옳다, 그럴 리가 없다고 끝까지 변명이나 반론을 늘어놓으면 고객은 인격을 모독당한 듯하여 심한 거부반응을 나타낸다. 그렇게 되기 전에 "죄송합니다", "폐를 끼쳤습니다", "그 부분을 미처 생각하지 못했습니다" 하고 사과하고, "물론입니다", "말씀하신 대로입니다", "바로 전화가 가도록 다시 조치하고 연락드리겠습니다", "추운 날씨에 이런 실수를 해서 더 죄송스럽습니다" 하고 공감하면서 '들어주는 역할'을 먼저 해야 한다.

그런데 이런 불만이 제기될 때 직원들은 정말로 서툴게 대응한다. 바로 위 사례의 직원처럼 자기가 잘못한 일도 없는데 고객에게 욕을 먹는다고 억울해하며 자기의 '정의'를 앞세우는 것이다. 그러면서 고객의 화도 가라앉히지 못하고 고쳐주면 그만 아니냐는 식으로 고장 자체에만 초점을 맞춘다. 몸보다 마음을 먼저 치료해야 하는데 말이다.

시한폭탄 같은 고객을 다루기 위해서는 효과적인 서비스 요령이 필요하다. 이것을 '회복'이라고 한다. 마치 간호사와 의사들이 환자를 건강한 상태로 되돌려놓듯이 고객을 정상으로 되돌려놓는 것이다. 하지만 서비스 회복은 저절로 되는 것이 아니다. 상처 입은 고객을 빨리 회복시키는 길은 의사나 간호사처럼 접점직원이 단계별로 노련한 기술과 경험, 정성을 다하여 치료하는 것이다.

죽어가는 사람의 심리학

불치병에 걸린 환자들은 보통 다섯 단계의 심경 변화를 겪는다고 한다. '진단이 잘못됐을 거다. 그럴 리가 없어'라는 '부정'이 첫 단계다. 이어서 "왜 하필이면 나한테 이런 병이…"라는 '분노'가 찾아온다. 현대 의학으로 몸과 마음을 다스리면 나아질 것이라고 믿는 '타협'이 그 다음이다. 시간이 더 흐르면 엄청난 상실감으로 자포자기 상태의 '우울'에 빠졌다가, 결국 마음의 평화를 찾고 운명을 받아들이는 '수용'에 이른다. 스위스의 정신의학자 엘리자베스 퀴블러 로스가 『죽음과 죽어감』에서 정리한 죽어가는 환자들이 겪는 '죽음의 5단계' 이론이다.

2008년 위기에 빠진 미국의 금융시장도 이와 비슷한 과정을 겪었다. 2007년 말까지만 해도 월가 금융사들은 큰 문제가 아니라고 했다. 첫 단계인 부정이다. 그러다가 2008년 들어 사태가 커지자 정책 당국에 대한 불만과 분노가 쏟아졌다. 분노와 반발이 가라앉자 타협이 찾아왔다. 부실 정도가 심한 극소수 회사만 정리하면 사태가 수습될 거라고 기대했다. 하지만 메릴린치와 리먼브러더스가 주저앉고 AIG마저 흔들리면서 그 기대마저 물거품이 되었다. 마지막은 수용이었다. 월가와 미국인들은 7000억 달러의 구제금융을 받아들여야 했다. 퀴블러 로스는 죽어가는 사람의 심경 변화가 직업이나 재산을 잃게 된 사람에게도 똑같이 적용된다고 했다.

최근 모 리서치회사의 초청으로 국내은행 CS 관련 부서장들과 세미나를 가진 적이 있다. 세계적인 금융위기가 몰아치는 와중에 도처에서 성난 고객들의 분노와 민원이 쏟아져 이를 수습하느라 노심초사하는 분들이 적지 않았고, 자연 동병상련의 마음으로 시간 가는 줄 모르고 주식이니 펀드를 화제에 올렸다. 그때 어느 분이 털어놓은 이야기다.

구두쇠라 할 만큼 오랫동안 절약해서 조금씩 모아둔 돈으로 펀드에 투자했다가 거의 3분의 1 토막도 안 남게 된 여성 고객이 있었다. 그녀는 고통을 견디다 못해 자살할 생각까지 하고 있어서 행여 불행한 일이 생길까 봐 자신도 밤잠을 설치고 있다고 했다. 그때는 국민배우 최진실의 자살로 충격이 컸던 시기여서 주변 사람들도 보통 걱정스러운 것이 아니었다. 그런데 그후 확인해보니 다행스럽게도 이 고객은 한 치의 어긋남도 없이 퀴블러 로스의 이론을 그대로 밟아가고 있었다. 이 여성 고객 역시 "어떻게 모은 재산인데… 그럴 리가 없다부정", "은행에서는 이 지경이 되도록 뭐 하고 있었는가분노", "소송을 하면 승산이 있느냐?타협", "차라리 죽어버리겠다우울", "기다리는 수밖에 없구나수용"라는 단계를 거쳐가고 있었던 것이다.

고객불만 회복의 정석

불만을 터뜨리는 고객의 심경도 역시 놀랍도록 비슷하다. 따라서 불만고객에 대한 대응의 포인트는 바로 이 심리단계를 이해하는 것이다.

첫째가 경청하는 단계이다.

"하필 나한테 이런 엉터리 같은 제품이 걸려들었단 말인가?"라며 고객이 부정하고 있을 때는 급히 설득하려 해서는 안 된다. 말을 가로채지 말고 감정을 속시원히 털어놓도록 기다려주어야 한다. 1단계 부정의 심리단계에서 대응하는 방법이다. 이때 중요한 것은 당신의 입이 아니라 두 귀다. 고객이 현실을 부인하고 있을 때 말을 가로막거나 설득하지 말고 그냥 들어주는 것이다.

둘째는 공감하는 단계이다.

내가 보일러회사에 처음에 기대했던 것처럼 고객들은 어느 정도 선의를 갖고 불만을 제기한다. 그런데 운을 떼자마자 제품 자체, 수리 자체에만 초점을 맞추면 고객은 순식간에 배신감을 느끼게 된다. 고객의 심정을 이해해주는 직원의 감성적 태도가 중요하다는 말이다. 이는 2단계 즉, 분노의 심리단계와 비슷하다. 지금 고객이 분노를 표현하는 것은 꼭 당신 때문이 아니다. 우리도 화가 나면 핏대를 세우고 돌멩이도 걷어찬다. 감정을 발산하는 것일 뿐이므로 개인적인 일로 받아들일 필요는 없다. 고객의 격한 감정이 수그러들면 "고객님께서 말씀하시려는 점을 충분히 알겠습니다"라고 고객의 분노와 당혹감을 내가 충분히 이해하고 있다고 표현해주는 태도가 필요하다.

셋째는 사과와 함께 긴급 복구하는 단계이다.

고객이 논리적인 사고와 합리적인 문제해결 그 자체에 관심을 갖기 시작하는 단계에 들어선다. 퀴블러 로스의 이론으로 치면 타협의 단계에 와 있는 것이다. 이때 "제가 보기에는 괜찮은데요", "사람이 하는 일인데 그럴 수도 있지 않겠습니까?" 하며 대수롭지 않다거나 애매한 태도를 보여서는 안 된다. 불만을 제기한 고객은 이미 인내심이 한계점에 다다라 있는 상태이기 때문이다. 서둘러 사과하고 도와줌으로써 회사도 고객 못지않게 신경을 쓰고 있다는 걸 분명히 보여주어야 한다.

그런데도 직원들은 책임을 뒤집어쓸까 봐 사과하기를 몹시 꺼린다. 불편을 초래한 사실에 대해 사과하는 것과 책임을 진다는 것을 혼동하기 때문이다. 상가에 조문 가서 슬퍼한다고 고인의 죽음에 책임이 있는 건 아닌데도 말이다.

넷째는 상징적 보상을 하는 단계이다.

사건 자체를 해결하는 것도 좋지만, 이 특별한 기회를 이용해 고객과 돈독한 관계를 유지하고 궁극적으로 고객이 떠나지 못하게 해야 한다. 방법은 회사가 고객을 위해 무엇인가를 더 주고 있다는 느낌을 갖게 하는 것이다. 그런 차원에서 보상이 필요하다. 이때 보상의 내용은 반드시 고액의 것일 필요가 없고 미안한 마음을 전할 수 있는 정도면 된다. 불편을 느끼게 한 것에 대해 특별할인이나 기념품 제공 등 상징적인 보상을 하는 것이다.

다섯째, 고객의 만족을 확인하는 단계다.

고객이 우리의 조치에 만족했다는 것을 확인하는 후속조치를 말한다. '상징적 보상'이나 '고객만족의 확인'은 특히 분노했을 때와 같은 심각한 클레임에 반드시 필요하다. 며칠의 간격을 두었다가 엽서를 보내거나 전화를 걸어서 다시 한 번 사과하고 '우리는 당신을 진심으로 소중하게 생각하고 있다'는 것을 느낄 수 있게 한다. 고객이 우리의 해결책에 대해 만족하지 않는다면 추가적으로 필요한 사항이 무엇인지를 알아본다. 고객이 대단히 만족해한다면 문제를 제기해준 것에 대한 감사 표시를 잊지 않는다. 실수했을 때가 바로 고객감동의 기회라는 것을 깨닫고 복구공사를 잘하는 기업이 진짜 일류 기업이다.

어떤 비즈니스건 불만족한 고객은 있기 마련이다. 관건은 당신이 얼마나 잘 대응하느냐이다. 서투르게 다루면 평생의 적을 만드는 것이고, 잘 다루면 당신은 평생고객을 친구로 얻게 될 것이다.

회복보다 더 중요한 부정적 경험관리법

불만 회복보다 더 중요한 것은 이러한 불만이 아예 발생하지 않게 하거나 발생하더라도 최소한으로 줄이려는 노력이다. 또한 불만이 발생할 우려가 있는 것은 고객이 불만을 말할 때까지 기다려서도 안 된다. 고객의 불만을 예방하려면 어떻게 해야 할까?

첫째는 고객의 경험관리 전반에서 모든 접점을 관찰하는 것이다. 문제를 파악할 때는 단순히 제품의 기능 및 품질뿐 아니라 고객의 시각으로 고객이 제품과 관련해서 경험하는 모든 영역의 문제를 찾아내고자 노력해야 한다. 즉, 기능 및 품질은 기본이고 디자인, 유통, 광고 및 판촉, 가격, 브랜드, A/S 등 고객경험 전반의 영역에서 고객이 긍정적으로 생각하는 점과 부정적으로 생각하는 점을 정리해야 한다.

내가 기업체 컨설팅이나 강의를 통해 고객불만에 대응하는 방식을 설명하면서 고집스러울 정도로 주장하는 것 중의 하나는 이런 것이다.

"잡초는 뽑아도 뽑아도 나오게 마련이다. 잡초를 없애는 방법은 그냥 뽑아내거나 제초제를 뿌리는 것이 아니라 밭에 화초나 농작물을 심는 것이다."

모토로라는 고객이 원하는 것은 유능한 A/S직원이 빠르게 처리해주는 것이 아니라 'A/S 자체가 필요 없는 제품'이라는 것을 알아챘다. 이에 TV를 모듈식으로 조립하여 손상된 주요 모듈만 교체하면 수리가 필요 없는 '박스형 부품 교환 TV'를 출시했다.

둘째로는 작은 불만이 일어나는 초기단계에서 선제적으로 적절하게 대응하는 것이다. 우리는 고객불만이 제기되면 수많은 제품이나 고객 중에서 어쩌다 한두 번 발생한 일로 치부해버리고 만다. 실패학에 '하인리히 법칙'이라는 것이 있다. 큰 사고 1건에는 경미한 상처를 입히는 29건의 사고가 먼저 일어나고, 그 29건의 작은 사고에도 300건의 더 작은 사고가 있다는 법칙으로, 흔히 '1 : 29 : 300의 법칙'으로 알려져 있다. 대형 민원이나 사건도 반드시 그 전조가 되는 작은 징후가 나타난다. 사소한 문제를 그냥 넘기지 않고 철저하게 예방하는 자세는 그래서 더욱 중요하다.

셋째로는 반복해서 실수가 자주 일어나는 부분에 대해 이중안전장치를 설계하는 것이다. 각 접점별로 언제 어디서 고객의 부정적 경험을 유발하는 실수가 자주 발생하는지를 추적하고, 출처를 찾아내서 적절한 예방법을 디자인하는 것이다. 예를 들어 자동차정비업소의 경우라면 실수가 자주 일어나는 곳의 서비스 표준과 이중안전장치를 다음과 같이 설계해볼 수 있다. 괄호 안의 내용은 내가 생각해본 이중안전장치이다.

- 고객이 요즘 미션오일을 교환할 시기를 잊어버린다(4만km 주행하면 5퍼센트 할인혜택이 있다는 내용과 함께 자동 이메일을 보낸다).
- 도착한 순서대로 정비서비스를 받지 못한다(도착한 순서대로 자동차에 번호표를 부착한다).
- 고객이 휴게실에 있거나 밖에 나가 있어서 찾을 수 없다(접수할 때 고객의 휴대폰 번호를 적어둔다).

- 고객이 정비내역과 계산서를 묻는다(수리비용을 청구할 때 계산서 사본을 준다).

이렇게 고객과 기업이 만나는 모든 접점 즉, 광고, 구매, 배송, 설치, 사용, A/S, 심지어 폐기에 이르기까지 전 과정을 구체적으로 분석하여 고객의 부정적 경험이 발생할 수 있는 잠재적 위험에 대해 이중안전장치를 설계한다면 일관성 있고 차별화된 고객경험을 제공할 수 있다. 여기에 덧붙여 고객이 "아! 여기를 선택하길 잘했다"는 생각이 들도록 특별한 경험을 제공한다면 더 큰 환영을 받을 것이다.

고객은 항상 옳지는 않다

클린턴과 미테랑과 옐친이 식인종 추장에게 잡혔다. 추장이 말한다.

"너희들 중 좋은 헌법을 만들어주는 사람은 살려주고 그렇지 못한 사람은 잡아먹겠다."

클린턴과 미테랑은 100조가 넘는 헌법을 만들었지만 추장을 만족시키지 못해 결국 잡아먹히고 말았다. 그러나 옐친은 단 2조짜리 헌법을 만들고도 무사했는데, 그가 만든 헌법은 이런 것이었다.

"제1조, 추장은 항상 옳다. 제2조, 만일 추장이 틀렸다면 제1조를 참조하라."

어느 유머집에서 본 내용인데, 미국의 낙농업체인 스튜 레오나드의 정문 바위에 새겨져 있는 다음과 같은 말에서 그 모티프를 얻은 듯하다.

규칙1　고객은 항상 옳다.

규칙2　만약 이 말이 옳지 않다고 생각되면 규칙1을 다시 읽어라.

하지만 나는 이 규칙에 100퍼센트 동의하지 않는다. 내가 전에 쓴 책『먼저 돌아눕지 마라』에도 「대부분의 고객만 옳다」는 내용의 글이 있는데, 많은 서비스 전문가와 독자들이 공감을 표해왔다.

불만고객의 행동에 대한 연구로 유명한 서비스 연구회사인 TARP Technical Assistant Research Program도 고객의 문제 중 3분의 1이 고객 책임이라는 것을 발견했다. 이것을 '더티 클레임dirty claim'이라고도 한다. 가령 술에 취해 직원들을 괴롭히거나, 자기 잘못을 뒤집어씌우거나, 직원들의 사소한 실수를 악용해서 공짜 혜택을 얻어내려는 악질고객들도 이 3분의 1에 속하는 유형이다.

여기서 나는 "고객은 항상 옳지는 않다. 그러나 곰곰이 생각해보면 대부분의 고객은 그래도 옳다"라고 고쳐 말하고 싶다. '그래도'라는 말을 굳이 붙인 이유는 수없이 많은 고객불만을 겪어온 내 경험으로 판단하건대, 고객불만의 상당 부분이 우리가 제대로 설명해주지 않은 데서 발생하고 있기 때문이다. 제품과 서비스에 대해서 고객이 꼭 알고 있어야 할 규정이나 유의사항을 알려주는 것을 우리가 잊어버리는 경우도 드물지 않다. 우리에게 너무 익숙하고 사용설명서에 모두 나와 있으니 고객도 상식적으로 잘 알고 있으리라는 믿음 때문이다.

직원이 할 일은 고객에게 책임을 묻는 것이 아니라, 고객이 정확하게 이해하고 있었는지를 다시 한 번 확인하는, 직원으로서의 책무를 다했는지 자신을 먼저 되돌아보는 것이다. 또한 지적은 언제나 은근하게 해야 한다.

어느 주유소 광고에 나오는 왕초보 운전자 문근영의 두번째 에피소드는 서비스맨의 자세가 어떤 것인지를 단적으로 보여준다. 문근영이 당당하게 주유소로 들어간다. "빵빵하게 가득이요!~"라고 호기롭게 말했는데 주유 버튼을 찾지 못한다. 허둥지둥 이것저것 눌러보지만 트렁크가 열리고 와이 퍼가 움직이고…. 운전초보란 것을 들키자 쑥스러우니까 "이 차는 주유버 튼이 없나 봐요"라며 핑계를 댄다. 하지만 주유소의 멋진 청년은 다른 사람 이 들을세라 "여기 숨어 있었네요"라고 슬쩍 말하며 편안한 미소를 지어준 다. 주유버튼이 숨어 있으니 찾지 못하는 게 당연하다는 듯 고객의 마음까 지 배려하는 서비스에 절로 기분이 좋아진다는 이야기다.

뛰어난 세일즈맨이라면 이 주유소 직원처럼 고객의 요구를 귀 기울여 들 어주고, (자기도) 잊고 있었는데 (고객의 말씀에) 불현듯 생각났다는 듯이 대응 하면서 안내해야 한다. 그런 것도 이해 못했느냐, 설명서에 그렇게 적혀 있 지 않느냐는 식으로 똑부러지게 고객의 잘못을 짚어서 자존심을 다치게 해 서는 안 된다.

월트 디즈니에서는 설령 고객에게 문제가 있다 해도 "안내문을 읽지 않았 습니까?", "팸플릿에 나와 있는 내용입니다", "안내를 받지 못했습니까?"라 고 고객을 민망하게 만드는 대응은 절대 금물이다. 오히려 고객에게 실례가 되지 않도록 배려하면서 자기 잘못인 것처럼 고객의 말을 들어주고 정중하 고 밝게 다시 한 번 안내한다.

우량고객과 불량고객

어떤 기업들은 '어떤 식으로든 많은 고객을 끌어모아야 기업의 성장과 수 익성이 늘어난다'는 생각에 매출 등 외형적 규모에만 관심을 두고 고객별

수익성을 무시하는 경향이 있다. 즉, 기업이 적극적으로 관계를 유지해야 하는 '우량고객'과 반대로 관계를 맺지 않기 위해 노력해야 하는 '불량고객'을 구분하지 않고 있는 것이다.

수익성 있는 고객 전략을 위해서는 먼저 고객과의 관계를 유지하는 데 필요한 비용과 고객이 가져다주는 수익을 고려해야 한다. 그래서 장기적인 관계를 유지해야 하는 우량고객과 관계를 청산하는 것이 더 나은 불량고객을 구분하는 것이 필요하다. 불량고객은 기업에 손해만 안겨주기 때문에 이들과의 관계를 유지하는 데 들어가는 비용을 우량고객과의 관계를 강화하는 데 사용하는 것이 낫다. 그렇게 되면 기업은 현재보다 더 나은 수익을 얻을 수 있을 뿐만 아니라 중요한 고객과의 관계를 한층 더 높은 단계로 끌어올릴 수 있다.

기업이 피해야 할 불량고객은 크게 2가지 부류다. 한 부류는 전혀 장래성이 없는 고객으로 기업이 제공하는 제품이나 서비스로는 도저히 그들의 요구를 채울 수가 없는 고객이다. 이런 고객과 관계를 지속하면 결국 '불행한 결혼생활'이 될 수밖에 없다.

불량고객들의 대표적인 행동유형은 '역선택'과 '체리 피커cherry picker'다. 역선택은 보험사고의 발생률이 높은 사람들이 보험에 가입하려는 성향을 가리키는 말이다. 보험금 지급사유가 발생할 확률이 높은 사람이 보험금을 목적으로 자발적으로 보험에 가입하면, 보험회사는 그만큼의 보상금이 나가므로 손해율이 높아진다. 경영수지의 악화는 다른 고객들의 보험료 인상의 요인이 된다. 보험회사는 일반 보험계약자의 이익을 위하여 역선택을 방지할 필요성이 생긴다.

체리 피커는 한마디로 기업의 상품이나 서비스를 구매하지 않으면서 실속만 챙기는 소비자를 말한다. 본래는 신 포도 대신 체리만 골라먹는 사람이라는 뜻으로, 카드회사의 특별한 서비스 혜택만 누리고 카드는 사용하지 않는 고객들을 가리킨다. 이들은 기업의 서비스나 유통체계의 약점을 이용해 일시적으로 상품이나 서비스를 주문했다가 반품하는 등 해당 회사에 적지 않은 피해를 일으킨다. 특히 가구나 전자제품 분야에서 피해가 크다고 한다. 조사에 따르면 홈쇼핑회사는 총매출의 약 20퍼센트, 유통업체는 전체 고객의 20퍼센트, 카드회사는 17퍼센트 정도가 체리 피커에 해당하는 것으로 나타났다.

해당 회사들은 고객 유형을 분석하거나 건강검진처럼 각종 제도적인 장치를 통해 이들을 신규고객으로 받아들이지 않는 디마케팅demarketing으로 문제를 해결하고 있다. 사실 기업 입장에서는 역선택이나 체리 피커들의 특성과 유형을 판단하여 이들을 아예 받아들이지 않는 것이 최선이다. 그렇다면 기존의 불량고객은 어떻게 할 것인가?

불행한 결혼생활을 지속하느니 차라리 아름다운 이별을 고하는 것이 낫다. 상품이 고객에게 맞지 않거나 서로 조건이 부합하지 않는 경우라면 고객에게 맞는 다른 기업을 소개해줌으로써 이별 고객의 불만을 최소화하고 고객에게도 결과적으로 더 큰 혜택이 돌아가게 할 수도 있다. 예를 들면 이런 식이다. 창구에서 소액을 빈번하게 입출금하는 고객은 어느 은행에서나 기피대상인데 어느 외국계 은행에서는 이들을 겨냥, '단 하루만 맡겨도 높은 이자를 주는 타깃고객'으로 선정하여 많은 혜택과 편리한 서비스를 제공하고 있다.

불량고객의 또 다른 부류는 수익성에는 도움이 되지만 종업원을 곤란하게 한다거나 시설을 파괴하거나 제품이나 서비스에 값을 지불하지 않거나 다른 고객들에게 피해를 주는 고객이다. 이런 불량고객들은 최근 기업의 고객만족경영을 틈타 더욱 증가하고 있는데, 그에 따른 금전적인 손실도 상당한 수준을 넘어서고 있다. 얼마 전에 실시한 한 조사결과를 보니 국내 기업의 87.1퍼센트가 이런 고객들의 부당한 요구에 곤욕을 치르고 있다고 한다. 그러나 실제 불량고객의 잘못된 행동으로 인한 피해는 단순한 금전적 손실을 뛰어넘어 더욱 광범위한 부분에 악영향을 미치고 있다.

2008년에 불거졌던 자동차보험의 '비상급유 유료화 논란'도 그런 경우의 하나였다. 금융감독원과 자동차보험사가 담합했다는 비판론이 제기되긴 했지만, 2008년 9월부터 자동차보험의 비상급유 서비스가 유료로 바뀌었다. 당시 유가 급등 여파로 비상급유 서비스를 남용하는 사례가 비정상적으로 늘었기 때문이다. 비상급유란 보험사가 제공하는 긴급출동 서비스로, 고속도로나 지방국도 등 주유소가 멀리 떨어진 곳에서 기름이 바닥났을 때 하루 3리터까지 연 5회 무료로 제공하는 서비스를 말한다. 그런데 유가 급등으로 연료가 남아 있는데도 비상급유를 요청하거나 보험만기일을 일주일 앞두고 5회 연속 비상급유 서비스를 이용하는 사례가 적지 않았다. 이런 나쁜(?) 고객에 대한 서비스는 전체 자동차보험사의 손해율을 증가시켜 결국 보험가입 고객의 보험료 인상으로 이어지게 될 것이다.

특히 불량 수준을 넘어 악마 같은 고객들의 무례한 행동은 종업원에게 모욕감과 수치심 등의 심리적 스트레스를 주고, 사기를 떨어뜨리며, 접점에 있는 종업원들의 이직을 부추긴다. 그러니 그냥 방치하면 회사에 끼치는 손해는 상상 이상이 된다. 모든 서비스의 목적은 고객을 만족시켜 고객이 계속 찾아주고 좋은 소문을 내주게 하는 것이다. 그러므로 설령 악마라도 올바른 고객으로 인도할 능력과 자세를 갖추어야 하겠지만, 그렇다고 해서 이런 악마고객에게 직원들이 계속 학대당해도 되는 것은 결코 아니다.

"요즘 기업들이 하느님 말씀처럼 신봉하고 있는 '고객은 항상 옳다'라는 말은 완전히 틀렸다. 그것은 종업원을 배신하는 것이다. 고객 중에는 기내에서 폭음을 하고 이유 없이 직원을 괴롭히는 등 해를 끼치는 이들이 있다. 가치 있는 고객들만 항상 옳으며 그런 고객만이 대접받을 가치가 있다."

허브 켈러허 사우스웨스트항공 전 회장이 한 말이다. 그래서 사우스웨스트항공은 3회 이상 직원을 괴롭힌 고객은 더 이상의 탑승을 거절한다. 부득이할 경우 '고객을 받지 않을 재량권'을 접점직원에게 준다. 고객 못지않게 회사의 큰 자산인 직원들을 보호해야 한다고 생각하기 때문이다.

미국의 로젠블루스여행사도 직원에게 여러 번 무례한 행동을 보인 고객들을 다른 여행사로 유도하고 있다. 이 회사의 CEO인 할 로젠블루스가 한 말이다.

"전화로 직원에게 무례하게 구는 고객과 계속 대화하도록 두는 것은 회사가 직원을 학대하는 짓이다!"

악의적인 불량고객은 반드시 퇴출시킨다는 결단이 필요하다. 노드스트롬백화점, 사우스웨스트항공 같은 서비스 우수기업들은 직원을 해고하기 이전에 불량고객을 해고하는 것을 고려해야 한다는 사실을 알고 있다.

불량고객 대처요령

    악마 같은 고객이나 상습적인 불량고객을 미리 가려내어 현명하게 대처하는 것은 우수고객을 유치하는 것만큼이나 중요하다. 그러나 '빈대 잡으려다 초가삼간 태운다'는 속담처럼 합리적인 이유로 불만을 제기하는 고객을 상습적인 불만고객으로 간주하는 우를 범하지 말아야 한다. 또한 회사 내부의 불합리하고 비상식적인 규정에 근거하여 선량한 고객을 나쁜 고객으로 만드는 경우도 적지 않으니 이를 구분하는 데도 신중해야 한다.

    일단 상습적인 불만고객이라고 판단되면 제일 먼저 어떻게 대처할 것인지를 생각해야 한다. 고객별로, 상황별로 특성에 맞게 대처하는 요령이 달라야 하지만, 일반적으로 상습적인 불만고객을 다루기 위한 몇 가지 접근방법은 다음과 같다.

- 고객 입장에서는 그럴 수밖에 없는 상황이 아니었는지를 살피는 등 고객들이 끊임없이 늘어놓는 불평 속에서 합리적인 불만내용을 찾아내기 위해 적극적으로 경청하라.
- 고객이 늘어놓는 장황한 불만을 직원이 서비스 제공자의 표현으로 요약하여 확인하라. 예를 들어 "죄송합니다만, 결국 오래 기다리셔서 기분이 상하셨다는 말씀이시지요?" 하는 식이다.
- 고객이 불만을 과장하거나 확대하는 일을 줄이기 위해 사실관계를 질문하라. 예를 들어 고객이 "하루 종일 전화했지만 아무도 안 받았다"고 주장한다면 실제로 몇 번, 언제 전화했는지를 확인한다.
- 고객에게 사과하는 일이 자연스럽더라도 잠시 사과하고 싶은 마음을 억제해야 할 경우가 있다. 고객이 진정으로 원하는 바가 문제를 해결하는 데 있지 않고 책임을 덮어씌우려는 데 있을 수도 있기 때문이다.
- 그다음 불평을 중단시키고 문제해결을 위한 대화를 시작한다. 먼저 직원의 문제해결 방식을 제시해보고 고객이 만족하지 않을 때에는 고객으로 하여금 직접 문제해결 방법을 제시하도록 유도하라. 아울러 고객과의 대화 시간을 제한하라. 예를 들어 "20분 뒤에 약속이 있습니다. 그때까지 어떤 방법이 있는지 함께 생각해볼까요?"와 같은 식으로 유도하라.

김치 다시 올려줘!

나는 가난한 농촌에서 자라서인지 무슨 음식이든 가리지 않고 잘 먹는 편이다. 그 반면에 단란하게 이야기를 나누면서 여유롭게 식사를 즐기는 것이 아니라 집에서나 밖에서나 군대식으로 뚝딱 해치운다. 좀 과장해 표현하면 늘 허기부터 채우고 보자는 사람처럼 마구 먹는다. 동석한 사람과 속도를 맞춘다든지 맛있는 반찬을 권하는 일도 없이 먹는 것에 집중하는 바람에 주변 사람들을 민망스럽게 만들기도 한다.

그런 내게도 좋은 점은 있다. 내 기억으로 여태껏 반찬투정을 해본 적이 없다. 하지만 단 한 번 예외가 있었다. 얼마 전부터 며칠째 집에서 식사 때마다 묵은 김치가 식탁에 올라왔다. 묵은 것은 그렇다 치고 그 지독하게 짠 맛을 내 무던한 미각도 당해낼 수가 없었다. 아들과 딸애는 아예 쳐다보지도 않았다. 나는 '음식 버리면 죄 받는다'고 믿는 사람이라 한동안은 그럭저럭 참고 먹었다. 하지만 매일같이 그릇 가득 식탁에 오르는 김치를 보자니 역정이 났다. 이걸 혼자서 어떻게 다 먹으라는 거야. 기어코 아내에게 버럭 소리를 지르고 말았다.

"이 김치 갖다버리지 못해!"

갑작스런 내 신경질에 아내가 태연하게 한마디 툭 던졌다.

"당신 어머님이 보내신 김치인데…."

"…."

순간 멍해지면서 눈물이 핑 돌았다. 해마다 이맘때쯤 어머니가 손수 담가 아들 먹이려고 보내시는 김치였던 거다. 어머니 연세가 벌써 여든이시다. 노인들은 미각이 둔해져 더 강한 맛을 찾게 된다. 노인들의 짠맛에 대한 역치 감각세포에 흥분을 일으키는 최소 자극의 크기는 30대의 3.5배다. 30대가 소금 1그램에서 느끼는 짠맛을 노인은 3.5그램을 퍼넣어야 감지한다. 어머니가 당신 입맛에 맞추어 소금을 많이 넣으신 거였다.

내가 갖다버렸느냐고? 물론 아니다. 어려서부터 먹은 음식은 혀가 기억하고 뇌에 저장되어 있다. 그 기억이 되돌아온 것이다. 그러자 짜기는커녕 맛만 좋았다. 어머니를 그리는 마음과 고향마을에 대한 향수, 그 감성이 내 이성을 마비시켜버린 것이다.

"인간은 합리적인 동물이 아니라 합리화하는 동물이다"라고 SF작가인 로버트 하인라인이 말했던가. 광고계의 거장인 케임브리지대학의 윌리엄 번버크도 감성의 중요성을 이렇게 말하고 있다.

"소비자는 이성적으로 시장조사를 하고서는 감성적으로 상품을 구입한다. 그러고는 자신의 구매행위를 합리화한다."

한 소비성향 조사에 따르면, 소비자 중 80퍼센트는 감성적인 이유로 사고, 20퍼센트는 이성적인 판단에 따라 구매한다고 한다. 구매의 가장 큰 동기가 데이터나 논리에 근거한 이성적인 판단에서가 아니라 지극히 개인적인 감정과 경험에 의존한다는 사실을 보여주는 결과다. 대부분의 사람이 편안함을 느낄 때, 왠지 모르게 신뢰가 갈 때, 모든 것이 기분 좋고 자연스러울 때 구매를 결정한다는 이야기다. 서비스나 마케팅 관련 종사자들에게 고객의 마음을 공략하고 감성을 자극할 수 있는 능력이 필요한 까닭이다.

오늘날은 과거 그 어느 때보다 좋은 제품과 서비스가 넘쳐난다. 기술의 발전은 유례를 찾아볼 수 없을 정도로 빠르게 진행되고 고객의 기대 수준은 지속적으로 높아지고 있다. 하지만 고객들의 높아진 기대 수준을 제품과 서비스의 만족도가 따라가지 못하는 경우가 많다. 그 부족한 부분을 채우는 것은 마음과 정서여야 한다. 기업에 충성하는 고객을 만들기 위해서도 만족을 넘어 정서적인 유대감을 갖게 해야 한다.

멋진 레스토랑에 가는 이유는 단순히 배를 채우기 위한 것만이 아니다. 마음의 허기를 채우는 것이 레스토랑을 선택하는 더 중요한 요소이며, 단란했던 추억이 있는 곳이라면 음식 맛이 더 좋은 다른 레스토랑보다 더 즐겁게 먹을 수 있다. 어머니에 대한 그리움이 짠 김치도 맛있게 만들어주는 것이다.

기업은 현실의 시장이 아닌 마음의 시장을 뚫어야 한다. 마음의 시장이야말로 고객과 기업이 역동적으로 상호작용하는 곳이다. 여기서 우리는 마음의 시장인 고객의 감성과 경험을 활용하여 고객을 너그럽게 만듦으로써 고객불만을 줄이는, 서비스에 적용할 수 있는 중요한 코드를 하나 찾아낼 수 있다.

까다로운 고객, 너그러운 고객

서울에 사는 A씨. 인터넷에서 액세서리 전문점을 운영해본 적이 있는 그녀는 주말이나 저녁 때 종종 인터넷쇼핑을 한다. 하지만 단돈 만 원짜리 브로치 하나를 사더라도 이 사이트, 저 사이트를 둘러보며 가격은 물론이고 배송조건, 신용카드 결제조건 등을 꼼꼼하게 따져본 후에야 구매를 결정한다. A씨의 인터넷쇼핑은 여기서 끝나지 않는다. 실제 상품이 집에 도착할 때까지는 마음을 완전히 놓지 않는다. 그래서 배송일자가 하루만 늦어져도 몹시 화를 낸다. 반품을 한 적도 한두 번이 아니다. 물론 인터넷에서 본 사진과 실제 상품이 다르거나 판매업자가 고객과의 약속을 어겼기 때문이다.

판매업자는 억울하기 짝이 없다. 당연히 사진과 실제가 다를 수 있고 주문이 일시에 몰려 배송일자가 조금 늦었을 뿐인데…. 그까짓 만 원짜리 하나 구매하면서 해도 정말 너무 하다며 고객을 원망한다.

서울에 사는 B씨. 그녀는 큰맘 먹고 수십 만 원이 넘는 루이뷔통 명품백을 사러 백화점에 갔다. 이른바 명품숍에는 고객보다 매장직원들이 더 많았다. 백화점이 으리으리해서 약간 주눅이 드는 느낌이었다. 특히 가격을 물어보는 것이 왠지 부담스러웠다. 전에 다른 백화점에서 가격을 물어보았다가 "우리 백화점은 워낙 수준 높은 고객이 많이 오셔서 싼 것은 갖다놓지 않아요"라는 말을 듣고 무안을 당했던 적이 있었기 때문이다.

망설이고 망설이다가 애초에 맘에 두었던 상품이 어디 있느냐고 물었다. 매장직원은 전시된 것 외에는 당장 재고가 없으니 나중에 보내주어도 괜찮느냐고 물었다. B씨는 아주 너그러운 표정으로 고개를 끄덕였다. 그러자 직원은 미리 결제해줄 것을 부탁했다. B씨는 당연히 그래야 한다고 생각했다. 직원은 또 배송이 공장 사정으로 약속일자보다 하루나 이틀 더 지연될 수 있다고 말했다. 하루 이틀 늦으면 어때, B씨는 상관없다고 생각했다. 명품숍에 들어온 B씨로서는 그 정도는 충분히 기다릴 수 있다고 생각했다. 친절하게도 B씨는 그리 급한 것이 아니니 너무 서두르지 말라는 말까지 남겼다. B씨는 흐뭇했다. 자신이 점원에게 그렇게 너그럽고 관대하게 행동하다니….

위의 두 상황은 주변에서 흔히 볼 수 있는 장면이다. 그렇다면 A씨는 까탈스러운 30대 주부고, B씨는 맘씨 좋은 중년 사업가일까? 아니다. A씨와 B씨는 같은 사람이다. 하지만 그녀는 인터넷쇼핑몰과 명품숍에서 다르게 행동한다. 그것은 단지 명품이냐 아니냐의 차이 때문만은 아니다.

고객은 가격이나 품질처럼 눈으로 쉽게 확인할 수 있는 기능적 가치에 관심을 두게 될 때 까다로운 사람이 된다. 유독 인터넷 고객들이 까다롭게 구는 이유가 바로 여기에 있다. 인터넷쇼핑 과정에서 고객이 대면하게 되는 것이 단지 상품의 성능과 가격, 디자인밖에 없기 때문이다. 온라인쇼핑몰은 고객과 기업이 개인적인 신뢰관계를 맺기에 어려운 대표적인 비즈니스다. 그러다 보니 기능적 가치를 꼼꼼히 따지는 까다로운 고객을 유인하는 것은 피곤한 일이 된다. 이런 상황에서는 직원들이 결코 행복해질 수 없다.

요즈음 외국계 은행 두 곳에서 다이렉트 뱅킹을 시행하고 있다. 시중은행 보통예금의 금리가 0.1~0.2퍼센트인데 반해 다이렉트 뱅킹에서는 시행 초기에 그 50배 정도인 5~5.1퍼센트나 주었기 때문에 고객들의 반응이 매우 호의적이었다.

그런데 해당 은행의 서비스 담당자의 말에 따르면 고객의 관심이 오로지 높은 금리에만 있기 때문에 사소한 실수나 시스템 장애에도 고객들의 항의가 일반고객과 비교가 되지 않을 정도로 심하다고 한다. 심지어 새벽시간대 10여 분 정도의 인터넷 장애에도 제시간에 송금하지 못해 거래처로부터 신뢰를 잃었다며 금전적 손해배상을 청구하는 고객도 있다고 한다. 얼굴이 보이지 않는다는 이유로 전화 통화 상대에게 더 무례해질 수 있는 것처럼, 다이렉트 뱅킹에서는 고객이 직원과 대화는커녕 얼굴 한 번 대면한 적이 없는 데다 오로지 금리와 편의성이라는 눈에 보이는 기능적 가치에 집착하는 탓이다.

원래부터 까다로운 고객은 없다. 다이렉트 뱅킹에서는 사소한 장애에 화를 내고 항의하던 고객도 은행 VIP룸에 와서는 태도가 달라진다. "오래 기다리게 해서 죄송합니다"라고 인사를 하면 30여 분을 기다리고도 "괜찮습니다" 하고 너그럽게 웃고 나간다.

홈쇼핑이나 인터넷쇼핑몰에서 2만 원짜리 넥타이를 산 고객과 백화점에서 명품 넥타이를 구매한 고객이 보이는 태도의 차이는 다른 것이 아니다. 오로지 가격과 디자인에 골몰하는 고객은 자연 까다롭게 굴게 된다. 반면에 고급스런 분위기와 친절한 매장직원에게서 영향을 받는 고객은 한결 너그러워지는 것이다.

추억과 스토리를 담아라

고객을 관대하게 만드는 비결은 앞의 사례들처럼 다른 업체, 다른 상품과는 비교하기 어려운 독특한 가치를 제공하는 것이다. 독특한 라이프스타일과 문화가 느껴지는 스타벅스, 전통적인 이미지와 같은 눈에 보이지 않는 경험과 가치를 전달하는 인사동처럼 말이다. 그래야 비로소 고객들은 너그러운 마음으로 지갑을 연다.

해외여행을 가서 사람들이 필요 이상의 쇼핑을 하는 것도 해외여행이라는 소중한 체험을 담은 상품을 사는 데만큼은 한없이 관대해지기 때문이다. 거기에는 상품의 품질이나 가격, 디자인은 없고 그저 여행이라는 소중한 기억과 의미만 담겨 있을 뿐이다. "내가 이번 동남아 여행 가서 사온 거야…" 이것이 그 상품을 산 이유의 전부고, 이런 이유만으로 사람들은 충분히 관대해질 수 있는 것이다.

몇 달 전 딸애가 유럽 여행을 다녀오더니 이탈리아에서 샀다며 내게 넥타이를 선물했다. 이때 넥타이는 가격과 품질의 문제를 넘어 '딸애가 아빠를 위해 이탈리아에서 산 선물'이자 '사랑'의 의미로 다가온다.

감성마케팅과 일맥상통하는 개념으로 '추억'도 이성을 마비시키는 마약이 된다. 추억마케팅은 고객의 향수를 자극하여 광고와 매출 증대를 꾀하는 마케팅이다.

자장면은 지금은 흔하고 값싼 음식이 되었지만 내가 어렸을 때만 해도 졸업식이나 집안에 경사가 있을 때 모처럼 먹는 특별한 음식이었다. 40대 후반 이상의 사람들이라면 그때 먹었던 자장면에 얹혀 나오던 삶은 달걀을 떠올릴 것이다. 자장면 달걀의 추억은 어린 시절을 떠올리게 만든다. 그런데 이 달걀이 언제 사라진 것일까? 다음카페에는 '자장면 계란회복 전국민 운동본부'가 개설되어 있다. "옛날엔 자장면에 계란을 얹어줬는데, 요새는 왜 안 얹어주냐?"며 '회복운동'을 벌이자는 취지로 2002년 만들어졌다. 정보공유를 위해 회원들은 '계란 올린 자장면집'과 '계란 없는 자장면집' 게시판을 만들기도 했다.

추억마케팅은 반드시 큰돈과 노력을 들이지 않아도 된다. 자장면에 달걀 하나 정도를 얹어 '추억과 그리움'를 자극하는 것만으로도 고객은 가격과 맛에 덜 집착하게 된다.

고객을 관대하게 만드는 또 하나의 방법은 상품과 서비스에 눈에 보이지 않는 스토리를 담는 것이다. 수년 전, 나는 매실로 유명한 전남 광양 매화마을에 강의하러 간 적이 있다. 그때 맺은 홍쌍리 여사와의 인연으로 매실장아찌며 된장을 주문하여 먹고 고객들에게도 선물하곤 했다. 그래서 지점장 시절 우리집 냉장고에는 매실장아찌며 된장, 잼이 그득했다. 나는 고객들에게 선물을 보내면서 섬진강변 매화마을에서 홍 여사가 청매실농장을 열게 된 사연, 나와 인연을 맺은 이야기를 간략하게 소개하고, '홍 여사가 직접 보내준 매실을 사모님 생각이 나서 보관했는데 마침 드리게 되어 기쁘다'는 인사말을 덧붙였다. 시중에서 2만 원만 주면 구매할 수 있지만, 이런 이야기를 담은 선물은 가격으로 따질 수 없는 가치를 지니게 된다. '장 지점장이 홍 여사로부터 받은 것인데 나를 주려고 특별히 보관했다가 보낸 깜짝 선물'이 되는 것이다.

상품은 고객이 얻고자 하는 가치의 일부에 지나지 않는다. 앞으로 살아남고 싶은 기업은 고객에게 눈에 보이지 않는 가치와 유대감을 쌓는 방법을 배워야 할 것이다. 10년 후 정도면 고객서비스라는 말이 더 이상 오늘날처럼 거론되지도 않을 것이다. 오늘날 감동을 준다고 여겨지는 고객서비스가 10년 후에는 너무나 당연한 것으로 여겨져 고객들이 더 이상 감동하지 않을 것이기 때문이다.

앞을 내다보는 경영자라면 고객서비스보다는 '눈에 보이지 않는 가치'와 '고객경험'을 창출하는 데 초점을 맞추어야 한다. 고객이 상품을 통해 얻고자 하는 새로운 이미지나 문화, 스토리, 라이프스타일이 무엇인지 다시 한 번 곱씹어보자. 그리움과 추억을 담는 방법을 생각해보자. 스토리가 없는, 마음이 없는, 이미지가 없는 상품이나 서비스로는 더 이상 관대한 고객을 만날 수 없다.

5

마음이 열리면
지갑도 열린다

세일즈로 이어지는 고객만족

손부터 잡아라

　한 TV광고에서 여대생이 버스에서 마음에 드는 남자를 보고 "저 여기서 내려요"라고 말하자 "저는 이미 두 정거장이나 지나왔는데요"라고 남자가 대답하는 것을 보았다. 이 경우처럼 한눈에 서로 반하는 경우는 흔하지는 않을 것이다. 보통은 상대의 마음을 얻으려면 다른 한쪽이 부단한 노력을 기울여야 한다.

　나는 기업의 마케팅을 곧잘 연애에 비유하는데, 마케팅도 고객의 마음을 얻으려는 남녀 간의 구애와 별 차이가 없기 때문이다. 당신이 연애를 하고 싶다면 시작하기 전에 반드시 알아둘 점이 있다. 남녀의 감정 진행에는 법칙이 있다는 것이다.

남자　좋아한다 → 사랑한다

여자　좋아져간다 → 좋아한다 → 사랑한다

먼저 남자 입장에서 이야기해보자.

첫 번째, 자신이 그녀를 좋아한다고 해서 그녀도 자신을 좋아할 거라고 판단하지 말라는 것이다. 자신이 좋아하는 만큼 그녀가 좋아해주기를 강요해서도 안 된다. 남자와 달리 여자에게는 좋아지기까지의 시간이 필요하다. 이 시간을 인정해줄 수 있어야 그녀를 놓치지 않는다. 사랑이 무르익기 전에 서두른다면 그녀를 놓칠 수 있다는 사실을 명심해야 한다.

두 번째, '왜 나를 좋아하지 않을까?' 고민하기보다 '어떻게 하면 나를 좋아하게 할까?'에 초점을 맞추어야 한다.

세 번째, 연애 초반이란 어디까지나 남자는 좋아하고 여자는 좋아져가는 과정에 불과하다는 것이다.

한 대중매체에 실린 연애에 관한 연재물에서 인용한 것인데 정말로 공감이 간다. 세일즈에서도 고객의 감정 진행 법칙을 모르고 속전속결로 고객에게 구애하다 실패하고 마는 예를 수도 없이 보아왔기 때문이다.

당신이 남자라면, 여름 휴양지에서 혹은 버스나 지하철에서 우연히 마음에 드는 이상형을 만나 뒤쫓던 경험이 있을 것이다. 이럴 때 남자들이 용기를 내서 던지는 첫마디는 비슷비슷하다. "차 한잔, 어떠세요? 시간 있으십니까?" 같은 말들이다. 그러나 여자의 대답은 십중팔구 "No"다. 설사 첫눈에 호감이 가더라도 처음 본 사람을 어떤 여자가 선뜻 "Yes" 하고 따라나서겠는가. 처음 보는 남자에게 당연히 갖게 마련인 의심과 두려움이란 감정이 여자 속에 크게 자리하고 있는데 말이다.

남자는 계속해서 그녀의 집이나 직장이 어디인지 알아보고, 그것도 안 되면 처음 만났던 장소에서 서성대며 끈질기게 기다린다prospecting. 여자도 이 남자가 괜찮아 보이고 한번 만나보기라도 하자는 생각이 들면 약속appointment을 해줄 것이다. 물론 남자는 약속날짜가 가까워지면서 여자의 취미, 전공, 직업, 결혼 여부, 나이 등 각종 정보를 모두 알고 싶어질 것이다fact finding. 만남이 잦아지면서 사귈 만한 가치가 있는 남자라는 것을 여자가 알게 되고, 남자에게 '사랑한다'고 고백한다presentation. 하지만 여자가 쉽게 결혼을 결심할 리가 없다objection. 결국 오랜 사귐과 설득 끝에 '이 남자가 정말 날 행복하게 해줄 남자'라고 여자가 믿게 될 때 비로소 결혼에 골인하게 된다closing. 일단 결혼하면 둘은 일심동체로서 아내는 헌신적으로 내조하고 남편은 아내를 아끼고 사랑하며 행복한 부부로 살게 된다service.

상품보다 먼저 자신을 팔아라

남녀관계와 마찬가지로 세일즈맨을 처음 만난 자리에서 구매를 결정하는 고객은 거의 없다. 세일즈맨의 권유에 대한 고객들의 첫 반응은 십중팔구 'No'일 가능성이 많다. 이때가 중요하다. 고객의 'No'를 액면 그대로 'No'라고 받아들인다면 세일즈맨의 자격이 없다.

미국소매상협회가 조사한 결과를 보자. 물건을 판매할 때 세일즈맨 중 48퍼센트는 딱 한 번 권한 다음 포기하고, 두 번 권하는 사람은 25퍼센트, 세 번 권하는 사람은 15퍼센트라고 한다. 12퍼센트만이 네 번 이상 권했다. 그런데 놀랍게도 네 번 이상 권한 세일즈맨이 전체 판매량의 80퍼센트 이상을 차지하고 있었다.

고객의 'No'라는 반응에서 'Yes'를 이끌어내는 것이 세일즈의 성공요인이자 묘미다. 그러려면 명확한 목표를 정하고 몇 번이든 계속해서 방문할 필요가 있다. 단계별로 방문 목표를 정해두면 이것이 일련의 세일즈 과정이 되어 결국 판매에 성공할 수 있게 된다.

세일즈맨들이 범하기 쉬운 실수는, 위에서 말했듯이, 여자처럼 고객에게도 좋아져가는 과정이 있다는 걸 이해하지 못하고 성급하게 모든 과정을 단번에 해치우려 한다는 것이다. 여자의 마음이 열리기도 전에 달려들어 '스킨십 마찰'을 일으키는 것처럼 말이다. 이런 연애와 마케팅은 십중팔구 실패하고 만다. 고객으로 하여금 제품에 대한 호감보다 먼저 세일즈맨 개인에 대한 호의를 느끼게 해야 한다. 상품을 팔기에 앞서 자신을 팔라는 말이다.

물론 여기에 반론을 제기하는 사람도 있을 것이다. 제품의 성능이 뛰어나고 제품에 대한 지식이 풍부하면 단번에 거래를 성사시킬 수 있다고 말이다. 하지만 현실은 엄연히 다르다. 풍부한 상품지식으로 제품의 놀라운 특징을 강조하는 것은 고객의 흥미를 유발시키는 효과적인 기법이 아니다. 고객이 세일즈맨을 믿지 않으면 제품지식은 아무 소용이 없다. 세일즈맨이 고객을 진정으로 생각하고 있다는 사실을 알기 전에는 제품이 아무리 좋아 보여도 고객은 공감하지 않는다. 그렇다고 제품의 놀라운 성능과 특징을 무시해도 좋다는 뜻이 아니다. 먼저 세일즈맨을 믿고 호의를 가져야 세일즈가 성공한다는 것을 염두에 두라는 말이다.

세일즈 프로세스

고객과의 관계를 성공적으로 풀어가는 세일즈의 달인은 다음과 같은 과정을 차근차근 밟아간다. 다이아몬드를 도는 야구의 룰처럼 상담 과정의 각 단계마다 고객의 관심사에 맞춰 고객이 절실히 원하는 것이 무엇인가를 알아간다.

접근approach 단계

연애의 고수들은 열이면 열 목표상대를 신중하게 연구한다고 한다. 처음 상대에게 접근을 시도할 때도 정면이 아니라 우회적으로 한다. "저랑 커피 한잔 할까요?"처럼 다짜고짜 바로 데이트 신청에 들어가면 오히려 반감을 가질 수 있기 때문이다. 남자가 늑대가 아니라는 확신도 없이 "Yes"라고 말할 여자는 없다. 따라서 우선 빌미를 만드는 것이 중요하다. 어떤 도구를 빌리거나 빌려주면서 자연스럽게 접근할 계기를 만들어 일단 상대를 안심시키고 당신에 대해 어렴풋이라도 호기심을 갖게 하는 것이 일차적이다. 만약 짧더라도 대화를 허락했다면 어느 정도 관심을 끄는 데 성공했다고 보아도 좋을 것이다. 용기를 냈다고 덩달아 속도까지 내면 안 된다. 너무 노골적으로 티를 내면 바로 의심을 사게 된다.

세일즈맨이 고객에게 다가서는 과정도 자연스러운 만남과 대화의 빌미를 만드는 것으로부터 시작된다.

니즈 파악fact-finding 단계

고객과의 만남을 성사시키는 과정까지는 좋았다 하더라도 상품의 필요성 유무를 알지 못하는 상태에서 상품의 우수성을 늘어놓는다면 이는 쇠귀에 경 읽는 격이다. 당연히 고객이 가질 만한 불신과 불안을 극복하고 자신의 생각과 느낌을 편안하게 드러낼 수 있는 분위기를 만들어야 한다. 그런 다음 당신과 당신 회사의 제품에 관심을 갖도록 호기심을 자극해야 한다.

이미 결혼했거나 결혼할 남자가 정해져 있는 여자에게는 무슨 얘기를 해도 소용없다. 또 여자가 어떤 남자를 원하는지, 내가 그 여자가 꿈꿔온 이상형인지를 알아보아야 한다. 이때 질문은 정보를 얻는 첩경이다. "친구와 함께 밤 늦게까지 놀기도 하나요?"라는 질문을 통해서 상대방의 통금시간과 집안의 엄격함을 추측할 수 있다. 또 "제일 좋아하는 음식이 뭐예요?"라고 물어봄으로써 다음 식사 코스를 정한다든지 음식을 통한 공감대 형성의 힌트를 얻을 수도 있다. "여행 자주 다니세요?"라는 질문으로는 외박이 가능한지를 알아볼 수 있다. 사실 외박이란 단어는 이성관계에서 사용하기가 까다로운 단어다. 따라서 약간 수위가 낮은 여행이라는 단어로 대체해 자신이 원하는 정보를 보다 안전하게 습득할 수 있다. 이처럼 간접적인 질문을 통해 얻게 된 정보를 바탕으로 무작정 강요하지 않고 상대방을 이해하고 배려해줄 수 있게 된다.

가치 설득presentation 단계

세일즈맨의 제안은 고객에게 생각거리를 줄 수는 있어도 확신을 주지는 못한다. 확신을 주려면 보다 적극적인 설득과 선언이 있어야 한다. 적극적으로 구매를 권유하고 의심할 여지가 없도록 자신 있게 행동해야 한다.

연애에서도 여자는 '영원한 사랑의 선언'처럼 남자의 극적인 제스처가 있을 때 확신을 갖고 프로포즈를 받아들이게 된다. 연애의 정석에서는 사랑을 고백하는 방법을 이렇게 코칭한다.

고백하는 방법의 첫 번째는 첫 느낌을 구체적으로 강조하라는 것이다. "첫눈에 반했습니다"라는 말은 식상하다. 추상적일 뿐만 아니라 이전에 써

먹었을 가능성도 있으므로 설득력이 떨어진다. 그러므로 "그날 그 옷이 너무 잘 어울렸어요"라든지 "그때 그 말을 했을 때, 당신의 따뜻하고 배려 있는 모습을 엿볼 수 있었어요"라고 눈에 보이는 듯한 묘사로 아주 구체적으로 언급하면서 자신의 느낌이 얼마나 특별했는가를 전달해야 한다.

두 번째, 편지를 쓸 때도 반드시 지켜야 할 기본 원칙이 있다는 것이다. 상대방을 편지의 주체로 삼고 상황을 설명하라는 것이다. 대개는 연애편지를 쓸 때 자신의 감정을 상대방에게 표현하는 것에 그친다. "나는 너를 정말 좋아해. 오늘 밤도 네가 그리워서 잠을 이루지 못하고 있어. 정말 보고 싶어" 정도의 편지로는 100퍼센트 상대방의 마음을 잡을 수 없다. '그때 어디서 너(주체)와 오랜 시간을 함께 걸었지. 하지만 조금도 다리가 아픈 줄 몰랐어(상황 설명). 아마도 널 좋아했기 때문일 거야'라고 그림을 그리듯 그때 얼마나 특별했고 행복했는가를 진실되게 표현해야 한다.

이 2가지는 세일즈 과정에서 가치를 설득할 때 먼저 이유를 말하고 고객을 주인공으로 하여 설득하는 기법과도 그대로 일치한다.

반론objection 극복 단계

가치를 충분히 설득하고 확신을 준 것 같은데도 고객은 여전히 망설임과 혼란, 걱정 때문에 결단을 내리지 못한다. 마지막 결정 전의 저항과 같은 것이다.

여자의 심리도 비슷한 데가 있다. 남자의 사랑을 확신하면서도 혼자서 갈등한다. 이럴 때 여자들은 언니들에게 전수받은 전술을 써먹기도 한다. "여자는 무조건 튕겨야 한다", "적당히 남자의 애간장을 녹일 만큼 시간을 끌어야 한다", "내숭을 떨어야 한다"는 것이다. 먼저 전화하지 않기, 수신문자에 대한 답장 늦게 보내기, 두 번째 걸려오는 전화 받기, 일부러 바쁜 척 전화 빨리 끊기, 약속시간에 조금 늦게 도착하기 등의 튕기기 기술을 들고 나온다. 알고 보면 튕기는 것은 싫어서가 아니라 튕기기만으로도 충분히 남자의 마음을 애타게 만들 수 있기 때문이다. 튕기는 것은 거절이 아니라 그만큼 더 확신을 얻고자, 큰 사랑을 얻고자 해서이다.

세일즈에서도 고객의 구매 저항은 '아직 의심이 남아 있으니 더 설명해주세요'라는 의미다. 조금만 더 참고 설명해주면 된다. 그런데 안타깝게도 일부 세일즈맨은 여기서 세일즈를 포기한다.

종결closing 단계

고객은 흔히 물건을 사고 나서 후회하지 않을까, 하는 불안감에 사로잡힌다. 고객의 구매신호를 알아채고 타이밍을 맞추어 계약서를 내밀어야 한다.

세일즈 세미나에 가보면 어떤 클로징 기법이 있고 어떤 기법이 효과가 큰지 열심히 가르쳐준다. 그러나 이것은 결코 바람직한 방법이 아니다. 기법에만 매달려 정작 고객의 가치나 요구사항에는 관심을 두지 않을 수 있고 클로징을 하더라도 강요하는 듯한 인상을 줄 수 있기 때문이다. 설익은 과일은 따는 법이 아니다. 감동적인 영화라면 고객은 끝까지 다 보고 싶어할 것이다. 고객이 진정으로 원하는 가치와 요구에 부합하는 해결책을 끝까지 제시하여 고객 스스로 이야기를 마무리짓고 계약을 체결하게 하는 것이 진정한 클로징이다.

약혼을 결정하거나 결혼을 앞둔 여자들도 '내가 이 남자랑 결혼하고 나서 나중에 후회하지 않을까' 불안해한다. 행복한 미래, 변치 않을 사랑을 다시 확인하고 싶은 시점인 것이다.

사랑이란 타이밍이라고 한다. 타이밍은 우연과 운명이 아닌 연출이다. 연애도 타이밍을 어떻게 맞추느냐에 따라 결과가 달라진다. 그중에서도 첫 단추를 끼는 '고백의 타이밍'과 사랑이 절정에 오르는 '스킨십의 타이밍'이 중요하다. 만나자마자 "좋아한다", "사랑한다"고 고백해서는 안 된다. 상대방의 기분을 들뜨게 만들 수는 있지만 믿음을 심어주지는 못한다. 같은 직장에 있는 상대방이라면 먼저 좋은 이미지를 심어주고 나서 고백하는 것이 유리하다. 그리고 크리스마스 같은 특정일에 고백하면 상대방이 받아줄 확률이 높아진다. 스킨십 타이밍도 만나자마자 혹은 사귀자마자는 아니다. 자연스러운 이끌림에 따르는 것이 가장 좋은 스킨십 타이밍이다. 고객의 근심요인이 해결되면 자연스럽게 계약에 이르듯, 스킨십은 사랑의 목적이 아닌 결과임을 잊지 말아야 한다.

고객관리after follow 단계

여자들은 남자가 결혼 후에도 결혼 전의 약속을 모두 지켜주기를 바란다. 이 남자를 선택하기를 참 잘했다는 생각을 유지하고 싶어한다. 만약 남자가 결혼 전에 한 약속은 안 지켜도 된다고 무시하면 여자는 헤어지자고 요구할지도 모른다. 연애시절 그토록 뜨겁게 사랑했던 부부도 제대로 관리하지 않으면 사랑과 믿음이 깨지고 파탄지경에 이르게 된다.

연애학에서 남자들은 누구나 바람을 피울 가능성이 있는 존재라고 말한다. 다만 사랑의 감정이 그 가능성을 잠시 진정시킬 뿐이라는 것이다. 서로에게 신뢰의 상실과 마음의 상처를 남기는 바람을 막을 방법은 무얼까? 아직까지 뾰족한 수는 없어 보인다. 단지 사랑의 약속을 지키려는 성숙한 자세와 인내가 요구될 따름이다. 설사 가슴속에 다른 이성을 품었다 해도 과연 무엇이 중요한지 한 번 더 깊이 생각해야 한다. 잃은 후에 다시 찾는 것보다 가지고 있는 것을 지키는 것이 훨씬 더 쉽다는 진리를 뒤늦게 깨닫는 우를 범하지 말아야 한다. 담배를 끊는다는 것은 참는다는 것이지 끊는다는 말이 아니다. 자신의 소중한 건강을 지키기 위해서 끝까지 참아내는 것이다. 바람도 마찬가지다.

하지만 고객의 바람기는 누구도 어쩔 도리가 없다. 여러 번 보험판매왕을 차지했던 한 생명보험 팀장이 "고객은 항상 떠나갈 준비를 하고 있는 사람으로 간주하라"고 한 말이 인상적이다. 현재 당신의 서비스에 만족한다고 한 고객도 평생고객이 아니라 더 좋은 제품, 더 유익한 정보, 더 편리한 서비스를 항상 찾고 있는 사람이라고 보면 틀림이 없다.

'사랑에 빠지는 것은 매력적인 사람을 만났을 때가 아니라 질투를 느꼈을 때'라는 말이 있다. 잃게 될 듯할 때 비로소 깨닫는 것이 사랑이라는 뜻이다. 고객도 다르지 않다. 고객이 떠나기 전에 그 존재에 늘 감사하며, 야구에서 다이아몬드를 돌 듯 더 깊은 사랑을 위해 순서를 따라 한 단계씩 밟아나가야 한다.

저 하늘의 달을 따다 주세요

울보공주가 있었다. 울보공주는 한번 떼를 썼다 하면 원하는 것이 이루어질 때까지 울음을 그치지 않기로 유명했다. 하루는 울보공주가 하늘의 달을 따다가 목걸이를 해달라고 떼를 쓰기 시작했다. 궁중에는 비상이 걸렸다. 임금님은 신하들을 불러모아 대책을 논의하기 시작했다. 좀처럼 결론은 나지 않았고 울보공주의 울음은 계속되었다. 임금님은 급기야 공주의 울음을 그치게 하는 사람에게 벼슬과 큰 상을 준다고 방을 내걸었다. 그러나 아무도 지원하는 사람이 없었다.

어느 날, 한 어릿광대가 임금님을 찾아와 울보공주를 달래보겠노라고 나섰다. 임금님은 미덥지 않았지만 일단 허락했다. 어릿광대는 울보공주를 찾아가 질문을 하기 시작했다.

"공주님, 저 달은 지구에서 굉장히 먼데 어떻게 가져올 수 있을까요?"

"달을 가깝게 만드는 쉬운 방법이 있지. 이 손거울을 봐. 달이 바로 눈앞에 있잖아."

"아, 그렇군요. 그러면 달은 어떻게 생겼을까요?"

"달은 쟁반같이 둥글고 평평하게 생겼지. '쟁반같이 둥근 달'이라는 노래도 있잖아."

"정말 그렇군요. 그렇다면 달은 얼마나 클까요?"

"바보야, 그것도 몰라? 달은 엄지손톱만하지. 엄지손톱으로 달을 가리면 손톱 뒤로 쏙 숨잖아?"

"달은 무엇으로 만들어졌을까요?"

"달은 은으로 만들어진 게 틀림없어. 그렇지 않으면 이렇게 어두운 밤에 하얗게 보일 리가 없잖아?"

"그럼, 마지막으로 한 가지만 더 묻겠습니다. 저 하늘에 있는 달을 따오면 세상은 어두워질 텐데, 그럼 어떻게 하지요?"

"바보야, 왜 하늘에 있는 달을 따와? 달이 얼마나 많이 있는데. 연못에도 있고, 찻잔 속에도 있고, 거울 속에도 있잖아."

"예, 알겠습니다. 내일 제가 달을 따다가 목걸이를 만들어드릴게요."

다음 날 어릿광대는 은으로 손톱만한 달 목걸이를 만들어 울보공주에게 주었고, 공주는 기뻐하며 울음을 그쳤다.

하늘의 달을 따온 것은 아니지만 어릿광대는 결과적으로 공주의 울음을 그치게 했다. 공주가 원하는 달 목걸이를 만들어준 지혜로운 어릿광대의 이야기다. 그 지혜를 빛나게 해준 것이 바로 여기서 말하려는 질문의 위력이다.

마음을 열어주는 질문다운 질문

　상품과 서비스 세일즈에서 질문은 고객이 무엇을 가장 중요하게 생각하는지, 어떤 서비스가 유용한지, 우리 상품의 어떤 세일즈포인트가 고객에게 이점이 되는지를 알려준다. 그러므로 어떻게 질문하는가는 지혜로운 세일즈의 관건이 될 수 있다. 그런데도 상담원이나 창구 직원들은 상품 설명이나 홍보에 열중한 나머지 고객에게 중요한 사항이 무엇인가를 제대로 묻지 않는다. 고객의 이야기를 먼저 들어보지도 않고 일방적으로 제안하는 것이다. 이는 고객이 만족하는 세일즈의 핵심이 어디에 있는지를 알기를 포기하는 행위다. 세일즈의 핵심은 어디까지나 세일즈맨 자신이 아니라 고객의 필요에 초점을 맞추는 일이다. 먼저 표적을 알아내고 화살을 쏘아야 하는 것처럼, 세일즈맨은 일방적으로 이야기하는 사람이 아니라 질문을 하는 사람이어야 한다. 그렇지 않으면 울보공주가 원하는 달이 진짜 하늘에 떠 있는 달인 줄 알고 지레 포기하게 된다. 고객이 아닌 자기 눈으로 본 달을 따려고 하니까 모두 실패하는 것이다. 자기 스스로 고객이 거부하게 만들어놓고는 크게 좌절하는 어리석음을 반복해서는 안 된다.

　언젠가 내가 어느 상담원과 통화한 내용을 여기에 그대로 옮긴다.

"고객님, 바쁘시겠지만 몇 가지 여쭙겠습니다."

"그래요? 나 지금 바쁘니까 간단하게 물어보세요."

"고객님 집 주소는 양천구 목동…인데요. 맞습니까?"

"네."

"현재 몇 킬로 정도나 타셨습니까?"

"3만 4000킬로미터인데요."

"결혼기념일은 언제십니까?"

"2월 27일입니다."

"취미는 무엇입니까?"

"짬이 날 때면 운동을 하는 편입니다."

"무슨 운동을 좋아하십니까?"

"…."

짐작컨대 어느 자동차회사에서 텔레마케터들에게 하루 몇 명의 고객에게 전화를 걸어 고객관리에 필요한 정보를 얻어내라는 목표나 할당량이 주어졌던 모양이다. 나는 계속되는 질문에 그만 숨이 막히는 것 같았다. 그래도 콜센터를 경영해보았고 서비스를 공부하고 책을 쓰고 강의하는 사람이라 어지간히 인내심을 발휘했는데도 이내 급하고 못된 성격이 폭발해버렸다. "아가씨! 나도 말 좀 하게 해주시오"라며 말을 자르고는 몇 마디 충고를 날리고 퉁명스럽게 전화를 끊었다.

이런 전화에 시달려본 사람이 한둘이 아니겠지만, 굳이 다시 들먹이는 이유는 콜센터 상담원이나 서비스맨, 특히 세일즈맨은 결코 자기 위주로 말해서는 안 된다는 것을 강조하기 위해서이다. 어떤 때는 정말 취조받는 느낌마저 드는 상황에서 누가 당신의 상품과 서비스에 호감을 가지겠는가.

질문은 질문답게 해야 한다. 고객이 자부심을 느끼게 하는 재치 있는 질문이야말로 훌륭한 서비스이며 세일즈 스킬이다. 내가 상담원에게 짜증을 낸 것은 '내가 왜 시간을 내서 이 상담원의 질문에 꼬박꼬박 대답해야 하는지'를 내 자신이 모르기 때문이었다. 상담원은 질문에 앞서 고객의 정보를 회사에 제공함으로써 앞으로 회사로부터 더 좋은 서비스와 다양한 혜택을 누리게 된다는 생각이 들게 만들었어야 했다. 하지만 상담원은 질문을 하는 이유를 처음부터 설명해야 고객의 거부감을 줄일 수 있다는 점을 까맣게 모르고 있었다. 지혜로운 상담원이었다면 이렇게 서두를 뗐을 것이다. "차체나 일반 부품은 3년 주행거리 6만 킬로미터까지 무상 A/S보증기간입니다. 현재 주행거리는 몇 킬로미터인가요?"라거나, "혹시 결혼기념일을 잊으신 적은 없으신지요? 기념일에 사모님께 축하전보를 보내드리고 싶습니다. 결혼기념일은 언제지요?", "이벤트행사가 있을 때 고객님께 초대장을 보내드리고 싶습니다. 지금 주소가 양천구 목동…인데, 맞는지요?"라고 했을 것이다. 그랬다면 누구라도 '고객에게 신경을 많이 쓰고 있구나' '이 회사 아주 괜찮은데…' 또는 '역시 내가 중요한 고객이라는 걸 알고 있군!' 하고 흡족해하면서 기꺼이 모든 정보를 제공했을 것이다.

고객을 주인공으로 만들어라

질문은 화살을 쏘아야 할 과녁을 알려주기도 하지만, 고객이 질문에 대답함으로써 고객 스스로가 멋진 주인공이 되게 하기도 한다.

얼마 전 결혼한 여직원과 점심을 함께할 기회가 있었다. 결혼 전에 두 남자를 사귀었는데, 간간이 두 남자와의 데이트 이야기를 얻어듣곤 했다. 그런데 왜 지금의 남편을 선택했는지가 궁금해서 물어보았더니, "그 사람은 잘생기고 말도 잘하고 유능한 남자였어요. 그 사람과 함께 있으면 내가 가장 멋지고 똑똑한 남자와 함께 있다는 생각이 들더라구요"라고 답했다. "그런데 왜 그 남자 말고 지금 남편하고 결혼했어?" 하고 물으니 "왜냐하면 지금 남편하고 있으면 내가 이 세상에서 가장 멋진 여자라고 느껴지거든요"라는 것이었다. 답은 '나를 주인공으로 만들어준다'였다.

가끔 회의나 회식 장소에서 마이크를 독차지하는 사람들을 본다. 나머지 사람들은 묵묵히 듣고만 있다. 마이크를 잡은 사람을 빼고 세상에 그런 자리를 좋아할 사람은 아무도 없다.

다른 건 몰라도 말은 속성이 원래 그렇다. 말하는 사람은 시간이 짧다고 느끼지만 듣는 사람은 항상 길게 느껴진다. 나도 6년 동안 교사생활을 대개 해보았고 지금도 여러 기업체에서 강의하고 있지만, 나를 포함해서 강사들은 대개 연단에 서면 강의시간이 짧다고 말한다. 그런데 반대의 입장이 되면 이야기가 달라진다. 내가 세미나에 직접 참석하여 청중이 되어보아도 그렇고, 연수에 참석한 선생님들도 마찬가지로 교육시간이 길게만 느껴진다고 한다. 같은 공간에서 같은 시간을 보내고 있지만, 입장에 따라 느낌은 이처럼 전혀 다르다.

내가 강의할 때는 내가 주인공이 되고 듣는 학생은 엑스트라가 된다. 주인공은 짧다고 느끼고 엑스트라는 길다고 느낀다. 고객을 주인공으로 만들어야 하는 이유가 이것이다. 제품 설명과 고객서비스에 너무 열중해서 고객의 목소리는 듣지 않고 자기 얘기만 한다면 고객은 몇 분도 채 지나지 않아 "알았어요. 그만 됐어요!"라며 자리를 털고 일어설 것이다.

서비스나 세일즈를 하는 사람은 고객이 흥미를 가질 만한 화제를 충분히 준비하고 질문을 함으로써 고객이 더욱 많은 이야기를 하도록 해야 한다. 이것이 바로 시간을 짧게 느끼게 하는 비결이다. 이는 방문시간을 짧게 하거나 상품 설명을 간단하게 하는 것과는 전혀 다른 차원의 방법이다. 핵심은 누가 주인공인가, 화제는 무엇인가에 있다. 일방적으로 듣는 이야기는 지루하고 고통스럽다. 이런 상황에서는 아무리 짧은 시간도 고객은 아깝다고 느낀다. 당신의 연인에게 하듯 고객을 주인공으로 만들어라.

의사처럼 물어라

질문 하나만 잘해도 고객의 구매동기를 정확하게 알아낼 수 있다. 심문이나 추궁처럼 강요받는다는 느낌이 없이 고객이 상품의 어떤 점sales point에 흥미를 갖고 있는지를 편안하고 자연스럽게 고객의 입으로 말하게 할 수 있다. 울보공주 이야기에서처럼 세일즈맨이 찾는 화살의 과녁이 저절로 떠오른다. 그렇다면 어떻게 하는 것이 잘하는 질문일까?

질문에는 폐쇄형 질문과 개방형 질문이 있다. 일반적으로 폐쇄형 질문에는 "예" 또는 "아니오"라는 간단한 대답만 나오고, 개방형 질문은 고객의 속내를 드러내게 만든다. 그만큼 고객에게 더 많은 말을 하게 하여 정보를 이끌어낼 수 있다. 그래서 개방형 질문이 가장 좋다고 생각하기 쉽다. 하지만 실제로는 그렇지만은 않다. 특히 마지막 단계에 가까워질수록 개방형 질문은 더욱 적절하지 않은 것으로 여러 연구결과에서 나타나고 있다. 질문이란 고객이 가장 소중하게 생각하는 가치와 요구사항을 최대한 알아내는 것이 목표이므로, 한 가지 질문만을 고집하거나 질문 유형에 연연해서는 안 된다. 상황에 맞게 질문 유형을 바꿔가며 의사가 환자에게 질문하듯 그때그때 융통성을 발휘하는 지혜가 필요하다.

의사들은 처음에는 아픈 곳이나 불편한 부분을 묻는 개방형 질문을 던져 환자가 모두 이야기하게 하지만 결론단계에서는 이러이러한 치료법이 있다, 또는 이렇게 수술하자는 식의 폐쇄형 질문으로 환자의 동의를 구한다.

환자가 찾아오면 의사는 질문부터 한다. 그리고 더 많은 정보를 얻기 위해 진찰기구를 사용한다. 그리고 나서 치료법을 제시한다. 첫 질문은 환자의 현재 상황을 파악하는 것으로 시작한다상황 질문. 환자가 어떤 사람인지, 언제부터 어디가 아팠는지를 물어보는 것이다.

세일즈맨의 고객상담도 비슷하다. 어떤 세일즈맨이든지 고객과 처음 만나면 고객의 인적사항과 사업내용 등을 파악한다. 하지만 고객은 구매의사 결정권자가 누구인지, 현재 어떤 제품을 구매하여 사용하고 있는지 등과 같은 세일즈맨의 갖가지 질문에 짜증이 날 수도 있으므로 유의해야 한다. 그래서 경험이 많은 세일즈맨은 사전 준비나 조사를 통해 예비지식을 충분히 갖추어놓음으로써 고객의 상황정보를 수집하는 데 많은 시간을 할애하지 않는다.

두번째 단계로는 현재의 불만과 어려운 점이 무엇인가를 묻는다문제 질문. 환자에게 얼마나 통증이 심한지, 어떠한 치료를 받고 싶은지를 묻는 것이다. 이것은 현재 쓰는 제품이 불만스럽지는 않은지, 속도가 느리지는 않은지, 가격이 비싸지는 않은지 등을 질문함으로써 고객 스스로 니즈를 말하도록 유도하는 과정이다. 이때도 경험이 많은 세일즈맨은 고객의 신상이나 상황보다는 고객의 숨겨진 니즈를 찾아내는 이런 질문에 더 많은 시간을 할애하고 있는데, 실제로도 성공확률이 더 높다고 알려져 있다.

세번째 단계는 고객이 느끼는 작은 불만이나 문제점을 끌어내어 그 심각성을 확대하는 질문이다시사 질문. 의사는 이대로 두면 상태가 심각해지고 어떤 합병증이 올 수 있다고 이야기한다. 세일즈로 말하면 이대로 방치할 때 어떤 지장을 초래하는지, 얼마나 더 비용이 들게 되는지 등 잠재 니즈의 크기를 확대하거나 잠재적인 위험성을 강조함으로써 고객이 빨리 의사결정을 내리게 하는 수순이다. 이른바 '되도록 많이 흔들라'는 고객설득 기법이다. 사람을 나무 위에 올려놓고 밑에서 흔든다면 그 사람은 살려달라고 아우성칠 것이다. 마찬가지로 고객이 이 상품을 구매하지 않을 경우 발생할 불이익을 확실하게 각인시키면 고객이 구매할 가능성이 더 커진다. 자신이 사망한 후에 가족에게 어떤 슬픔과 고난이 닥칠지 생생한 이야기를 듣고 극심한 불안에 휩싸인 고객이 생명보험에 가입하게 되는 이치와도 같다.

마지막으로 고객이 위기감을 가졌을 때 이를 해결할 방법을 제시하고, 이것이 고객에게 얼마나 이익이 되는지를 깨닫게 하는 질문을 하는 단계해결 질문. 수술하고 2~3주의 회복기간을 잘 거치면 건강해질 수 있다고 말하며 안심시키는 것이다. 세일즈에서도 상품을 구입함으로써 어떤 문제를 해결하고, 어떤 혜택을 누리고, 해결하려는 가장 중요한 이유가 무엇인지 등 해결하려는 문제의 가치를 질문한다. 이 단계의 질문의 목적은 고객 스스로 이 점에 대해 말하게 하여 구매 저항이 발생하지 않게 하는 데 있다.

고향이 어디세요?

"나는 자식들에게 아무것도 남기지 않을 겁니다. 큰딸은 시집보냈고, 둘째아들도 대학을 졸업해서 누구의 도움 없이도 혼자 살 수 있는 나이가 됐거든요. 더구나 아내는 오래 교사생활을 해서 노후에 궁핍하지 않을 정도의 연금이 나오게 되어 있습니다."

외국계 생명보험회사의 FC로 있는 한 지인에게 내가 했던 말이다. 자동차보험사에 갓 입사한 그녀를 부산의 한 연수원에서 실시된 신입사원 교육 때부터 알기 시작했으니 벌써 7년이나 되는 짧지 않은 인연인 셈이다. 하지만 나는 그녀의 세일즈 실적을 올려주기 위해 보험에 가입할 생각은 전혀 없었다.

가족에 대한 내 가치관은 이렇다. 중학교를 졸업하고 농사일을 하며 어려운 어린 시절을 보낸 나지만, 자식들은 대학을 졸업하고 배우자를 선택할 때까지 부양하면 된다는 것이 내 생각이다. 그리고 그 이상은 자식들에게 주고 싶은 생각이 없다.

돈과 투자에 대해 갖고 있는 가치관은 사람마다 다르다. 나와는 반대로 조금이라도 더 물려주려는 사람도 있다. 지금 정도의 재산에 만족하는 사람도 있지만, 재산을 더 불리려고 주사위 던지듯 모험에 뛰어드는 사람도 있다. 주식투자에 대한 생각도 다 다르다. 주식은 패가망신의 지름길이라고 믿는 사람이 있는가 하면, 주식은 장기적으로 보면 오를 것이기 때문에 투자를 해야 한다고 믿는 사람도 있다. 되도록 빨리 은퇴하여 편안한 노후를 보내고 싶어 하는 사람이 있는 반면, 할 수 있는 날까지 일하고 싶다며 은퇴는 꿈도 꾸지 않는 사람도 있다. 이렇듯 은퇴연금이니 보험이니 주식에 대한 태도는 가치관에 따라 다를 수밖에 없다.

사람마다 다른 것은 가치관만이 아니다. '기억'은 사람들이 갖고 있는 가장 큰 자산의 하나다. 나이가 많을수록 당연히 기억과 경험의 보관창고는 커진다. 어떤 사람은 정말 행복했던 경험이 있지만, 어떤 사람은 아주 불행했던 경험을 갖고 있다. 제품이 수명을 다하고 폐기처분되었을지라도 그 제품에 대한 기억은 사람의 뇌리에 또렷이 남아 있다.

나 역시, 동네깡패에게 얻어맞아 머리에 피를 흘리는 고등학생 아들녀석을 데리고 인근 대학병원의 응급실로 뛰어갔다가 간호사로부터 뭐 이런 일로 한밤에 뛰어왔느냐는 핀잔을 들었던 '기분 나쁜' 경험이 있다. 상처는 일주일도 안 되어 나았고 지금 아들녀석은 20대 중반이 되었지만, 내 기억의 보관창고에는 여전히 그때의 좋지 않았던 경험이 저장되어 있다. 종업원이 특별히 맛있는 초밥이라고 권해서 두 개를 먹었는데 알고 보니 개당 가격이

8000원이었던 회전초밥집에서의 쓰라린 경험도 있다.

흡연자 남편을 폐암으로 떠나보낸 아내도 있고, 기체 결함인지 조종사의 실수인지 사고로 비행기가 폭발하여 사랑하는 사람을 잃은 유족도 있다. 유명 패스트푸드점에서 상한 음식을 먹고 고생했던 여성도 있고, 10년 동안 아껴 모아둔 돈을 펀드에 가입했다가 반토막이 난 직장인도 있다.

기업들은 나를 포함해서 누구나 갖고 있는 이런 경험들을 수집하고 통계를 내고 분석한다. 세일즈 스킬과 CRM을 활용하여 고객을 발굴하기 위해서다. 그러나 이것만으로는 실적을 높이고 고객과의 신뢰를 형성하는 데 도움이 되지 않는다. 실제로 세일즈 스킬을 다듬기 위해 만들어진 많은 질문은, 당신의 모든 관심이 오로지 물건을 판매하는 데 있다는 인상을 심어주어 오히려 고객의 거부감만 불러일으킨다.

고객의 가치관과 경험을 파악하라

잘 알려져 있는 것처럼, 우리 뇌는 좌뇌와 우뇌로 나뉘어 있다. 좌뇌는 언어 구사, 문자나 숫자, 기호의 이해 등 분석적이고 논리적이며 합리적인 결정을 담당한다. 우뇌는 '이미지뇌'라고도 하며 그림이나 음악 감상, 스포츠 활동 등 단숨에 상황을 파악하는 직관과 같은 감성적인 분야를 담당한다.

나는 스스로 아직 한창 일할 나이라고 생각하지만, 가끔씩 나이가 좀 들었다고 여겨질 때가 있다. 누군가가 "고향이 어디세요?"라고 물을 때 나도 모르게 말이 폭포처럼 쏟아지는 것이다. 아들녀석은 고향을 물으면 "병원입니다"라고 싱겁게 대답하지만, 중장년층에게 고향은 시골마을, 어린 시절, 동네친구, 어머니 등 순식간에 기억의 필름을 몇십 년 전으로 되돌리게 하는 마법 같은 힘이 있다. 그래서 어떤 세일즈맨은 일부러 "고향이 어디세요?"로 말문을 연다고 한다.

적절한 질문은 대화가 자연스럽게 진행되게 하는 윤활유 역할을 한다. 고향이 어디냐고 물으면 고객의 눈이 빛나며 얼굴에 미소가 번지고 마치 다시 그 옛날의 마을로, 어린 시절로, 부모형제가 함께 살던 옛집으로 돌아간 것처럼 보인다. 하나의 질문이 사고와 판단의 중심을 좌뇌에서 우뇌로 전환하는 스위치를 누른 셈이다.

구매의사 결정은 바로 이 우뇌가 자극을 받을 때 내려진다. 우뇌는 이미지, 비유, 경험, 추억과 그리움, 가치관 같은 감성적인 소재에 곧바로 자극을 받는다. 그러므로 세일즈맨은 자신의 제안을 단순하게 하고, 우뇌의 감성을 자극하고, 고객의 개성을 존중하며, 설득 기술과 대인관계 면에서 신뢰를 얻어야 한다.

그렇다면 내가 아는 보험회사 직원은 내가 생명보험에 대해 가지고 있는 생각이나 내 경험을 알아내는 데 더 집중했어야 했다. 하지만 그녀는 상품의 장점이나 혜택만을 부각시키는 데 더 열중했다. 이거야말로 엉뚱한 과녁에 화살을 쏘는 격이다.

그러므로 상품을 제시하기 전에 고객이 갖고 있는 가치관을 먼저 파악해야 한다. 고객은 당신의 청중이 아니다. 고객은 당신의 의견을 듣기보다 고향 이야기를 하고 싶어하고 자신의 경험을 말하고 싶어한다. 내 입이 움직이고 있는 동안에는 결코 고객의 가치관과 경험을 알 수 없다.

고객의 이야기생각과 경험를 들어줄 준비가 되었다면 이제 고객의 우뇌를 자극할 질문거리를 체크하자. 올바른 질문을 하면 고객은 자기들에게 무엇을 어떻게 팔 수 있을지를 자연스럽게 말해준다. 그중에 다음과 같은 항목이 있다면 당신은 몇 안 되는 정말 훌륭한 세일즈맨이다.

"투자를 어떻게 배우셨습니까? 돈과 관련된 고객님의 원칙은 무엇입니까?", "보험과 관련하여 특별한 경험을 갖고 있으십니까?", "지금까지 자동차를 구입하면서 가장 행복했던 순간은 언제였습니까?"

윤리적 소비자가 몰려온다

지금까지 고객의 가치관과 경험을 먼저 알아내는 것의 중요성을 이야기 했는데, 이와 관련해서 최근 새로운 흐름이 일고 있다. 이른바 윤리적 소비자Ethical Consumer의 출현이다.

미국 최대 규모의 유기농식품 유통업체인 홀푸드마켓Whole Food Market은 채식주의자이며 동물권리 운동가인 존 매키가 창업한 회사다. 그는 2005년 홀푸드마켓 전 매장에서 랍스터나 게 같은 갑각류의 판매를 전면 중지한다고 발표했다. 갑각류에게도 고통을 느끼는 감각이 있으므로 이를 무시하고 수송, 조리하는 것은 냉혹한 처사라는 것이 그 이유였다. 최근 들어 존 매키와 같은 생각을 가진 사람이 만들고 경영하는 회사가 폭발적인 성장세를 보이고 있다.

반면 나이키는 「라이프」지에 실린 단 한 장의 사진 때문에 전 세계적으로 지탄을 받으면서 브랜드 이미지에 엄청난 타격을 입었다. 12살짜리 파키스탄 소년이 나이키 로고가 선명하게 박힌 축구공을 꿰매고 있는 사진은 단번에 나이키가 아동을 착취하는 기업이라는 인상을 심어주었다.

세계 최고의 커피 수출국인 콜롬비아나 베트남 커피농장에서는 어린이들이 뙤약볕에서 하루 종일 일하고 일당으로 1~2달러를 받는다고 한다. 우리가 무심코 마시는 커피의 이면에 어린이 노동력 착취라는 그늘이 있는 것이다. 한때 스타벅스는 '가난한 생산자들을 착취하여 헐값에 커피원두를 사들이고 있는' 비윤리적인 기업이라는 지적을 받으면서 기업의 평판이 떨어지고 소비자 불매운동에 직면했다.

나이키와 스타벅스의 사례는 상품을 구입하면서 단지 가격과 품질만을 보는 것이 아니라 그것이 내 장바구니 안으로 들어오기까지의 과정, 내가 그 상품을 구매하고 소비함으로써 어떤 영향을 주게 되는지를 따지는 사람들이 전 세계적으로 늘고 있다는 것을 말해준다.

이제 소비자들은 단순히 상품 자체에만 관심을 두지 않는다. 브랜드 뒤에, 제품의 이면에 실제로 무엇이 있는지 알고 싶어한다. 매킨지는 이런 현상을 "소비자들이 자신의 지갑을 가지고 기업들을 대상으로 투표를 하고 있는 것"이라고 설명한다. 아무리 질 좋은 제품을 생산하더라도 소비자들에게 환경오염 또는 가난한 사람과 어린이들의 노동을 착취함으로써 이윤을 추구하는 '나쁜 기업'으로 낙인 찍힌 기업은 살아남기 어렵다. 윤리적 소비자들은 지구환경과 인권 등을 고려하여 다시는 그 기업과 거래하지 않는다. 바로 당신의 고객도 그런 소비자일 수 있다. 생산과 유통 과정에서 환경을 오염시키거나 근로자를 부당하게 대우하지는 않았는지 감시하고, 문제가 드러날 경우 불매운동과 시위도 불사할 것이다. 굳이 윤리적 소비라는 트렌드를 끌어들이지 않더라도 단순히 품질과 가격만으로 승부하는 기업은 시장에서 외면당하는 시대가 되었다.

투자의 세계에서도 이런 가치관을 갖고 있는 사람들이 늘어나고 있다. 이들은 부자가 되기를 원하지만 환경파괴적인 상품이나 회사, 인간의 존엄성을 짓밟는 국가에 투자해서 부유해지는 것은 거부한다. 이들은 아프리카 어린이들의 피와 땀을 착취해서 채취한 다이아몬드로 돈벌이를 하는 드비어스사의 마케팅을 비난하며 그런 회사에 투자한 자금을 회수하고 있다. 수많은 뮤추얼펀드도 이런 투자자들의 움직임에 동조하고 가세하기 시작했다.

당신이 현명한 재무상담가라면 고객의 상품 구매와 투자 요청과 관련하여 특별히 투자하고 싶지 않은 상품이나 회사가 있는지를 미리 확인해둘 필요가 있다. 엉뚱한 과녁에 화살을 쏟아붓지 않기 위해서 말이다.

어떤 일을 하든 제품이나 서비스에 몰두하여 고객의 경험과 기억, 가치관, 윤리, 감성의 연결고리를 찾아내는 데 소홀해서는 안 된다.

강도와 신경통

어느 날 한 가정집에 강도가 들었다. 강도는 잠자던 부부의 목에 칼을 들이대고 눈을 부라리며 위협적으로 소리를 질렀다.

"손 들어! 우물쭈물하면 찔러버릴 거야!"

그러자 남편이 한 손만 번쩍 들었다.

강도는 당장이라도 찌를 듯 다그쳤다.

"두 손 다 들란 말이야!"

남편은 찌푸린 표정으로 대답했다.

"실은 왼쪽 어깨에 신경통이 있어서 이쪽 손은 들 수가 없소이다."

그러자 강도는 웬일인지 표정이 조금 누그러져서는 이렇게 말했다.

"신경통이라구? 사실은 나도 신경통이 있는데…."

그때부터 분위기가 달라지기 시작하더니 강도는 신경통이라는 공통분모를 놓고 집주인과 진지하게 대화를 나누기 시작했다. 신경통의 증세가 어떠니, 이렇게 치료했더니 좋더라… 이야기꽃이 점점 피어나면서 방 안은 온기마저 감돌았다.

그 모습을 보던 부인은 커피를 끓여 왔다.

이제 강도는 더 이상 가해자가 아니고 집주인은 더 이상 불안과 공포에 사로잡힌 피해자가 아니었다. 잠시 후에 강도는 집주인에게 악수를 청하며 "빨리 잘 치료해서 건강을 회복하기 바랍니다"라는 인사를 남기고 떠났다.

이 글은 유머집이나 개그콘서트에 나오는 이야기가 아니라 오 헨리의 소설 『강도와 신경통』에 나오는 이야기이다. 강도와 집주인이 친구가 될 수 있었던 것은 신경통이라는 공통의 화제가 있었기 때문이다. 그런데 이렇듯 우연한 경우가 아니라 일부러 공통의 화제를 찾아내서 문제를 해결하는 경우도 있다. 『비저닝Visioning』이라는 책에 소개된, 고객을 기분 좋게 만들어 효과적으로 설득한 사례를 소개한다.

심하게 손가락을 빠는 버릇을 가진 여섯 살짜리 꼬마가 있었다. 부모는 별별 방법을 동원해 아이의 버릇을 고쳐주려 했지만 번번이 실패하고, 거의 포기 상태에서 에릭슨이라는 한 심리학자를 찾아갔다.

그런데 에릭슨은 첫마디를 이렇게 시작했다.

"엄마, 아빠가 손가락 빠는 버릇을 고쳐달라고 너를 데려왔구나. 하지만 내가 무슨 권리로 너한테 그만두라고 할 수 있겠니. 원래 여섯 살짜리 꼬맹이들은 너처럼 다 그렇게 손가락을 빠는데 말이야. 이 세상의 여섯 살짜리 꼬맹이들은 다 그렇게 손가락을 빨거든."

그러자 아이는 손가락을 계속 입에 문 채 '거봐, 다른 애들도 다 그런다잖아' 하는 의기양양한 표정으로 부모를 돌아봤다. 곧이어 에릭슨은 지나가는 투로 이렇게 몇 마디 덧붙였다.

"물론 일곱 살들은 손가락을 빨지 않아. 일곱 살이면 다 큰 어른이나 같거든. 일곱 살들은 여섯 살 꼬맹이들처럼 행동하지는 않지."

상담을 끝낸 얼마 뒤, 일곱 번째 생일을 두 달 앞둔 아이는 더 이상 손가락을 빨지 않았다고 한다. 에릭슨은 손가락을 빨지 말라는 말은 단 한마디도 하지 않고도 아이의 변화를 이끌어냈다. 그것은 바로 아이의 눈높이에서 말했기 때문이다. 손가락을 빨지 말라는 것이 오히려 아이의 반발만 부를 수 있다는 점을 잘 알고 있는 이 심리학자는 대신 아이 입장에서 아이가 관심을 가질 만한 소재, 즉 아이의 선망의 대상인 어엿한 일곱 살들은 어떻게 행동하는지를 슬쩍 얘기해줌으로써 효과적인 설득을 이루어낼 수 있었던 것이다.

이것은 어른과 아이의 관계에만 적용되는 이야기는 아니다. 서비스도 마찬가지다. 훌륭한 서비스란 고객의 생각을 고객의 눈높이에서 듣고 보고 말하는 것이다. 상대방의 입장에서 상황을 이해하고 상대방이 정말 관심을 가질 만한 소재를 찾아내어, 자신이 말하고자 하는 바를 그 소재에 버무려 적절하게 표현하는 것이다. 사람마다 성장환경, 교육과정, 가치관 등이 다 다르기 때문이다. 따라서 우호적인 설득에 가장 필요한 것은 앞의 신경통처럼 공통된 주제를 찾아내고 심리학자처럼 상대의 눈높이에서 대화를 시작하는 것이다.

먼저 관찰을 통해 공통점에 대한 단서를 찾아내거나 공통점을 찾는 질문을 한다. 예를 들어, 경상도 사투리가 심한 편인 여성 고객이 대여섯 살 되어 보이는 장난꾸러기 아들을 동행하여 우리 회사에 찾아왔다고 하자.

먼저 고향을 묻고 나와 연결고리를 찾아본다.

"고객님, 지난번에 오셨을 때도 여쭤보고 싶었는데, 고향이 어디세요?"

"그러시군요. 저희 집사람도 고향이 그쪽이라 왠지 고객님 말씨가 굉장히 익숙하더라고요. 서울에 올라오신 지는 오래 되셨나요?"

다음으로 자녀의 나이를 묻고 나의 육아경험을 함께 이야기하는 것으로 친밀감을 형성한다.

"아드님이 아주 씩씩하고 남자답네요. 몇 살이에요?"

"장난이 아주 심할 나이네요. 힘드시겠어요. 저희 아이도 그만할 때 얼마나 장난이 심하던지 집사람이 많이 힘들어했어요. 부모님이나 누가 집안에서 도와주시는 분이 계세요?"

설득의 첩경은 '같은 편'이 되어 공감하는 것

우리가 공통의 화제를 찾아 대화를 나누는 목적은 상대방을 설득하기 위해서다. 설득이란 한마디로 나와 다른 생각을 갖고 있는 상대편이 나의 의견에 따르도록 만드는 것이다. 따라서 설득을 잘하려면 상대에게 갈 수 있는 어떤 통로가 있어야 한다. 그 통로가 바로 공통의 화제다. 제아무리 유려한 말솜씨로 논리적으로 이야기를 하더라도 내가 상대방 마음에 들지 않으면 결코 상대방을 설득할 수 없다.

에이브러햄 링컨이 대화에 대해서 아주 유익한 말을 했다. "상대방이 당신 주장에 동의해주기를 바란다면 먼저 당신이 그 사람의 친구임을 확신시켜야 한다"고 말이다. 이처럼 설득을 할 때 가장 중요한 것은 '나도 당신 편'이라는 생각을 상대방에게 심어주는 것이다.

세일즈를 하는데 고객이 불만을 터뜨리거나 누군가 내 의견에 반박하고 나서면 사람인 이상 나도 모르게 어떤 적대감이 생긴다. 하지만 '나도 당신 의견이 틀리지 않다고 생각한다'는 것을 알려줌으로써 상대방이 가질 거부감을 없애면 그만큼 벽이 낮아지고 설득이 쉬워진다.

효과적으로 설득하는 최선의 방법은 먼저 상대방의 의견을 끝까지 들어주는 것이다. 그리고 맞장구를 쳐주는 것이다. "그렇군요. 충분히 이해합니다", "고객님 기분이 어떠신지 저도 충분히 이해가 갑니다", "저도 그렇게 생각합니다." 이런 식으로 다른 사람의 생각을 충분히 이해하고 공감하고 있음을 표현해주는 것이다. 그러면 상대방은 안도감과 함께 친밀감을 갖게 된다. 같은 편이라는 것을 알고 자신도 모르게 마음이 풀어져서 어느새 넋두리를 늘어놓는다.

사실 나도 같은 편이 되어주기는커녕 논리적으로 조목조목 따져가며 해결책을 제시하려 했다가 봉변을 당한 적이 있다. 부끄럽지만 집안일 하나를 들추겠다. 아내와 심하게 다투고 아침도 못 얻어먹고 나온 날의 이야기다.

어느 날 저녁, 퇴근해 돌아온 아내가 '교사에 대한 처우와 평가방법'에 관해 몹시 불평을 했다. 그러나 나는 교사니까 무능해도 신분이 보장되고 차등대우를 받아선 안 된다는 논리에 아주 비판적인 입장이었다. 더군다나 외국계 회사에 근무하고 있어서인지 치열한 경쟁세계에서의 생존논리와 변화된 근무환경, 경쟁을 헤쳐나갈 동기를 부여하기 위한 성과주의의 불가피성 등을 더 생생하게 느끼고 있던 터였다. 나는 열변을 토했다. 기업에서 조직생활을 하는 평범한 사람들은 자기

신념과 철학보다는 조직이 평가하고 보상하는 대로 움직이는 법이다, 경영이 뭔지 아느냐, 보통 사람들로 하여금 보상과 인정이라는 과정을 통해 비범한 일을 하게 만드는 것이다 등등 멍석을 받아놓은 사람처럼 신이 나서 지껄였다. 평소 나의 소신이기도 하거니와 더러 강의 때도 인용하는 얘기라서 조금도 망설임이 없었다. 얘기를 마치면서 나는 '어때, 괜찮았지?' 하는 표정으로 어깨를 으쓱했다.

그런데 아내는 뜻밖에도 "당신도 교사생활을 6년이나 하지 않았어요? 학교가 돈 버는 회사하고 같아요?" 하며 내게 비난을 퍼부었다. 내가 교사의 처우나 평가 방법을 결정하는 사람도 아닌데 말이다.

왜 이렇게 된 걸까? 가령 수도꼭지에서 물이 샌다고 하자. 그러면 남자들은 바로 공구함을 들고 가서 이걸 어떻게 고칠까 궁리에 빠진다. 반면에 여자들은 전화기를 들고 알 만한 사람에게 물어보거나 주위에 도움을 청한다. 남자들이 문제해결형이라면 여자들은 관계지향형인 것이다. 나중에 깨달았지만, 그날 저녁 아내에게 필요했던 것은 논리적인 설득이나 해결책이 아니었다. 아내는 그저 자기 생각을 이해해주고 속상한 마음에 공감해주기를 바랐던 것뿐이다.

여자들은 감정공유 어법을 구사한다. 그러나 남자들은 문제해결 어법을 쓴다. 그래서 남자들은 여자들이 무슨 말을 하면 도와달라는 것으로 착각한다. 그래서 해결책과 정답을 말한다. 그러나 남자들이 생각하는 그 정답은 정답이 아니다. 정답은 '그래?' '어허', '그랬구나' '이런…' 등의 감탄사로 추임새를 넣어 맞장구치고 공감해주는 것이다.

경청의 수준이 세일즈맨의 수준이다

사람은 대개 '말하는 법'은 배워도 '듣는 법'은 배우지 못한다. 말하는 입이 3년이면 듣는 귀는 60이 되어서야 열린다. 나이 60을 일컫는 '이순耳順'도 귀가 열린다는 뜻 아니던가. 고객상담에서 경청은 특히 필수적인 요소다. 여기서 강조하는 것은 단지 들으라는 것이다. 해야 할 일만큼이나 하지 말아야 할 일도 중요한데, 그중 하나가 고객의 말을 방해하지 않는 것이다. 사람들은 다른 사람이 말하는 것보다 자신이 해야 할 말이 더 중요하다고 생각하기 때문에 다른 사람의 말을 가로막고 끼어든다. 특히 목적의식이 분명한 세일즈맨은 말을 많이 하고 싶어한다. 세일즈의 고수는 고객이 특별히 먼저 요청하기 전에는 상품 얘기는 입도 벙긋하지 않는다.

서비스맨이나 세일즈맨의 수준은 공감과 경청의 능력에 비례한다. 최고의 서비스와 상담 스킬은 대체로 다음과 같은 단계를 철저히 수행한다.

말을 막지 말고 '귀'를 기울이고1단계, 상대의 '눈'을 쳐다보면서2단계, 가끔씩 고개를 끄덕여주며 잘 듣고 있다는 '태도'를 온 몸으로 보여주고3단계, "속상하셨겠습니다", "당연한 말씀이십니다", "말씀하신 대로입니다"라고 '입'으로 추임새를 넣고4단계, "예리한 지적이십니다", "일부러 전화까지 주셔서 정말 고맙습니다" 하고 상대의 자존심을 한껏 살려주고 '칭찬'해준다5단계.

사람에게 입은 하나이고 귀는 두 개인 까닭은 말하기보다 듣기가 중요하기 때문이다.

핫 버튼을 눌러라

지금으로부터 125년 전인 1884년, 세일즈 역사에 길이 남을 일대 사건이 일어났다. 미국의 존 패터슨은 금전등록기라고 하는 최첨단 제품을 발명하고 NCR_{Nation Cash Register}라는 회사를 설립하여 본격적인 생산에 들어갔다. 그는 NCR에서 생산한 금전등록기를 새로운 마케팅 방식으로 판매하기로 했다. 전담 세일즈맨을 내세운 것이었다. 이때만 해도 판매만을 전담하는 사원은 존재하지 않았고 세일즈맨을 공개 채용한 것도 처음 있는 일이었다.

NCR에 고용된 수많은 세일즈맨은 신제품인 금전등록기를 팔기 위해 이 점포 저 점포 발이 닳도록 뛰어다녔다. 하지만 결과는 처참했다. 대부분의 세일즈맨이 부진한 판매실적을 보이는 가운데, 유독 한 세일즈맨의 판매가 급증하기 시작했다. 패터슨은 그 세일즈맨을 불러 그 비결을 물었다. 그런데 정작 본인도 왜 잘 팔리는지 이유를 잘 모르고 있었다. 함께 이런저런 이야기를 나누던 끝에 패터슨은 아주 중요한 사실 하나를 발견하게 되었다.

이 세일즈맨도 처음에는 다른 세일즈맨처럼 이 점포 저 점포를 열심히 다니면서 금전등록기의 우수성과 기능의 탁월함을 설명했지만 점포 주인들은 아무런 관심을 보이지 않았다. 고민 끝에 그는 제품보다는 점포주 입장에서 무엇이 가장 큰 고민거리이고 그들의 문제를 어떻게 해결해줄 것인가를 생각하기에 이르렀다.

당시만 해도 미국의 점포들은 매출을 집계하고 재고를 관리하는 일이 쉽지 않았고, 특히 점원들이 돈을 슬쩍하는 일이 빈번했다. '삥땅'은 점주들이 가장 골치 아파 하는 문제였다. 이러한 사실을 알게 된 세일즈맨은 점포주들의 고민거리를 짚어가면서 금전등록기가 그 문제를 어떻게 해결할 수 있는지를 이야기하기 시작했다. 단순히 자기 물건을 팔기 위해 제품의 기능만 설명하는 것이 아니라 고객의 입장에서 고객이 안고 있는 문제가 무엇인가를 생각하고, 그것을 해결할 수 있는 솔루션을 만들어 고객이 듣고 싶어하는 이야기로 상담을 풀어나갔던 것이다. 이렇게 해서 그는 고객을 만난 지 몇 분 만에 고객의 관심을 끌어 매출을 올릴 수 있었다.

패터슨 사장은 다음 날 세일즈맨을 모두 모아놓고 이 세일즈맨에게 성공 비결을 설명하게 했다. 미국 최초의 세일즈 교육은 이렇게 시작되었다. 패터슨 사장은 말로만 교육을 한 것이 아니라 화법의 일부를 타자로 쳐서 배포했는데, 이것이 'NCR 프레미어'라는 최초의 세일즈 매뉴얼이다. 이러한 세일즈 스킬 덕분에 다른 세일즈맨들의 업적도 크게 향상되자 NCR은 신규 채용하는 세일즈맨들이 반드시 교육을 받도록 세일즈 스쿨을 열게 되었다.

이 세일즈 스쿨에서 수많은 슈퍼 세일즈맨들이 양성되었는데, 그중 한 사람이 IBM의 설립자인 토머스 왓슨이다. 그는 NCR의 세일즈맨으로 입사하여 영업담당 부사장까지 승진했으며, IBM을 설립한 후 자신이 NCR에서 배운 것처럼 신입영업사원들을 집중 교육시켜서 현장에 배치했다.

나는 강의 때문에 보험설계사들의 이야기를 듣고 그들의 행동을 관찰할 기회가 많다. 그러는 사이 실적이 뛰어난 사람과 실적이 없어 쩔쩔매는 사람의 차이를 한눈에 알아보는 안목이 생겼다. 결정적 차이는 설득의 방식이었다. A는 상대방에게 보험이 얼마나 유용한 것인지를 알려주면서 이처럼 귀중한 정보를 전하는 자신에게 오히려 고마워해야 한다는 듯이 이야기를 건넨다. 반면에 B는 주로 친척과 친지를 찾아가 보험 하나만 사달라는 식으로 통사정을 한다. 자신이 파는 상품에 자부심이 있는 것과 없는 것은 하늘과 땅만큼이나 차이가 크다. 자부심이 있으면 고객을 위한 서비스가 되지만, 상품에 자신이 없으면 강매 내지는 읍소가 될 수밖에 없다. 서비스는 선순환을 낳지만 통사정은 일회성 판매로 그친다.

고객들은 세일즈맨의 실적을 높여주고 이윤을 챙겨주기 위해 상품을 구입하는 것이 아니다. 따라서 서비스맨이나 세일즈맨들은 해당 상품이나 서비스를 사용하면 고객에게 어떤 이익이 돌아가는지 상품의 가치를 설득력 있게 제시해야 한다. 이것이 고객이 자기 필요에 따라 자발적으로 움직이게 만드는 방법이다.

설명하지 말고 실감나게 묘사하라

고객이 자발적으로 움직이게 하는 가장 효과적인 방법은 고객이 구매할 경우의 이익과 구매하지 않을 경우의 불이익이 머릿속에 그려지도록 전문가다운 솜씨로 생생하게 설명하는 것이다. 그러기 위해서는 고객과 이야기할 때 설명보다는 구체적인 실례를 많이 인용하는 것이 효과적이다. 다시 말해서 제품의 기능이나 특성만을 강조하는 일방적인 PR은 고객의 마음을 움직이는 적절한 자극이 되지 못한다. 가장 중요한 자극의 포인트는 고객이 그 상품을 사용함으로써 그의 생활이 어떻게 달라질 것인가 하는 점이다. 특히 여성들은 감수성이 풍부하고 자기 경험을 남에게 말해주기를 좋아하므로 비유와 색깔과 스토리를 담은 이야기가 인상적인 경험과 소문의 원천이 될 수 있다.

예를 들어, 겨울에 보일러를 구입할 사람에게 "무슨 식 난방으로 온도가 몇 도까지 올라간다"고 설명하는 것은 효과적인 설득방법이 아니다. "영하 10도가 넘는 겨울에도 세 살짜리 지윤이가 맨몸으로 데굴데굴 굴러도 좋을 만큼 따뜻하게 지낼 수 있다"는 식으로 고객이 그 상품을 사서 즐겁게 생활하는 장면을 머릿속에 그릴 수 있게 묘사해야 한다.

고객의 인상에 남을 만한 단어, 생동감 넘치는 표현은 구매욕을 자극하는 중요한 포인트다. 가령 '이만기 장사가 올라타도 끄떡없고견고성, 담배갑만한 사이즈크기밖에 안 되며, 최경주가 신었던 신발인기도이고, 김연아의 스케이트를 본뜬 귀걸이디자인이고, 국가대표 축구선수들이 먹는 물신뢰성' 같은 표현이 그것이다.

핵심 니즈에 집중하면 10년 고객도 넘어간다

요즘 이동통신시장의 추세는 휴대폰phone이 아니라 사용하기 쉽고 재미있는 휴대펀fun이다. 대상 고객이 젊은 층이거나 지역이 디자인을 중시하는 유럽이라면 디자인도 더욱 감각적이어야 한다.

몇 달 전 휴대폰이 너무 구식이라는 생각이 들어서 새것으로 바꾸려고 용산 전자상가의 한 점포를 찾았다. 내가 원하는 휴대폰은 글자가 크고 잘 보이게 액정화면이 클 것, 그리고 모바일뱅킹을 이용하고 있기 때문에 모바일뱅킹칩을 장착할 수 있는 기종이었다. 그런데 문제는 그런 휴대폰을 쓰자면 10여 년 동안 가입해온 이동통신사를 바꿔야 한다는 것이었다. 내가 원하는 기종은 다른 통신사의 전용 단말기였다. 고민이 된 내가 판매원에게 말했다.

"10년 이상 가입한 이동통신사의 VIP고객인데, 서비스가 괜찮아서 바꾸기 곤란한데요."

그러자 판매원이 간단하게 이렇게 대답했다.

"이 통신사 서비스도 괜찮고, 이 디자인에 모바일칩은 이것뿐입니다."

하지만 나는 선뜻 결정을 내리지 못했다.

"그런데 너무 비싸요."

판매원은 주저없이 또 이렇게 말했다.

"비싼 편이기는 하지만, 모바일뱅킹칩을 내장한 디자인은 이것뿐입니다."

나는 여전히 불평을 늘어놓았다.

"이렇게 다양한 기능은 필요없어요."

판매원의 대답은 달라진 것이 없었다.

"조금만 배우시면 됩니다. 이 통신사로 바꿔야 모바일뱅킹칩이 내장된 휴대폰을 쓰실 수 있습니다."

정말이지 집요하게 말끝마다 모바일칩 얘기를 덧붙였다. 그는 나의 '핫버튼hot button'이 무엇인지 정확히 알고 집요하게 반복 강조했던 것이다. 결국 나는 그날 10년 넘게 가입해온 이통사를 버리고 새 이통사에 가입했다.

고객이 자발적으로 움직이게 하려면 상품을 구매할 때 중시하는 핵심요소가 고객마다 다르다는 점을 늘 염두에 두어야 한다. 자동차를 살 때도 어떤 사람은 연비를, 어떤 사람은 승차감을, 어떤 사람을 성능을, 자신의 지위를 과시하고 싶은 사람은 배기량이나 디자인을 중시한다. 고객이 100명이면 니즈도 100가지이다. 세일즈맨은 고객이 진정으로 원하는 니즈에 집중하여 제품의 기능 중에서 그 니즈를 가장 잘 충족할 수 있고 차별화된 경쟁력을 발휘할 수 있는 포인트를 찾아내야 한다. 이를 '세일즈 포인트sales point'라고 하는데, 만일 이것이 고객의 구매의사에 결정적인 영향을 미치는 핵심 니즈라면 고객 입장에서 이 세일즈 포인트는 '바잉 포인트buying point'가 되는 것이다.

나한테 휴대폰을 판 판매원이 그랬던 것처럼, 우리가 제품이나 서비스를 판매할 때 꼭 기억해두어야 할 점은 고객이 진정으로 원하는 것을 찾고sales point 거기에 집중하여 어필hot button하라는 것이다. 얼핏 보면 고객들은 상품이나 서비스의 모든 요소를 하나하나 중요하게 생각하는 듯이 말한다. 그러나 내면을 들여다보면 고객마다 핫 버튼이 하나씩 있다. 핫 버튼은 기본적으로 감정적이며 다른 요소들의 문제점을 뛰어넘는 각별한 존재다. 다시 말해서 하나의 핵심 니즈를 충족시키면 고객은 기꺼이 나머지 니즈를 포기할 정도가 되는 것이다.

얼마 전 어느 웹사이트에서 읽은 「꽃이 핀 체리나무」란 글에도 내가 휴대폰을 사게 된 동기와 너무나 흡사한 사례가 실려 있었다.

한 부동산중개인이 어느 부부에게 집을 보여주고 있었다. 그리 근사하지는 않았지만 뒷마당에 꽃이 핀 체리나무가 서 있었다. 그것을 본 부인이 환호성을 질렀다.

"여보! 저 아름다운 체리나무 좀 봐요. 내가 어렸을 때도 우리 집 뒷마당에 체리나무가 있었어요. 체리나무가 있는 집을 얼마나 원했었다고요."

부동산중개인은 부인의 환호성을 머릿속에 새겨넣었다. 그런데 집 안을 둘러보기 시작하면서 부인이 이런저런 불만을 늘어놓았다.

"카펫을 새로 깔아야 할 것 같네요."

그러자 중개인이 대답했다.

"그렇군요. 그렇지만 여기서 밖을 한번 내다보세요. 창문 너머로 아름다운 체리나무가 한눈에 들어옵니다."

밖을 내다본 부인은 체리나무를 보고 미소를 지었다. 부동산중개인은 집을 사는 데 최고 결정권자가 부인이라는 것을 알고 있었다.

부엌으로 들어가자 이번에도 부인이 한마디 했다.

"부엌이 약간 좁군요. 수도관도 오래된 것 같고."

그러자 중개인은 얼른 받아쳤다.

"예, 사실입니다. 그렇지만 저녁을 준비하면서 이 창문으로 밖을 보면 아름답게 꽃이 핀 체리나무를 볼 수 있지요."

그 다음으로 2층으로 올라가 나머지 방들을 살펴봤다. 부인이 고개를 살짝 가로저었다.

"침실이 모두 작네요. 벽지도 구식이고, 방엔 모두 페인트칠을 새로 해야겠군요."

부동산중개인은 또 이렇게 말했다.

"예, 그렇지만 어느 방에서든 뒷마당에 있는 체리나무를 볼 수 있어요."

집을 다 살펴봤을 때쯤 부인은 꽃이 핀 아름다운 체리나무에 빠진 나머지 다른 것은 별로 눈에 들어오지도 않았다. 결국 부부는 집을 사기로 결정했다.

  이 부동산중개인이 매매에 성공한 것은 바로 고객의 핫 버튼을 단번에 파악했기 때문이다. 이렇게 핫 버튼을 통해 구매욕구를 강화하는 전략은 사람들이 분석적인 사고는 좌뇌로 하지만, 구매 결정은 우뇌로 한다는 사실에 근거하고 있다.

  제품을 진짜로 살 고객이라면 '모바일뱅킹칩'이나 '꽃이 핀 체리나무'처럼 진정으로 원하는 뭔가가 꼭 있게 마련이다. 그것이 고객의 핫 버튼이다. 세일즈맨은 질문과 경청을 통해 그것이 무엇인지를 찾아내야 한다. 그래서 설령 고객이 불평을 하더라도 그 불평을 부정적으로 받아들이기보다 고객이 관심을 가질 더 좋은 이점이 있다는 것을 반복해서 강조할 수 있어야 한다. 어떠한 세일즈나 서비스도 고객에게 이보다 더 강한 인상을 심을 수는 없다. 핫 버튼을 누르라!

꽃다발 하나로 자동차를 판 사나이

몇 년 전 새 차를 구입할 때의 일이다. 당시는 색상이 두 가지로 혼합된 차가 처음 선보일 무렵이었는데, 검정과 흰색으로 처리된 포드가 내 마음에 들었다. 나는 할부 구입을 싫어하기 때문에 차를 구입할 돈을 따로 모으고 있었다. 그러다 내 생일이 되었을 때 새 차를 사기 위해 포드자동차 전시장에 들렀다.

그런데 영업사원을 보니 나를 하찮은 손님으로 생각하는 태도가 역력했다. 그는 내가 몰고 온 고물차를 보고는 내가 새 차를 살 만한 능력이 없을 거라고 짐작한 것이 분명했다. 게다가 그 시절 여성들은 쉽사리 신용 거래를 할 수 없었기 때문에 여성이 직접 차를 사는 경우는 아주 드물었다. 따라서 여성들은 영업사원 입장에서 보면 그리 유망한 고객이 아니었다.

그는 별 설명도 하지 않았다. 12시가 되자 그는 점심약속이 있다면서 미안한 표정도 보이지 않고 자리를 떴다. 기분이 무척 상했지만 어쨌든 나는 그 차를 사고 싶었다. 그래서 영업책임자를 만나려고 했다. 그렇지만 그도 자리에 없었다. 1시 이후에나 올 것이라고 했다. 할 수 없이 시간을 보내려고 거리로 나섰다.

마침 길 맞은편에 머큐리 전시장이 있었다. 포드차를 사기로 굳게 마음먹고 있었기 때문에 내가 머큐리 전시장을 둘러본 것은 순전히 시간을 보내기 위해서였다. 전시장에는 노란색 머큐리가 놓여 있었다. 마음에 들기는 했지만 가격표를 보니 구입하기로 마음먹은 포드차보다 훨씬 비쌌다. 그렇지만 머큐리의 영업사원은 아주 친절했고 정성껏 나를 대했다.

이러저런 얘기 끝에 오늘이 내 생일이라고 하자 그 영업사원은 양해를 구하더니 잠시 사라졌다가 다시 나타났다. 15분 후 여직원이 그 영업사원에게 장미꽃 한 다발을 건네주었다. 그는 그 장미 꽃다발을 내게 건네주면서 생일을 축하한다고 했다. 나는 너무 기분이 좋았다. 그리고 망설임 없이 노란색 머큐리를 구입했다.

머큐리의 영업사원은 내게 차를 팔았다. 그의 영업비결은 단지 내게 잘 대접해주었다는 것 하나밖에 없다. 그 영업사원은 내가 여자이고 고물차를 몰고 왔다는 사실에 개의치 않고 나를 성심껏 대접해주었다. 나는 인간이다. 영업사원의 눈에 내가 특별한 고객으로 비치기를 바라는 것은 당연한 일이다. 머큐리 영업사원은 내가 보낸 보이지 않는 신호를 잘 읽었던 것이다.

이 사례는 가정을 방문하여 제품을 판매하는 방식이 아니라 여성들을 집에 초대해서 화장품에 대한 정보를 주고 제품을 판매하는 홈파티home party 방식으로 유명한, 「포천」지가 뽑은 '100대 우수기업'으로 선정된 화장품산업의 여제女帝 메리 케이 애시의 이야기이다.

인간은 두 발, 돈은 네 발

누구나 많은 돈을 벌고 싶어한다. 그러나 무작정 돈을 쫓아다닌다고 돈을 얻을 수 있는 것은 아니다. 돈을 벌고 싶은 욕심이 지나친 나머지 씨앗도 뿌리지 않고 과실부터 따먹겠다는 욕심만 앞세운다면 말이다. 고객들에게 최고의 서비스를 제공하는 웨이터는 팁에 대해 크게 걱정하지 않는다. 최고의 서비스에 신경을 쓰다 보면 돈은 저절로 따라오게 된다.

"회사가 돈 버는 데 집중하면 고객이 도망가고, 고객에게 집중하면 돈은 저절로 따라온다. 돈이란 게 네 발 달린 짐승 같아서 두 발 달린 인간이 아무리 쫓아간다고 돈이 벌리는 것이 아니다. 그러나 두 발 달린 인간이 고객을 열심히 쫓아가면 돈이 뒤에서 따라온다."

신창재 교보생명 회장의 말이다. 돈에 욕심을 부리지 말고 먼저 고객서비스에 열중하면 돈은 자연스럽게 벌린다는 이야기이다. 돈의 씨앗은 바로 서비스다. 서비스를 우선하면 돈은 자연스럽게 따라오게 되어 있다.

가깝고도 먼 사이 – 마케팅, 세일즈, 서비스

한 기업의 마케팅부서와 판매부서 사이에도 고객을 바라보는 시각의 차이가 상존한다. 영업사원은 고객을 한 개인으로 본다. 그러나 마케팅 담당자는 고객을 보기 전에 전체 시장을 본다. 시장의 고객을 보고 이를 다시 세분하여 타깃을 정하고 이에 집중한다.

매출과 이익에 대해서도 서로 다른 관점을 가지고 있다. 마케팅 담당자가 보는 매출은 장기적이다. 그러나 당장의 판매실적이 중요한 영업사원들은 매주, 매월의 판매 실적에 일희일비한다. 실적이 적어 속이 타는 영업사원에게 장기적인 고객관리나 고객의 생애가치lifetime value라는 시각을 가지라는 말은 피부에 와닿지 않는다.

시각의 차이는 판매부서와 서비스부서 사이에도 뚜렷하게 나타난다. 판매부서는 "실적만 좋으면 됐지 무슨 서비스냐?"고 주장한다. 서비스부서는 고객만족에만 전념하면서 세일즈를 돕지 않는다. 심지어 세일즈맨들은 CS 활동이나 서비스담당 부서를 실적 향상에는 도움도 안 되고 돈이나 쓰는 식충이로 매도하고, CS팀이나 서비스부서는 세일즈맨들이 실적을 올리기 위해 터무니없는 약속을 하거나 수당을 챙김으로써 고객불만을 유도한다고 비난한다.

그러나 내가 보기엔 둘 다 하나만 알고 둘은 모르는 우를 범하고 있다. 매리 케이 애시 회장이 알려주는 것처럼 훌륭한 서비스가 훌륭한 세일즈고, 훌륭한 세일즈가 훌륭한 서비스다. 고객은 기업의 어느 부서에서 무슨 일을 하든 누가 접촉해 오든 상관하지 않는다. 그것은 고객의 관심사항이 아니다. 자신이 원하는 품질 좋은 제품을 값싸게, 그리고 훌륭한 서비스를 제때 제공해주면 그만이다. 기업의 목표는 고객을 유치하고 만족시킴으로써 고객을 계속 붙들어두는 것이다. 따라서 마케팅, 세일즈, 서비스는 결코 분리된 별개의 활동으로 생각할 수 없는 동전의 양면 같은 관계다.

고객의 니즈를 충족하고 추가적인 판매기회를 얻는 것이 진정으로 고객을 위한 서비스다. 뛰어난 서비스를 제공하는 데 활용되는 방법은 고객 지향의 세일즈에 활용되는 방법과 조금도 다르지 않다.

두 마리 토끼를 잡는 세일즈 비법

그렇다면 탁월한 서비스로 고객을 만족시켰다고 해서 그것이 씨앗이 되어 저절로 기업의 수익성을 올려줄 것이라 기대해도 될까? 고객만족이 수익 향상을 약속한다는 생각은 막연하고 위험한 발상이다.

최근의 조사결과들을 보면, 고객이 만족한다고 해서 반드시 추가구매나 반복구매를 하는 것은 아니라는 점을 알 수 있다. 그것만으로는 1퍼센트 부족하다. 그러므로 좋은 서비스라는 씨앗을 심으면 고객이 또 올 것이라는 단순한 바람보다는, 고객이 사고 싶다는 마음을 내비칠 때 더 적극적으로 세일즈 기회를 잡는 것이 바람직한 서비스맨의 자세라 할 것이다.

의외로 기업들은 고객이 열어주는 세일즈 기회를 놓치는 경우가 많다. 은행에서 직원이 말 한마디만 덧붙여도 고객이 상품 하나를 더 가입할 수 있고, 병원에서 환자가 별도의 추가검사를 받게 할 수도 있다.

'어느 구름에 비가 들어 있는지 모른다'는 말이 있다. 물론 먹구름에 비가 들어 있을 확률이 높겠지만 아무튼 모든 구름은 비를 내릴 가능성을 내포한다. 세일즈맨들이 날마다 발이 닳도록 구름과 같은 고객을 찾아다니고 수없이 많은 전화를 하지만 판매 성공률은 그리 높지 않다. 반면 서비스맨들은 고객이 필요해서 찾아오는 경우가 대부분이므로 더 편안한 상태로 만나고 고객들도 부담감 없이 직원을 대하기 때문에 마치 먹구름처럼 더 좋은 세일즈 기회를 가지고 있다고 볼 수 있다. A/S를 받기 위해 매장에 들렀다가 서비스맨의 추천을 받고 다른 신제품을 사본 경험은 누구나 갖고 있을 것이다.

축구경기도 세일즈와 닮은 점이 많다.

"축구는 실패투성이 게임이다. 골을 만들어내려고 수많은 드리블과 패스

끝에 겨우 한두 골로 승부가 결정되는 경기다. 그 숱한 시도들은 대부분 실패하고 만다. 축구는 실패를 컨트롤하는 경기다."

축구의 명장 거스 히딩크가 한 말이다. 나는 세일즈도 축구경기와 흡사하다고 생각한다. 그리고 서비스맨을 찾아오는 고객에 대한 세일즈 성공률은 드리블이나 패스가 아니라 전체 경기 내내 겨우 서너 번 찾아오는 코너킥 정도의 찬스라고 본다.

우리가 항시 명심해야 할 것은 앞에서 설명한 것처럼 반드시 서비스라는 씨앗을 심은 후에 세일즈라는 과실을 따야 한다는 것이다. 이 점이 서비스를 통한 세일즈와 일방적인 세일즈와의 차이점이다. 세일즈를 통하여 매출을 발생시키지만, 언제나 핵심은 서비스를 통한 고객만족에 두어야 한다. 또한 훌륭한 세일즈는 서비스를 통해 고객을 행복하게 하고 고객의 구매신호를 적극적인 세일즈 기회로 만드는 쌍방향 작업이다.

내가 직접 겪은 다음의 몇 가지 사례는 드리블이나 패스가 아니라 성공률이 높은 코너킥 같은 기회라고 여겨지는, 서비스를 통한 세일즈를 확인시켜준다.

뒷굽도 갈아드릴까요?

사무실 근처 인도에 구두를 닦는 부스가 서너 개 있다. 나는 주기적으로 구두를 닦지 않고 좀 지저분해 보인다 싶을 때 구두를 닦곤 하는데, 최근에는 아예 한 군데만 정해놓고 찾아간다.

한번은 그저 광택만 내려는데 주인이 내 구두를 뒤집어 바닥을 보면서 "뒷굽 갈 때가 됐는데요"라고 권해서 뒷굽을 갈았다. 그리고 광택 내는 데 2000원, 뒷굽 가는 데 8000원 해서 도합 1만 원을 지불했다.

일주일쯤 후에 다시 들렀더니 부스에 손님 서너 명이 앉아서 기다리고 있고 주인은 조금 바쁜 듯했다. 주인은 미리 벗어둔 내 구두를 다 닦고 나더니 나를 쳐다보지도 않고 불쑥 한마디 던지는 것이었다.

"손님, 뒷굽도 갈아드릴까요?"

일주일 전에 바로 여기서 새로 바꾸었는데도 말이다. 어쨌든 그 말이 빌미가 되어 이런저런 이야기를 나누게 되었다. 주인 이야기로는 "뒷굽 갈 때가 됐는데요?" 하고 물어보지 않으면 어느 손님도 먼저 "광택 내고 뒷굽도 갈아주세요"라고 요청하지 않는다는 것이다.

실제로 주인은 모든 고객에게 한결같이 "뒷굽도 갈아드릴까요?" 하고 묻고 있었다. 바로 이런 사람들이 고객에게 좋은 서비스를 제공하면서 더 많은 소득을 올리는 기회를 잡는 서비스맨이다.

주유소의 주유원

내가 주유소에 갈 때마다 대부분 아르바이트를 하고 있는 주유원들에게 해주는 말이 있다. 주유원들은 꼬박꼬박 "얼마치 넣어드릴까요?"라고 묻는다. 그럴 때 나는 주유원에게 "얼마치 넣어드릴까요?"라고 묻지 말고 "가득 채워드릴까요?"라고 물으라고 코칭해준다. 긍정적으로 물을 때 긍정적으로 대답할 가능성이 훨씬 높기 때문이다.

나는 교육하는 셈치고 "얼마치 넣어드릴까요?"라고 물으면 "3만 원어치요"라고 대답한다. 그러나 "가득 채워드릴까요?" 하고 물으면 "네!" 또는 "그러세요" 하고 6만 원어치 정도 넣는다. 단 한마디 질문내용만 바꿔도 많게는 2배 정도의 매출을 올릴 수 있는 기회를 주유소 사장님들은 모르는 듯하다.

어느 은행의 전세자금 대출

정부는 주택 공급을 늘리고 분양가를 낮추기 위해 노력하지만 여전히 전세를 면치 못하고 있는 무주택자가 많다. 신도시 아파트는 청약저축이나 청약예금 가입자에게 분양되는데, 문제는 집을 갖지 못한 이들 중에 아직도 청약 관련 상품에 무관심한 사람이 많다는 것이다.

"그 옷은 오늘까지 30퍼센트 세일입니다"라며 추가정보를 제공하고, "뒷굽 갈 때가 됐는데요"라고 권하듯이 집을 갖지 못해 전세자금을 대출받으러 오는 고객에게 은행창구에서 꼬박꼬박 "청약통장 있으세요? 지금이라도 늦지 않았습니다"라며 고객의 관심을 자극하고 내 집 마련에 대해 자상하게 상담해준다면 이것이야말로 인사 잘하고 미소 짓는 것보다 한 차원 높은 진정한 고객만족이 아닐까. 또한 그 결과로 은행은 청약통장 가입자를 평소보다 5배 정도 늘릴 수 있다. 이는 지점장 시절에 내가 시도해서 증명해 보인 사실이다.

낮엔 노점상, 밤엔 호화갑부

미국 뉴욕에서 야채껍질깎이 노점상을 하는 74세의 노인이 사실은 세계에서 가장 비싼 주택가의 아파트를 소유한 거부라는 사실이 언론에 보도된 적이 있다. 그의 장사수완도 함께 소개되었는데, 노인은 이렇게 팔고 있었다.

"이 야채껍질깎이는 5달러. 결코 녹이 슬지 않아 평생 사용합니다."

그러면서 고객이 하나를 사겠다고 하면 "결코 녹이 슬지 않는 이 껍질깎이를 왜 여러 개 사야 할까요? 친구들에게도 줘야죠~"라고 흥얼거렸다.

이 노인의 사례에서 보면, 우리는 고객을 반드시 '그 물건을 직접 사용할 사람'으로만 한정지을 필요가 없다는 사실을 알 수 있다. 이처럼 발상을 전환하면 고객의 친구, 선후배 모두를 고객으로 만들 수 있다.

와이셔츠 판매원은 셔츠에 어울리는 넥타이를 함께 보여주고, 신발 판매원은 편안한 깔창을 써보겠느냐고 물어볼 수 있다. 자동차정비소에서는 타이어를 무료 점검해주면서 안전을 위해 이제 교체하실 때가 되었다고 권하고, 햄버거를 사러 온 손님에게는 음료수는 무얼 드시겠느냐고 꼬박꼬박 묻도록 서비스를 설계해야 한다. 자동차정비소에서는 세차를 권하거나 구두를 닦아주고 나서는 "뒷굽도 갈아드릴까요?"라고 끊임없이 관심을 보여서 고객의 욕구를 자극하고, 고객이 미처 생각지 못한 요구사항을 채워주면서 세일즈와 서비스라는 두 마리 토끼를 모두 잡아야 한다.

'하나를 팔고 더 필요한 것 하나를 덧붙여 바로 팔아야 고객이 만족하고 덩달아 영업실적이 높아진다.'

서비스맨을 위한 세일즈 스킬

1. 서비스맨이 세일즈를 하면 효과가 높다

영업부서는 세일즈만 하고, 서비스 부서는 서비스만 해서는 오늘과 같은 경기 침체와 무한 경쟁에서 살아남을 수 없다. 누구는 팔고 누구는 서비스해야 한다는 구분법은 올바르지 않다. 매출을 늘리고 고객을 사로잡는 일에 부서나 직급의 제한을 두면 안 된다.

일반적으로 고객은 전문 세일즈맨의 제안보다 서비스맨의 제안을 더 호의적으로 받아들인다. 영업사원의 권유보다 A/S 담당직원이나 제품 사용법을 설명하는 직원의 제안을 덜 경계하기 때문이다.

2. 추가 서비스는 고객이 요청하기 전에 제안하라

고객이 요청하기 전에 좋은 서비스를 제안하라. 옆구리 찔러 절 받기로 부탁받고 해주는 서비스는 서비스가 아니듯이 미리 제안해야 감동의 크기가 더욱 커진다. 고객이 조금이라도 사고 싶은 눈치를 보이면 그 순간을 놓치지 않고 고객의 마음을 잡는 테크닉이 필요하다. 매장에서 커피를 마시던 손님들이 샌드위치 진열대를 보면서 '저거 한번 먹어볼까 말까'라는 눈치를 보이면 얼른 고객의 속내를 파악하고 "하나 맛보시겠어요?" 하고 묻는 센스가 있어야 한다.

3. 판매는 물 흐르듯이 자연스럽게 권하라

추가판매를 할 때는 고객을 도와주듯이 자연스럽게 권해야 한다. 매출을 올리기 위한 노골적인 제안은 고객의 경계심을 발동시킨다. 성심성의껏 서비스를 한다면 자연스럽게 추가 판매가 이루어진다. 구두를 팔고 나서 "이 구두에 맞는 편안한 깔창도 하나 드릴까요?" 하며 추가구매 의사를 타진해야 한다. 이때는 반드시 비싼 것을 먼저 구입하게 해야 한다. 예를 들어 50만 원짜리 정장을 판매하고 난 다음에 5만 원짜리 와이셔츠를 판매해야 한다. 누구나 5만 원짜리 와이셔츠는 비싸다고 생각하지만 50만 원짜리 정장을 구입한 고객에게 5만 원짜리 와이셔츠는 괜찮은 가격으로 보이게 마련이다.

4. 클로징의 적절한 타이밍을 놓치지 말아야 한다

고객에게 제품에 대해 어느 정도 설명했다고 생각되거나 혹은 설명하는 도중에 고객이 제품에 대해 신호를 보이면, 바로 의사를 현실화하는 클로징

closing에 들어가야 한다. 결정을 못하고 고객이 망설이고 있을 때는 미소를 띤 채 기다리는 것이 아니라 서비스맨은 조금 주도적으로 고객이 제품을 선택하도록 더 적극성을 발휘해야 한다.

"고객님, 지금처럼 변동성이 심하고 주가가 조정을 받고 있을 때는 적립식 펀드로 결정하시는 것이 유리합니다"라고 결정을 촉구해야 한다.

"고객님, 그렇다면 거치식으로 할까요, 적립식 예금으로 해드릴까요?"나 "고객님, 이 샌드위치는 맛있어요"보다 더 강한 추천은 "어느 것을 드려볼까요?"라고 말함으로써 양자택일 식으로 이미 구매가 확정된 것처럼 의논하듯 해야 한다.

5. 해피콜을 통하여 소개 부탁을 곁들여라

한 건의 거래를 성사시켜 이윤을 남기기란 그리 어려운 일이 아니다. 그러나 한 명의 단골고객을 확보하는 일은 쉬운 일이 아니다. 진정한 서비스의 목적은 거래를 성사시키는 것뿐만 아니라 내 서비스에 만족스러워하는 단골고객을 얻는 일이다. 상품을 판매하고 난 후에 해피콜happy call을 통하여, '구입해주셔서 감사하다'는 뜻과 다시 한 번 세일즈 포인트를 강조하면서 "참 잘 구입하셨습니다"라고 말한다면 고객의 만족도가 더욱 높아진다. 고객이 흐뭇한 기색을 보이면 때를 틈타 은근한 '소개 부탁'을 곁들이는 것을 잊지 말아야 한다. 누군가 오기를 희망하면서 가만히 앉아 있는 것보다 훨씬 효과적인 판매기회다.

추녀가 있어야 미녀가 빛난다

§

한 이발사가 이발기술을 배우려는 젊은 도제를 한 명 들였다. 젊은이는 3개월 동안 열심히 기술을 익혔고 드디어 첫번째 손님을 맞이했다. 그는 그동안 갈고닦은 기술을 최대한 발휘해 첫번째 손님의 머리를 열심히 깎았다. 그러나 거울로 자기 머리를 본 손님이 투덜거리듯 말했다.

"머리가 너무 길지 않나요?"

초보 이발사는 손님의 말에 아무 말도 하지 못했다. 그러자 그를 가르쳤던 이발사가 웃으면서 말했다.

"머리가 너무 짧으면 경박해 보입니다. 손님에게는 긴 머리가 아주 잘 어울리는데요."

그러자 손님은 금방 기분이 좋아져서 돌아갔다. 두번째 손님이 들어왔다. 이발이 끝나고 거울을 본 손님은 마음에 들지 않는 듯 말했다.

"너무 짧게 자른 것 아닌가요?"

초보 이발사는 이번에도 역시 아무런 대꾸를 하지 못했다. 선배 이발사가 다시 거들며 말했다.

"짧은 머리는 긴 머리보다 훨씬 경쾌하고 정직해 보인답니다."

이번에도 손님은 매우 흡족한 기분으로 돌아갔다. 세번째 손님이 왔다. 이발이 끝나고 거울을 본 손님은 머리 모양은 무척 마음에 들어했지만 막상 돈을 낼 때는 불평을 늘어놓았다.

"시간이 너무 많이 걸린 것 같군."

초보 이발사는 여전히 우두커니 서 있기만 했다. 그러자 이번에도 선배 이발사가 나섰다.

"머리 모양은 사람의 인상을 좌우합니다. 그래서 성공한 사람들은 머리 다듬는 데 많은 시간을 투자하지요."

그러자 세번째 손님 역시 매우 밝은 표정으로 돌아갔다. 네번째 손님이 왔고 그는 이발 후에 매우 만족스러운 얼굴로 말했다.

"참 솜씨가 좋으시네요. 겨우 20분 만에 말끔해졌어요."

이번에도 초보 이발사는 무슨 대답을 해야 할지 몰라 멍하니 서 있기만 했다. 선배 이발사는 손님의 말에 맞장구를 치며 말했다.

"시간은 금이라고 하지 않습니까? 손님의 바쁜 시간을 단축했다니 저희 역시 매우 기쁘군요."

그날 저녁에 초보 이발사는 자신을 가르쳐준 이발사에게 오늘 일에 대해서 물었다. 이발사는 말했다.

"세상의 모든 사물에는 양면성이 있다네. 장점이 있으면 단점도 있고 얻는 것이 있으면 손해 보는 것도 있지. 또한 세상에 칭찬을 싫어하는 사람은 없다네. 나는 손님의 기분을 상하게 하지 않으면서 자네에게 격려와 질책을 한 것뿐이라네."

매일같이 배달되는 새벽편지에서 본 「재치 있는 이발사의 말솜씨」라는 제목의 글이다. 이 편지 내용대로 세상의 모든 사물에는 양면성이 있다. 장점이 있으면 반드시 단점이 있는 법이다. 이 양면성을 무시하여 요즘 곤욕을 치르고 있는 대표적인 곳이 증권회사나 은행의 PB들이다. 2007년 대세 상승장에 가입한 투자상품이 2008년 세계적인 주가 급락으로 반 토막 나면서 투자자들의 원성이 하늘을 찌를 듯했기 때문이다. 특히 큰 손실을 입은 투자자들이 투자 위험성에 대한 충분한 설명 없이 가입을 권유한 펀드판매사의 감언이설에 속아 넘어갔다며 항의하는 통에 불완전판매를 둘러싼 분쟁이 급증세를 보였다.

단점, 숨겨야 하나 밝혀야 하나

어떤 회사의 상품 카탈로그를 보거나 세일즈맨의 설명을 들어봐도 한결같이 자기 회사 상품이 경쟁사 것보다 좋고 최고의 조건과 혜택을 모두 보장한다는 식으로 장밋빛 일색이다. 단점이나 주의사항은 거의 언급하지 않는다. 그런데 누가 이들의 얘기를 믿을까? 고객의 수준은 날로 높아지고 있다. 최근에는 입소문이나 인터넷 등을 통해 오히려 고객이 더 많은 정보를 갖고 있기도 하다. 그런데도 대부분의 세일즈맨은 여전히 제품의 장점만을 강조하고 조그만 단점조차도 인정하려 들지 않는다. 그러나 때로는 단점까지 인정하는 솔직함이 고객의 마음을 움직이는 열쇠가 되기도 한다.

상품의 좋은 점, 우수한 기능만을 강조하는 설득방법을 '편면제시법'이라 하고, 장점과 단점을 동시에 설명하면서 비록 약간의 단점은 있지만 다른 훌륭한 장점들이 그것을 훨씬 능가한다는 식으로 설득하는 방법을 '양면제시법'이라 한다. 고객서비스 측면에서나 세일즈 측면에서 어느 것이 더 설득력이 있고 고객에게 만족스러울지는 두말할 필요가 없을 것이다. 펀드판매사들이 투자상품의 위험성을 사전에 조금이나마 설명해주었다면 주가 폭락사태로 인한 충격과 분쟁도 훨씬 줄어들지 않았을까?

회사가 자사 제품의 단점을 먼저 언급하면 고객은 그 회사가 정말로 정직하고 믿을 만하다는 인상을 받는다. 그리고 그후에 제품의 진짜 장점을 홍보하면 훨씬 더 호감을 갖게 된다.

세일즈 심리에서 고객은 직원에게 친밀감을 느낄 때 경계심이 사라지고, 경계심이 높아지면 친밀감이 줄어든다. 고객이 '이거 혹시 속는 것은 아닐까?'라고 생각하는 경우 중의 하나는 뭐든지 고객에게 유리한 이야기만 했을 때다. 자연 경계심도 높아질 수밖에 없다. 결혼 중매쟁이의 경우를 생각해보면 이해가 쉽다. 중매쟁이나 상대방의 거짓말에 속아서 결혼한 두 청춘 남녀가 나중에 진실이 밝혀지면서 파탄에 이르렀다는 이야기는 너무나 흔하다. 듣기 좋은 말만 늘어놓은 결과다. 똑똑하고, 돈 잘 벌고, 잘 생기고, 조건 좋은 남자는 한 번쯤 의심해보아야 한다. 속이는 쪽도 나쁘지만 이리저리 체크해보지 못한 당사자도 어느 정도 책임이 있다. 특히 중매쟁이는 속성상 결혼을 성사시키기 위해서 좋은 점을 과장하고 달콤한 거짓말을 덧붙일 필요가 있을지 모른다. 그러나 어느 것 하나 흠잡을 데 없는 사람이라면 그거야말로 진짜 불량품이 아닌지 의심할 일이다.

신상품 옆에는 못난이 상품을

양면제시법을 통해 고객에게 모든 위험성과 단점, 그리고 장점을 설명한 후에 고객 스스로 판단하고 선택하게 했을 때는 나중에라도 억울한 마음이 들지 않는다. 즉, 고객이 결정하게 해야 나중에 투자에 대한 손실 책임을 본인 스스로에게 돌리고 회사와 직원을 미워하지 않는다. 세일즈맨은 상대에게 좋은 점과 단점을 모두 설명하면서 그래도 역시 훌륭한 신랑감이라는 착한 중매쟁이 역할을 담당해야지 두 사람 결혼의 결정권자가 되어서는 안 된다. 다시 말해 항해사가 되어야지 조종사가 되어서는 안 된다.

다른 관점에서 한 가지를 더 생각해보자. 선택권 부여는 심리적으로 고객 만족도를 높이는 훌륭한 서비스가 된다. 고객에게 선택의 기회를 주는 것은 서비스 관점에서 만족감을 높이고 고객에게 배려의 느낌을 충분히 전달하는 긍정적 효과가 있다. 우리도 이따금 경험하지만 내 자유의지로 선택했을 때 심리적인 만족감과 책임감이 더 증가한다. 똑같은 대학에 가도 부모가 권해서 갔을 때와 자신이 선택했을 때의 만족도가 다르다. 배우자를 선택하는 경우에도 마찬가지다. 자신이 선택했다는 이유 하나만으로 만족감이 증가하고 더 큰 만족을 얻기 위해 노력하게 된다. 자신의 선택에 책임을 지려고 하기 때문이다.

'사람들은 스스로 선택하고 결정하기를 원한다'는 심리학적 지식은 비즈니스 세계에서도 많이 활용된다. 예를 들어 회사에서 상사에게 결재를 받을 때 항상 1안과 2안이 함께 올라가는 것도 그 때문이다. 90퍼센트의 상사가 1안을 선택할 것이 확실하지만 상사에게 선택이라는 만족감을 주려는 것이다.

고객의 선택권이 빛을 발하는 또 다른 추가이득은 이른바 유인효과attrac-tion effect를 발휘한다는 점이다. 유인효과란 미녀들만 있을 때보다는 미녀 옆에 추녀가 같이 있을 때 미녀에게 더 끌리는 심리를 말한다. 고려대 윤성아 교수와 미국 스탠퍼드대 시몬슨 교수가 「소비자연구저널Journal of Customer Research」에 발표한 연구결과에 따르면 신상품이 출시될 때도 신상품만 진열하는 것보다 신상품 옆에 못난이 상품을 함께 놓을 때 판매효과가 더 높다고 한다. 이 연구는 "품질은 비슷하지만 외형이 떨어지는 제품이 함께 진열되면 소비자들은 외형이 멋진 제품에 더 높은 신뢰감과 만족감을 느끼며 이런 유인효과는 시간이 지나도 크게 달라지지 않는다"고 주장한다. 가령 진열대에 볼펜과 컵이 나란히 있다고 하자. 볼펜을 살 확률은 50퍼센트라고 볼 수 있다. 그런데 여기에 디자인이 한참 떨어지는 볼펜을 함께 진열하면 3가지 상품 중 원래 있던 볼펜을 살 확률이 70~80퍼센트로 높아진다는 것이다.

제품의 장점을 부각시키고 단점까지 밝히는 것, 여러 상품을 비교해서 선택하게 하는 것은 직원이 항해사로서 고객에게 조종권을 맡기는 일에 비유할 수 있다. 고객에게 조종권을 넘기는 것은 훌륭한 서비스가 되는 동시에 민원을 예방하고 세일즈 효과를 배가시키는 일거삼득의 지혜가 된다.

6

내 고객을
평생 내 곁에

평생고객을 만드는 CS전략

역전다방의 몰락

　7080세대에겐 역전다방과 음악다방에 대한 추억과 그리움이 있다. 어느 날 역전다방 한구석에 앉아서 냉커피 한 잔을 시켜놓고 30여 분을 기다리고 있었다. 만나서 함께 대구에 가기로 한 친구는 차가 많이 밀리는 모양이었다. 그런데 다방 안은 나 말고는 손님이 한 사람도 없었다. 내가 무료해 보였는지 주인 아줌마가 고맙게도 말동무를 해줄 심산으로 앞자리에 앉기에 내가 먼저 한마디 물었다.

　"요즘 장사가 잘돼요?"

　"통 안 돼요."

　"이렇게 목이 좋은, 말 그대로 '역전다방'인데 왜 손님이 이렇게 없죠?"

　"이놈의 휴대폰이 생겨서 그렇습니다."

"...?"

'휴대폰이 생겨서 그렇다'는 말에 의아해하자 주인의 설명이 이어졌다. 전에는 다방에서 나오는 수입으로 두 아들 대학공부까지 모두 시킬 수 있었다고 했다. 내 경험으로도 역전다방은 기차여행객들의 만남의 장소였다. 그런데 지금은 굳이 역전다방이란 약속장소가 필요치 않게 되었다. 휴대폰 때문이다.

그간 역전다방 몰락의 주원인이 편의점이나 패스트푸드점, 스타벅스 때문이거니 여겨왔던 나는 주인의 말을 듣고 어떻게 휴대폰이 다방을 몰아냈는지 이해가 갔다. 다시 생각하니, 서울역과 영등포역 옆으로 즐비했던 역전다방을 순식간에 밀어낸 것은 패스트푸드점과 커피숍, 스타벅스로 옮겨간 고객들의 취향 때문만은 아니었다. 이동통신이 출현하면서부터 누군가와 만날 때 굳이 역전다방에 들어가 사람을 기다릴 이유가 없어진 것이다. 다방만이 아니었다. 비운의 삐삐도 휴대폰의 등장으로 1500만 고객을 단 2년 만에 잃었다. 지금 유행하는 디지털카메라의 최대 경쟁자 역시 휴대폰일 것이다.

얼마 전 코카콜라의 네빌 이스델 회장이 "코카콜라의 진정한 경쟁자는 휴대전화 서비스와 같은 상품들"이라고 한 말이 여러 매스컴에 소개된 적이 있다. 여가를 즐기면서 콜라를 마시기보다 휴대폰으로 음악을 듣는 것이 더 가치 있다고 여기게 된다면 고객들은 주저없이 소비형태를 바꿀 것이라는 뜻이다. 이런 차원에서 보자면 코카콜라의 경쟁자는 단지 휴대폰뿐이 아니라 소비 가능한 모든 제품이 그에 해당된다. 이것이 바로 무한경쟁이다.

수년 전의 일이지만, 국내 항공사 신입사원 교육에 들어갈 때마다 내가 빠짐없이 처음에 던지는 질문은 이것이었다.

"여러분 항공사의 생존에 위협을 주는 경쟁상대는 어느 회사입니까?"

돌아오는 대답은 예상했던 대로였다. 그들은 언제나 경쟁항공사를 꼽았다. 국내 항공사는 대한항공과 아시아나 두 항공사밖에 없었으니까. 그러면 나는 다시 이렇게 물었다.

"몇 년 후에는 고속전철이 개통된다고 합니다. 그때 만약 내가 부산을 가야 한다면 두 항공사 중 어느 항공사를 선택할지 고민할 것 같습니까? 태풍이 오거나 안개가 짙게 끼어도 결항할 리가 없고 20~30분쯤 전에 도착해서 수속할 필요도 없고, 김해공항에서 부산 도심으로 가려면 40~50분을 잡아 먹고…. 저 같으면 어느 항공사 비행기도 타지 않고 고속전철을 탈 겁니다."

이것은 먼 앞일을 내다보는 안목이라 할 것도 없는 이야기였다. 조금만 고개를 들어도 바로 보이는 자명한 답이었다. 몇 년이 지난 지금, 그때의 내 예상은 현실이 되었다.

얼마 전인가 '지하상가의 상인들이 홍역을 앓고 있다'는 뉴스를 보았다. 홍역의 원인은 횡단보도였다. 영등포역 앞에 버스전용차로를 만들면서 지하상가 출입구 근처에 횡단보도가 설치되었다. 빠르고 편한 횡단보도를 사용하는 사람들이 늘면서 당연히 지하상가의 유동인구가 줄어들었고 매출이 급감했다. 이 바람에 지하상가 상인들의 가슴이 하나같이 숯덩이처럼 타들어가고 있다는 거였다.

역전다방이 휴대폰 때문에, 빵집이 카드사의 할인경쟁 때문에, 지하상가는 횡단보도 때문에 장사길이 막혀버린다. 많은 업종에서 이런 유의 예가 허다한 것이 작금의 상황이다.

경쟁의 핵심은 경쟁사가 아니라 고객이다

『나이키의 상대는 닌텐도다』라는 책이 있다. 나이키의 주 타깃인 청소년들이 닌텐도 게임에 정신이 팔려 집 밖에서 운동을 하는 시간이 줄어들면 운동화의 매출이 줄어들 수밖에 없는데, 이처럼 이제는 스포츠업체와 게임업체 등 이종업체 간에 누가 고객의 시간을 더 많이 차지하는가를 놓고 경쟁하는 세상이 되었다는 것이다.

과거의 치열한 경쟁이 주로 같은 업종 내의 업체들 간에 시장점유율을 높이기 위해서였다면, 업종 간의 장벽이 붕괴되고 있는 오늘날의 시장환경에서는 고객의 시간점유율을 높이기 위한 경쟁이 보다 큰 의미를 갖게 되었다. 기세 좋게 성장하던 싸이월드의 성장을 정체시킨 주범으로 카트라이더 게임을 꼽는 것도 이런 까닭이다.

시간점유율 경쟁은 이처럼 고객의 시간과 신뢰를 더 많이 차지하기 위한 이종업체 간의 치열한 경쟁이다. 이 경쟁의 핵심은 '경쟁사보다 고객이 더 중요하다'는 것이다. 결국 기업의 수익은 고객의 시간에서 나오게 된다. 이런 맥락에서 관찰해보면 영화관과 패밀리 레스토랑은 고객의 저녁 외출시간 2시간을 놓고 싸우는 치열한 경쟁자가 된다. '누가 고객에게 의미 있는 시간을 줄 수 있느냐'를 놓고 싸워야 한다.

한번은 점심시간에 영화관의 임원 한 분을 만났는데, 빌딩 안에 변변한 식당이 없어서 대접할 만한 것이 마땅하지 않다면서 패밀리 레스토랑이 입점하면 좋겠다고 했다. 그러나 그건 안 될 말이었다. 내가 주말 저녁에 가족과 2시간짜리 외출을 즐긴다면 영화관과 패밀리 레스토랑 중 하나를 선택할 것이기 때문이다. 한 건물 안에 나란히 붙어 있는 커피숍, 같은 동네 빵

집이 경쟁상대가 아니다. 영화관과 패밀리 레스토랑은 서로 외출 고객을 붙잡는 경쟁상대가 될 수 있다.

5~6년쯤 전의 일로 기억된다. 국내 자동차회사의 임원에게 앞으로 가장 큰 경쟁자는 누가 될 것 같으냐고 질문한 적이 있다. 그러자 뜻밖에도 주유소의 체인망이라는 대답이 돌아왔다. 주유소 체인망이 운전자들에게 휘발유를 팔면서 기왕에 드나드는 고객들의 편의를 위해 경정비사업을 벌이게 될 것이라는 것이 그 이유였다. 논리인즉슨, 주유소 체인망은 결국 고객 차량에 대한 정보를 축적하게 되고, 자연스레 중고차 매매업에까지 뛰어들어도 될 만한 데이터베이스를 갖추게 되며, 조만간 중고차 매매업이 사업이 된다고 깨닫는 순간이 올 것이고, 자동차 딜러로서 사업자등록을 하는 수순이 예상된다는 것이다.

그런데 그것이 정말로 현실이 되어버렸다. SK주유소에서는 이미 스피드메이트를 통해 차량 정비, 자동차용품 판매, 중고차 매매, 자동차보험, 자동차 검사, 폐차 서비스 등을 하기 시작한 것이다. 고객을 가장 가까이서 만나는 주유소 체인망이 자동차 판매업에까지 나서면서 자동차 판매 유통망 구축에 주력해온 자동차회사로서는 새로운 경쟁자를 맞은 셈이다. 주유소 체인망과 자동차 판매업자 사이에는 전통적인 사업의 경계가 완전히 무너지게 되었다.

이제 CS경영은 경쟁사에 주목하기보다 고객에게 어필할 가치와 존재 이유를 만들어야 한다. 그러기 위해서,

첫째, 경쟁자를 확인한다.

지금도 많은 기업에서 동종업자만을 경쟁자로 간주해 더 좋은 제품과 서비스를 제공한다고 자랑하고 있다. 마치 '우리 백화점에서 파는 냉장고가

제일 성능이 좋고 A/S가 탁월하다'고 주장하는 꼴이다. 하지만 고객은 가격과 성능과 서비스를 비교할 뿐 백화점이건 인터넷쇼핑몰이건 홈쇼핑이건 판매채널을 구분하지 않는다.

둘째, 폭넓은 안목으로 고객을 정의해야 한다.

당신 회사의 고객은 누구인가? 많은 사람이 저지르는 실수 중의 하나가 고객을 제품의 구매자에 국한해서 아주 좁게 정의한다는 것이다. 고객에는 3종류가 있다. 구매자, 사용자, 영향력자이다. 예를 들어 아이가 감기에 걸려 어머니가 약국에 가서 약을 산다고 하자. 이때 어머니는 구매자이고, 아이는 사용자이며, 의사와 약사는 영향력자이다. 이들 모두가 중요한 고객집단인데도 많은 사람이 일부만 고객으로 생각하여 다른 고객집단을 놓치는 실수를 저지른다. 은행의 주택담보대출에서도 실제로 가장 큰 결정권을 쥔 사람은 다른 사람이 아닌 부동산중개업자인 경우가 많다. 대출실적이 뛰어난 은행직원들을 보면 대부분 근처 부동산중개업자들과 돈독한 관계를 맺고 그들이 원하는 서비스를 제공하고 있다.

셋째, 경쟁의 패러다임을 바꿈으로써 새로운 시장 수요를 창출한다.

1980년대 초 코카콜라는 미국 음료시장의 35퍼센트를 차지하고 있었다. 코카콜라 직원들은 콜라시장은 이미 성숙한 시장이기 때문에 더 이상 성장할 수 없다는 사고방식을 가지고 있었다. 코카콜라의 전 회장 로베르토 고이주에타는 임원회의에서 전 세계적으로 한 사람이 마시는 액체가 평균 얼마나 되느냐고 물었다. 대답은 64온스였다. 다시 한 사람이 하루에 마시는 코카콜라가 평균 얼마나 되느냐고 물었다. 대답은 2온스였다. 끝으로 그는 코카콜라의 '위 점유율share of stomach'이 얼마나 되느냐고 물었다. 미국 콜라시장 혹은 세계 음료시장의 점유율이 아닌, 전 세계 모든 사람이 하루에 마시는 액체 중 코카콜라가 차지하는 비율은 3퍼센트로 아주 미미했다.

코카콜라 직원들은 자신들의 적이 펩시라는 고정관념을 가지고 있었다. 하지만 이들의 적은 커피, 우유, 그리고 물이었다. 고이주에타 전 회장은 "코카콜라의 경쟁상대는 다른 청량음료들이 아니라 물이다. 물과 경쟁했을 때, 우리의 시장점유율은 35퍼센트가 아니라 3퍼센트밖에 되지 않는다. 그러므로 우리는 고객의 '위 점유율'에 신경을 써야 한다"면서 강력한 마케팅을 수행하여 오늘날의 코카콜라를 탄생시켰다.

넷째, 특정 만족요인을 부각시켜 블루오션을 만든다.

우리는 그간 동종업자 간의 치열한 경쟁의 함정에 사로잡혀 정작 고객이 원하는 가치를 찾아내야 한다는 사실을 깜박 잊고 있었는지 모른다. 고객은 각 만족요소의 합인 전반적인 만족도를 고려하여 구매를 결정하는 것이 아니라, 자기 니즈에 초점을 맞춘 특정 요소별 만족도에 더 큰 영향을 받는다.

고객은 중요한 니즈가 충족되면 다른 니즈는 중요하지 않게 생각한다. 최근 브랜드 아파트들 간의 경쟁이 치열해지면서 고객들의 니즈는 과거에 비해 상당히 까다로워졌다. 그 결과 우수한 품질의 아파트라 할지라도 고객들은 내부구조, 옵션사항, 단지 내 시설에 관해 많은 불만을 제기하고 있다. 흥미로운 것은 동일한 품질의 아파트라 할지라도 최근 가격이 급등한 아파트에서는 하자보수에 대한 요구가 거의 없다는 것이다. 이것은 고객들이 쾌적하고 편리한 주거환경이라는 니즈 외에 투자가치라는 니즈를 더 중요하게 생각하고 있고 이것이 충족되었기 때문에 생기는 현상이다. 이처럼 한정된 자원과 노력을 통하여 상대적으로 더 중요한 니즈에 집중하는 것은 불황기에 특히 유용한 CS경영전략이 될 수 있다.

마지막으로, 경쟁을 뛰어넘어 고객이 원하는 새로운 가치를 만든다.

오늘의 경쟁환경에 맞추기 위해서는 동일업종 내 고객만족도 비교에서 벗어나 그 초점을 시간점유율과 같은 가치를 창출하는 데 맞추고 고객이 선택하는 이유를 재설계해야 한다. 사우스웨스트항공은 그 대표적 사례다. 사우스웨스트는 비행기의 빠른 속도에다 자동차의 경제성, 운항빈도를 높이는 유연성을 더함으로써 경쟁이 없는 새로운 시장인 블루오션을 창조했다. 예컨대 자동차산업으로부터 몇 가지 요소를 가져와 새롭게 창조해냄으로써 탑승객들에게 전례 없는 가치를 제공하고 저비용 비즈니스 모델로 새로운 존재 이유를 만들어냈다. 운항 초기 댈러스-샌 안토니오 간 타 항공사 요금이 69달러일 때 사우스웨스트는 단 15달러에 서비스를 제공함으로써 많은 고객을 끌어왔다. 이제 항공사의 경쟁상대는 GM, 도요타 같은 지상의 자동차가 되었다.

따라서 경쟁환경에 부응하기 위한 CS경영의 추진방향을 간단하게 표현하면 이렇게 될 것이다.

전체 고객만족도→목표 고객만족도
종합만족도→요소별 만족도
업태 내 만족도→업태 간 만족도

선택받는 곳엔 '특별한 이유'가 있다

저명한 경영학자 피터 드러커는 10초 안에 고객이 우리 회사를 선택해야 하는 이유를 이야기할 수 있어야 한다고 강조한 바 있다. 초우량기업들은 고객에게 선택받는 확실한 이유를 갖고 있다. 노드스트롬백화점의 탁월한 서비스, 월마트의 저렴한 가격, 리츠칼튼의 맞춤서비스, 페덱스의 스피드, 디즈니랜드의 특별한 경험이 그렇다. 두바이는 불리한 여건에도 불구하고 세계 부호들을 끌어모으겠다는 목표로 그들이 오고 싶어 하는 이유를 만들고자 했다. 일본의 아사히야마동물원은 문을 닫을 위기에 처한 볼품없는 동물원에 불과했다. 하지만 직원 10여 명이 모여 동물의 훌륭한 점을 아이들에게 알려줘서 꿈을 주겠다고 다짐했고, 이 결의가 세계적 동물원으로 일어난 계기가 되었다. 이들은 동물을 훌륭하게 보이게 만듦으로써 사람들이 동물원을 다시 찾게 했다.

경영자는 동종업자를 경계하는 데만 골몰해서는 안 된다. 신문사들끼리 경쟁하다가 인터넷 포털업체에 젊은 구독자들을 빼앗기는 상황이 어디서나 벌어질 수 있다. 또한 경쟁의 함정에 빠져 고객이 원하는 가치를 놓쳐서는 더욱 안 된다. 고객이 "바로 이거였어"라고 말하고, "나는 당신이 아니면 안 돼요"라고 말할 수 있을 때까지, 고객이 선택하는 확실한 이유, 즉 고객가치를 창출해야 한다. 그러한 기업의 CS경영이 재무성과를 만들어내고 고객에게 확실하게 브랜드화된 경험을 제공하여 선두로 앞서나가는 전략이 된다.

국자와 컵을 바꿔라

어느 연수원 식당에서 있었던 일이다. 이 식당은 잔반 문제로 골치를 앓다가 잔반 줄이기 캠페인을 벌이기로 하고 아이디어를 모았다. 그래서 얻은 결론이 우선 잔반을 많이 남기는 연수생에게 벌금조로 100원을 내게 하고, 본인이 밥과 김치 등의 양을 선택하게 했다. 또 잔반량을 스스로 측정하도록 저울까지 설치했다.

하지만 이 방법은 연수생들의 적극적 협조가 없으면 효과를 보기 어렵다. 식당 측에서도 별도의 노력이 있어야 했다. 그래서 취사와 배식을 담당한 아줌마직원들을 대상으로 음식쓰레기로 인한 낭비와 환경오염의 심각성을 일깨워주는 교육을 실시했다. 특히 배식담당 아줌마들에게는 국을 가득 퍼주지 말라고 주문했다. 그러자 인정 많은 아줌마들이 국을 조금씩만 퍼주라는 말에 몹시 상처를 받아 다시 고민에 빠졌다는 이야기다.

음식물쓰레기는 연간 15조 원이 넘는 비용 낭비와 환경오염의 주범이다. 잔반 문제는 반드시 해결해야 하지만 내 생각엔 이렇게 접근해서는 곤란하다. 이런 문제는 아줌마들에게 국물을 적게 담으라는 식으로 해결할 것이 아니라 국자의 크기를 줄여주면 된다.

누구나 심심찮게 경험하는 일이지만, 식당에서 반찬을 더 달라거나 추가 주문을 하고 싶은데 종업원을 부르기가 쉽지 않을 때가 있다. 요즘은 초인종을 설치해 이런 불편을 덜어주는 곳이 많아지기는 했지만, 종업원이 턱없이 부족할 때는 이것도 무용지물이 되고 만다.

'고객이 원하는 바를 미리 예측하고 부응한다'는 리츠칼튼처럼, 일류음식점도 고객이 요구하기 전에 종업원이 미리 알아차리고 물이나 부족한 음식을 채워준다. 이처럼 종업원이 주변에 지켜 서 있거나 돌아다니면서 반찬을 더 갖다주거나 물잔에 물을 다시 채워주는 것을 '원더링 서비스wandering service'라고 한다.

어느 유명식당 사장님의 부탁으로 종업원들에게 식당이나 호텔의 좋은 서비스에 대해 강의한 적이 있었다. 내 강의를 듣고 나서 사장님은 훌륭한 서비스를 실천하겠노라고 종업원들에게 손님이 물을 청하기 전에 신속하게 채워주라고 지시했다. 하지만 애먼 종업원들만 곤욕을 치렀다. 사기로 된 물잔이 문제였다. 사기잔에 물이 얼마큼 남았는지 겉으로는 보이지 않으니 종업원들은 쉴 새 없이 손님들이 식사하고 있는 식탁 위로 고개를 들이밀고 일일이 확인하고 다녔다. 좋은 서비스를 제공하려다가 종업원은 종업원대로 고객은 고객대로 불편한 상황이 된 것이다.

그렇다면 사장님은 어떻게 해야 했을까? 답은 간단하다. 물잔이 찼는지

비었는지 멀리서도 종업원들이 알 수 있도록 사기잔을 유리잔으로 바꿔주면 되는 것이다.

그런데 전에 내가 쓴 『먼저 돌아눕지 마라』에 실린 이 이야기를 보고 어느 독자가 보낸 이메일에는 '유리컵으로 바꾸어주지 않아도 물이나 커피를 리필해줄 수 있다'는 조언이 달려 있었다. 최고급 호텔 커피숍에 가면 사기 커피잔인데도 직원이 바로바로 리필해준다고 했다. 비결은 고객이 커피잔을 기울이는 각도였다. 듣고 보니 그렇다. 커피양이 줄수록 커피잔을 기울이는 각도가 수평에 가까워지기 때문이다.

최고의 서비스를 위해서는 일차적으로는 시스템이나 물적 지원이 중요하지만 이렇듯 행간을 파악해내는 능력도 그에 못지않게 중요하다.

회사 규정은 누구를 위해 존재하는가

시스템이란 하드웨어적이건 소프트웨어적이건 간에 직원이 고객을 만족시키고 회사가 고객에게 한 약속을 지키기 위해 사용할 수 있는 모든 수단을 의미한다. 예를 들어 어느 항공운송회사가 고객에게 "내일 아침 10시까지 배달해드리겠습니다"라고 약속했다면, 이 약속을 지키기 위해 실행하거나 활용하고, 측정하고, 평가하고, 보상하는 모든 것을 시스템이라 할 수 있다. 회사의 조직과 시스템이 존재하는 궁극적인 이유는 고객에게 훌륭한 서비스를 제공함으로써 다시 찾아오게 만드는 데 있다. 그러므로 규정이나 제도, 절차는 그 자체가 수단이어야지 목적이 되어서는 안 된다.

요컨대 훌륭한 서비스는 이것이 가능한 환경과 시스템을 만드는 데서 시작된다. 사기잔을 주어놓고 손님이 요구하기 전에 물을 채우라고 하거나 주행속도를 높인다고 가속기만 개선하겠다는 발상은 버리고, 사기잔은 유리잔으로 바꾸고, 차 전체를 재설계하라는 말이다. 경영자와 일선 책임자의 역할도 다른 것이 아니다. 더 좋은 서비스가 제공되도록 충분한 시스템적·물적 여건을 만드는 것이 먼저다.

서비스가 좋아지도록 시스템을 개선했다면 그 다음으로는 직원들의 서비스가 나빠지는 것을 최소화해야 한다. 그러기 위해서는 다음의 급여계좌 사례처럼 제도적으로 서비스를 뒷받침할 수 있어야 한다.

내가 거래하는 한 은행에서는 고객들에게 신용대출을 해주면서 대출이자 인출 자동이체계좌를 급여계좌로 지정하도록 강제하고 있다. 당연히 "내가 대출이자를 제때제때 납부하면 그만이지, 어느 계좌에서 인출하여 납부하든 그걸 왜 은행에서 상관하느냐?"는 고객들의 항의가 쏟아졌다. 사정인즉슨 이렇다. 직장인들이 더러 아내 모르게 신용대출을 받는 경우가 있는데, 그 이자를 급여계좌에서 인출해가니 들킬 염려가 있었던 것이다. 이에 대해 대출담당자들은 그저 "회사규정이 그렇습니다. 3개월 동안 연체 없이 이자를 내주시면 그때 다른 계좌로 바꿔드릴 수 있습니다. 죄송합니다"라고만 대답하고 있는 실정이다. 고객의 의사는 아랑곳없이 연체를 막겠다고 편의대로 만든 규정이 고객들의 사생활을 노출시켜 현장의 담당자와 고객 모두를 힘들게 만드는 것이다.

멍청한 시스템이 멍청한 직원을 만든다

나는 밀크셰이크를 아주 좋아한다. 인터넷에 「집에서 밀크셰이크 만들어 먹는 법」이란 글이 여러 개 올라와 있는 걸 보면 나만 그런 게 아니라 많은 사람이 좋아하는가 보다. 아래에 소개한 사례는 누구나 겪을 수 있고, 밀크셰이크를 좋아하는 사람이라면 관심을 가질 만하다. 한 호텔에서 있었던 일이다.

직원	안녕하십니까, 리틀 씨! 룸서비스담당 스튜어트입니다. 무엇을 도와드릴까요?
고객	바닐라 밀크셰이크를 부탁해요.
직원	죄송합니다. 바닐라 밀크셰이크는 준비할 수 없습니다.
고객	그럼 바닐라 아이스크림은 됩니까?
직원	(반가워하며) 물론입니다.
고객	우유는 있습니까?
직원	(당연하다는 듯) 예, 있고말고요.
고객	잘됐군요! 그럼 이렇게 해주세요. 바닐라 아이스크림하고 우유 한 잔, 그리고 긴 스푼을 함께 보내주세요.

출장이 잦아서 1년에 100일 정도는 이 호텔에서 지낸다는 스티븐 리틀이라는 한 컨설턴트가 실제로 겪은 일이다.

이 대화를 읽고 느낀 점을 말해보라고 한다면 당신은 뭐라고 하겠는가? 추측컨대 '직원이 유연성이 부족했다', '단골고객의 니즈를 제대로 파악 못했다' 같은 대답들이 나올 성싶다. 이 대화만 놓고 보면 타당한 지적이지만 진짜 원인은 스튜어트 개인이 아니라 밀크셰이크라는 키코드가 없는 단말기에 있다. 키코드가 없는 메뉴를 주문하니 자연 준비할 수 없다는 대답이 나올 수밖에. 한마디로 멍청한 시스템의 결과였다.

이 호텔은 리틀 같은 고객한테는 아무런 의미도 없는 CRM 데이터를 수집하고 고객을 행복하게 만드는 서비스 스킬을 직원들에게 교육하느라 해마다 많은 노력과 돈을 투자했다. 그러나 이 모든 노력으로도 1년에 100일이나 묵어주는 VIP 고객이 진정으로 원하는 것을 채워주지 못하고 있었다.

겉으로만 보면 적절히 대응하지 못한 종업원의 잘못 같지만, 사실상 이는 시스템의 문제라고 할 수밖에 없다. 시스템이 고객의 니즈를 충족시켜줄 수 없게끔 직원들까지도 멍청하게 만든 것이다.

이 2가지 사례 역시 회사의 시스템이 허락하는 한계만큼만 서비스가 훌륭할 수가 있다는 사실을 그대로 보여준다.

영웅적 서비스를 향해 한 방향으로 정렬하라

어느 고속도로 휴게소에서 있었던 일이다. 우리 일행 여섯 명이 각자 음료를 주문해 마시는데, 주스를 마시던 분이 내게 커피를 조금 나눠달라고 했다. 마침 양이 많아서 마시기가 부담스러웠던 터라 잘됐다고 생각하고 점원에게 컵 하나를 더 달라고 부탁했다. 그런데 웬걸, 점원은 정색을 하며 "안 됩니다. 필요하시면 옆에 있는 편의점에 가서 사세요" 하며 딱 잘라 거절했다. 직업정신이 발동한 내가 한마디했다.

"일껏 웃으면서 인사해놓고, '정성껏 모시겠습니다'라고 써 붙여놓고, 지금 이게 뭐하는 거예요? 편의점에서 컵 사는 돈이 아까워서가 아니에요. 안 주면 그만이지 그렇게 정색할 것까지는 없잖아요?"

내가 자리로 돌아와 점원 꾸짖은 얘기를 하자 휴게소 강의를 많이 해오신 김 원장님이 바로 나를 나무랐다.

"아이고, 장 교수님! 그건 모르시는 말씀이에요. 여기 직원들은 컵 하나에 목숨을 걸다시피 해요. 커피 파는 직원들이 그날 판매액을 결산할 때 기준이 뭐냐면 '없어진 컵 개수×단가'예요. 컵이 모자라면 자기 돈으로 그만큼을 물어내야 한다는 말이에요. 그러니 커피는 더 드릴 수 있어도 컵을 줄 수는 없었을 겁니다. 커피잔뿐만 아니라 구운 감자를 담는 종이그릇도 마찬가지고요."

그러자 옆자리에 있던 백 사장님도 비슷한 이야기를 해주었다. 이번엔 어느 유명한 아이스크림점이었다. 양이 많아 동행과 나눠먹으려고 컵 하나를 달랬더니 역시 절대 못 준다고 하더란다. 휴게소 커피점이나 아이스크림점이나 직원들의 삥땅을 방지하기 위한 재고관리 시스템이 있는데, 그게 바로 컵의 숫자를 맞추는 것이었다. 고객의 부탁을 들어주고 싶지 않아서가 아니라 들어줄 방법이 없었던 것이다. 결국 시스템의 문제로 고객을 잃고 직원은 직원대로 고객의 꾸지람을 속수무책으로 듣게 되는 것이다.

관리자들의 의도를 모르는 바는 아니다. 하지만 그들은 하나만 알고 둘은 모르는 멍청한 책임자들이다. 자신들의 편의와 속셈만 중요했지 그것이 정작 고객에게 어떤 나쁜 영향을 미칠지에 대해서는 무지하거나 무관심했다. 미국의 경영학자 톰 피터스는 이렇게 충고한다.

"직원으로부터 최선의 노력을 유도하기 위해서는 직원의 자존심을 해치거나 격하시키는 회사 방침이나 매뉴얼은 폐지해야 한다."

앞서 소개한 조지 피셔의 말처럼 고객의 입장에서 볼 때 회사의 내부문제는 이들에게 아무 의미도 없다. 뿐만 아니라 종종 원활한 고객서비스의 장벽으로 작용한다.

리츠칼튼의 기본수칙 7조를 보면 '모든 직원은 자부심과 즐거움이 있는 직장을 만들기 위해 그들과 관련된 업무의 계획에 참여한다'고 되어 있다. 이 수칙에는 "어떤 일이 잘못되었을 때, 그것은 그런 방식으로 기획되었기 때문이거나 경영자들 때문"이라는 부연설명이 있다.

이 말의 의미를 좀 더 구체적으로 알아보자. 길거리를 지나다가 카센터 간판이나 현수막에 '휠 얼라인먼트'란 글귀가 적혀 있는 것을 보았을 것이다. 휠 얼라인먼트wheel alignment라는 말은 직역하면 '차 바퀴 정렬'쯤 될 것이다. 여기서 주목해야 할 것은 타이어가 아니라 바퀴다. 바퀴가 먼저 정렬되어 있어야 타이어가 정렬되지 거꾸로 타이어를 먼저 정렬하려 들어서는 안 된다. 먼저 네 바퀴를 모두 한 방향으로 정렬하는 것이다. 정렬이 틀어지면 문제가 생긴다. 차체에 진동이 오거나 쏠림 현상이 일어나 타이어의 한쪽만 마모된다든지 회전 후 핸들을 놓았을 때 정위치로 잘 복원되지 않는 등 안전운전에 미치는 악영향이 대단히 크기 때문에 주기적으로 반드시 체크해야 한다.

휠 얼라인먼트를 체크하듯 회사에서도 시스템과 규정을 고객을 향하여 한 방향으로 정렬해야 한다. 경영자와 관리자는 이에 대한 무한책임이 있는 사람이다. 경영자는 고객들을 불행하게 하고 민원을 유발하는 문제의 근원을 현장의 직원들에게서 찾을 것이 아니라 멍청한 시스템이나 제도에서 먼저 찾아야 한다.

'사슴 한 마리가 이끄는 사자군대보다 사자 한 마리가 이끄는 사슴군대가 더 강하다'는 말이 있다. '장군 한 명이 무능하면 천 명의 군사가 죽는다'는 말도 있다. 모두 리더의 중요성을 강조한 말인데, 서비스 리더십에서는 더욱 그렇다.

고객을 잃느냐 얻느냐의 여부는 접점직원에 의해 결정된다. 그리고 접점

직원의 서비스는 관리자에 의해 좌우된다. 관리자는 통제하고 감시하는 사람이 아니다. 전략을 세우고 서비스 시스템을 지속적으로 점검해서 모든 바퀴를 고객을 향해 정렬하는 사람이다. 다시 말해 직원들이 서비스를 영웅적으로 실천하는 데 필요한 시스템과 도구, 훈련, 물적 지원 등 여건을 만들어주는 사람이다. 무대 위의 배우가 아니라 무대 아래 연출가인 것이다.

　연출가는 먼저 훌륭한 각본을 가지고 있어야 하며 배우들이 마음껏 연기하도록 최고의 무대를 만들어주어야 한다. 최고의 무대는 어떻게 만들 수 있을까? 어떻게 해야 직원들에게 활기가 넘치는 여건을 만들어줄 수 있을까? 이것이 리더가 풀어야 할 숙제다. 그래서 CS경영에서 리더는 무대 아래 연출가이면서 또한 군림하는 사람이 아니라 응원단의 치어리더여야 한다.

버스에 맞는 사람만 태워라

맹인이라는 이유로 늘 아이들의 놀림감이 되고 놀아주는 친구 하나 없이 왕따를 당하던 소년이 있었다. 어느 날, 수업 중 교실에 쥐가 한 마리 나타났는데 어디로 숨었는지 행방이 묘연했다. 그때 선생님이 이 소년에게 그만의 특별한 청력을 사용해 쥐가 어디에 있는지 찾아보라고 했다. 소년은 잠시 귀를 기울이더니 교실 구석 벽장을 가리켰다. 쥐는 쉽게 잡혔다. 수업이 끝난 후 선생님은 소년을 불러 이렇게 격려했다.

"넌 남들은 못 듣는 소리를 듣는 능력을 갖고 있어. 알겠니? 넌 특별한 귀를 가진 거야."

이 격려의 한마디가 소년의 인생을 바꾸어놓았다. 소년은 음악을 좋아했다. 어머니가 걱정이 되어 외출을 금지했기 때문에 라디오에서 나오는 노래를 연주하는 것으로 시간을 보냈다. 소년은 곧 자신의 재능을 발휘했고, 11살밖에 안 된 때 첫 앨범을 발표했다. 맹인이라는 사실은 아무 문제가 되지 않았다. 소년에게는 남들이 갖지 못한 탁월한 청력이 있었기 때문이다.

이 소년이 바로 미국의 가수이자, 작곡가이며 오스카상을 수상하기도 한 스티비 원더다. 우리는 스티비 원더처럼 타고난 음악적 재능을 갖고 있지 못하지만, 사랑하는 사람을 볼 수 있다. 누구나 자기만의 타고난 능력이 있게 마련이다. 핵심은 '무엇이 없느냐'가 아니고 '무엇이 있느냐'다. 따라서 가지지 못한 능력을 부러워할 것이 아니라 내가 가진 능력, 타고난 능력을 잘 갈고 닦는 노력이 중요하다. 그래서 교육이 있다. 교육을 뜻하는 명사 'education'의 동사형은 'educe'이다. educe는 '잠재적 능력을 끌어내다'라는 의미다.

사람은 능력도 타고나지만 성격도 타고난다. 성격은 아무리 교육을 시키더라도 그 자체를 통째로 바꾸기가 어렵다고 한다. 단점을 알게 해주고 장점을 충분하게 발휘할 수 있도록 하는 것이 더 현명한 태도일 수 있다는 말이다.

그런데 CS경영에 일가견이 있다면서 서비스교육만으로 고객만족이 완성된다는 신념을 갖고 있는 경영자가 더러 있다. 하지만 안타깝게도 교육만으로 서비스에 탁월한 직원을 만들 수는 없다. 교육은 끼가 넘치고 사려 깊고 성실한 직원을 선발해서 그 능력을 최대한으로 발휘하도록 돕는 수단일 뿐이다. "최고의 태도는 훈련되거나 교육되지 않는다. 그것은 채용되어야 한다"는 말도 이런 뜻이다. 총수익이 20억 달러를 넘어서며 급성장하는 로젠블루스여행사도 "우리가 찾는 것은 기술이 아니라 좋은 사람이다. 우리는 사람들이 업무기술을 갖추도록 교육시킬 수는 있지만, 태도가 좋아지도록 만들 수는 없다"고 말한다. 피터 드러커의 말도 들어보자.

"기업이 신입사원 한 사람을 채용하는 데 40분밖에 투자하지 않는다면, 그 사람의 잘못을 바로잡기 위한 교육을 시키는 데는 400시간이 걸린다."

웃을 줄 아는 사람만 뽑아라

톰 피터스가 "도대체 이렇게 큰 회사에서 어떻게 직원들이 모두 웃을 수 있습니까?"라고 묻자, 하워드 슐츠 스타벅스 회장은 "첫째, 우리는 웃을 줄 아는 사람을 뽑습니다. 둘째, 정말로 잘 웃는 사람을 승진시킵니다"라고 대답했다.

싱가포르항공$_{SIA}$의 승무원들이 항상 미소를 짓고 있는 것은 특별한 스마일 교육 때문이 아니라 잘 웃는 사람을 뽑기 때문이다. SIA는 왜 승무원들이 '환하게' 미소짓지 않고 살짝 미소짓는지를 관찰했다. 문제는 치아였다. 그래서 SIA는 치아가 고른 사람만 채용한다. SIA는 교육으로 바꿀 수 없는 선천적인 특성으로 성실성, 독창성, 지성, 사교적 기술과 함께 키, 치아, 눈, 몸무게 등 신체적 요구사항 등을 든다. 그리고 이런 선천적 특성을 선발의 중요한 조건으로 삼는다고 한다.

서비스가 탁월한 기업의 성공사례들을 연구하다 보면 2가지 공통된 특징을 발견할 수 있다. 무엇보다 직원의 채용과 교육에 각별하게 신경을 쓴다는 것이다. 이들은 우수한 사원을 채용하여 치밀한 계획에 따라 강도 높은 교육을 시킨다. 우연인지 모르겠지만 디즈니랜드나 에버랜드는 직원들을 연극배우처럼 여긴다. 그래서 고객을 게스트$_{guest}$, 직원을 캐스트$_{cast}$라고 부른다. 유니폼은 무대의상이 되는 셈이다. 연극의 성공 여부는 무엇보다도 얼마나 신중하게 오디션을 진행해서 역할에 잘 맞는 배우를 선정했는가에 달려 있다. 서비스 현장에서 배우를 뽑는 기준은 관련 기술 및 지식 등 '서비스 수행능력'과 가치관, 사교성, 친근감, 고객에 대한 배려 등 '서비스 성향', 이 2가지다. 여기서 더 중요한 자질은 서비스 성향이다. 고객을 행복하게 해주는 서비스맨은 예의 바르고 순종적인 '모범생 스타일'이 아니라, 고객과 공감대를 만들어내고 쇼맨십을 발휘하는 '끼'가 넘치는 직원이기 때문이다.

중요한 것은 총을 쏘는 기술보다 총을 쏘는 사람이 어떤 사람인가이다. 언제든 총구 방향을 바꿀 수 있는 총과 마찬가지로 능력과 기술은 시간이 지나면 좋아질 수 있지만, 성품이나 끼는 쉽게 바뀌지 않는다.

A급 인재를 어디에 전진배치할 것인가

우수한 인재 채용과 더불어 또 하나 중요한 점은 인재 배치다. 판매직이건 관리직이건 A급 인재를 어디에 배치할 것인가 하는 문제는 기업의 핵심 전략과도 직결된다.

요즘 대기업들이 너도나도 '핵심인재'를 골라 채용하고 그들의 능력을 계발하는 데 집중하면서도 정작 그들에게 어떤 임무를 맡길 것인지는 미리 결정해두지 않는다. 그러나 제아무리 뛰어난 인재라도 별 볼일 없는 일을 맡게 된다면 자신의 능력을 발휘할 길이 없다. 또 A급 인재가 재능을 활용할 수 있는 직책에 배치된다 하더라도 그 일이 회사에 전략적으로 중요하지 않다면 큰 이득이 되지 않을 것이다.

일반적으로 인사부는 직책의 가치를 매기는 데 2가지 기준을 사용한다. 하나는 그 자리를 맡는 데 필요한 지식과 기술, 노력, 책임감, 작업환경이고 다른 하나는 연봉 수준이다. 그러나 이 2가지 기준만으로는 진정한 A급 직책을 가려내기 어렵다. A급 직책을 판단하는 우선적인 기준은 조직도나 연봉 수준이 아니라 기업의 핵심전략이 되어야 한다. 가격, 품질, 고객서비스 등 여러 핵심역량 가운데 회사가 지향하는 것이 무엇인지에 따라 필요한 A급 인재가 달라지기 때문이다.

고급 백화점이든 대형 할인매장이든 고객만족은 모두에게 중요하다. 하지만 같은 고객만족이라도 중점은 다르게 주어진다. 고급 백화점은 세련되고 개별화된 맞춤서비스를 통해 고객경험을 관리하지만, 대형 할인매장은 좋은 품질의 제품을 타 매장보다 더 낮은 가격에 제공하는 것을 중시한다. 서로 지향하는 방향이 다른 것이다. 그렇다면 고급 백화점에서는 판매직에 뛰어난 직원을 배치해야 하고, 할인매장에서는 공장에서 더 낮은 가격으로 제품을 조달할 수 있는 구매직에 더 능력 있는 사람을 배치해야 한다.

A급 직책의 또 다른 특징은 직원에 따라 성과 차이가 크다는 것이다. 설문조사 전문기업 갤럽이 한 기업의 의뢰를 받아 고객 4만 5000명을 대상으로 고객서비스 담당자 4600명에 대한 평가를 조사했다. 그 결과, 상위 25퍼센트의 서비스담당자는 61퍼센트의 고객을 만족시켰고, 차상위 25퍼센트는 40퍼센트의 고객을, 그리고 다음 25퍼센트는 27퍼센트의 고객을 만족시킨 것으로 나타났다. 그리고 최하위 25퍼센트의 직원은 고객에게 오히려 부정적인 영향을 미친 것으로 드러났다. 이 조사결과는 고객만족도 등 직원에 따른 실적 차이가 크게 나는 업무일수록 보다 능력 있는 인재들을 전진 배치해야 한다는 점을 확인시켜준다.

사표는 빨리 받을수록 좋다

다음으로, 고객감동 기업으로 가는 데 간과하기 쉬운 '빨리 사표를 쓰게 만드는 일'의 중요성에 대하여 언급하고자 한다.

세계 최고 기업들의 HR 이슈는 핵심인재의 확보와 유지, 그리고 일하기 좋은 직장 만들기로 요약할 수 있다. 특히 이직률을 줄이기 위한 노력은 빠지지 않는 중요한 이슈다. 여기서 이직률은 모든 직원의 이직률을 낮추자는 것이 아니고 핵심인재의 이직률을 낮추자는 것이다.

세계 최고 기업들이 핵심인재를 정의하는 기준은 각기 다르다. 능력 외에 기업의 문화와 일의 성격에 적합한 인재인지 여부를 선발과 유지에서 중요한 잣대로 삼기 때문이다.

미국 최고의 인터넷 신발 쇼핑업체 자포Zappos는 '서비스 중심 문화'를 전면에 내세워 엄청난 성공을 거둔 기업이다. 'POWERED by SERVICE'라는 로고에서 알 수 있듯이 이 회사의 모든 전략은 서비스를 지향한다. 이 회사는 약 740만 명의 회원을 보유하고 있는데, 이 중 330만 명은 1년에 한 번 이상 제품을 구매한다. 재구매율은 75퍼센트에 이르고 재구매 회원은 연평균 2.5회 제품을 구매한다고 한다.

결과에서 드러나듯, 자포의 성장동력은 높은 재구매율과 입소문이다. 실제로 자포의 신규고객 중 44퍼센트는 광고를 보고, 43퍼센트는 입소문에 이끌려 방문한다. 자포가 소비자들을 끌어들이는 비결은 어디에 있을까?

고객감동의 비결은 여러 가지가 있지만, 구입 1년 이내의 제품은 언제든 무료 반송하는 시스템, 콜센터 상담원이 정해진 스크립트나 절차에 구애받지 않고 통화시간의 제약도 없이 고객의 요구가 해결될 때까지 노력한다는 점, 쉽고 빠른 인터넷 검색 등을 꼽을 수 있다.

그렇지만 나의 눈길을 끈 건 그런 것들이 아니라, 회사의 서비스문화와 어울리지 않는 직원에게 과감하게 '사표를 쓰도록 장려'한다는 사실이었다. 신입사원은 어느 부서에 지원을 했던 간에 부서 배치를 받기 전에 4주간의 서비스교육을 받는다. 그중 3주는 현장교육으로 이루어지는데 2주는 콜센터에서, 1주는 물류센터에서 교육을 받는다. 교육이 2주차에 접어들면 임원들은 신입사원들에게 다음과 같은 색다른 제안을 한다.

"지금 그만둘 경우 지금까지 일한 것을 정산해주는 것은 물론, 100만 원의 사직장려금을 주겠네."

실제로 이런 제안을 통해 신입직원의 10퍼센트가 회사를 떠나는데, 회사는 이 결과에 만족한다.

어떤 기업은 일명 '자기 선발self-selection'의 과정을 두기도 한다. 이직의 가장 큰 원인이 신입사원 시절에 회사업무를 제대로 파악하지 못했기 때문이라는 판단에 따라 스스로 진로를 결정하게 하는 것이다. 매년 수만 명의 종업원을 고용하는 세계적인 건물관리 서비스회사인 덴마크의 ISS는, 코펜하겐의 직업센터에서 이른 아침부터 업무를 시작하는 것이 얼마나 어려운지를 강조한 '업무소개'를 보여주고 나서 직원들 스스로 직무를 받아들일 것인가 말 것인가를 최종 결정하도록 유도함으로써 종업원 유지율을 동종업계와 비교하여 5배나 높였다. 회사를 위해서나 직원 본인을 위해서 서비스문화가 맞지 않는 직원, 고객에게 열정을 쏟아부을 수 없는 직원은 스스로 나갈 기회를 주는 식으로 걸러냄으로써 '순도 높은 서비스 직원'들을 현장에 배치한 결과다.

"많은 사람이 노래를 부르게 하려고 돼지를 때리는 우를 범한다. 그러나

이로 인해 사람들은 지치고 돼지는 괴로울 뿐이다. 차라리 돼지를 팔아 카나리아를 사는 편이 더 낫다. 다시 말하면 적절한 재능을 갖춘 사람을 채용해 일을 맡기라는 것이다."

『좋은 기업을 넘어 위대한 기업으로』의 저자 짐 콜린스의 말이다. 적성이나 능력에 맞지 않는 사람을 채용하여 교육하고 동기를 부여하려고 애쓰는 것은 기업에게나 직원에게나 별 도움이 되지 않는다.

버스에 적합한 사람을 태워라. 고객서비스에서는 더욱 그렇다. 버스에 맞는 사람을 골라서 승차시키고 적절한 좌석에 앉혀라. 맞지 않는 사람은 장려금이라도 주어서 내리게 하라.

고객만족도의 '불편한 진실'

　건강검진은 약이 되기도 하고 독이 되기도 한다. 흔히 사람들은 꼬박꼬박 건강검진을 받기 때문에 건강할 것이라고 확신하고 있다. 물론 받지 않는 사람들보다는 건강검진을 받는 사람이 훨씬 건강하게 지낼 가능성이 높지만 반드시 그런 것은 아니다. 건강검진은 질병을 빨리 찾아서 빨리 치료하는 데 근본 목적이 있다. 그러나 건강검진 결과를 보고도 치료하지 않는다면 아무 소용이 없다. 예를 들어 건강검진에서 콜레스테롤과 요산이 많다는 결과가 나왔다고 하자. 그런데도 이를 그냥 방치하면 검진하지 않은 것과 아무런 차이가 없는 것이다. 이 건강검진 결과를 토대로 운동과 식이요법을 병행해야 검진의 효과를 볼 수 있다.

　때로는 건강검진이 되레 독이 되는 경우도 있다. 검진을 했는데 아무것도 발견되지 않았을 경우다. 폐암이나 췌장암은 초기에 발견되지 않고 어느 정도 진행되어서야 발견된다고 한다. 다른 대표적인 경우가 흡연이다. 검진 시에 폐에 아무 이상이 없다고 나와 계속 흡연을 한다면 이것은 결과적으로 해로운 검진이 된다. 일반적인 검진 때에는 흡연이 우리 몸에 미치는 피해 정도를 검사하지 않기 때문이다.

가장 바람직스러운 경우는 금연과 절주와 운동 및 충분한 수면을 병행하는 것이다. 그리고 검진 결과의 지적사항을 잘 지켜나가는 게 건강검진을 잘 이용하는 것이라 할 수 있다. 한마디로 건강검진이 좋은 것인지 나쁜 것인지는 전적으로 검진 후 본인 스스로의 행동 변화와 관련이 있다.

어느 날 아침 출근길에 들었던 라디오 건강 관련 프로그램의 '건강검진 이용법'에 관한 내용을 기억나는 대로 옮겨보았다. 망치를 손에 쥔 어린 소년에게는 모든 것이 못으로 보이기 마련이다. 내가 꼭 그런 모습이었다. 그날 출근길에 어느 의대 교수님의 건강검진 이용법을 들은 나는 고객만족도 조사에 그대로 대입하여 다시 생각해보았다.

CS경영에 열심인데 고객만족은 별로라고?

기업에서도 건강검진과 같은 것이 있다. 바로 고객만족도 조사다. CS경영이란 고객이 상품이나 서비스를 구매하여 사용하는 과정에서 고객만족의 개별요소에 만족하게 함으로써 전반적 만족도를 높이고 재구매, 추가구매, 반복구매를 통한 고객 유지와 만족한 고객의 추천을 통한 신규고객 획득을 목적으로 하는 지속적인 경영혁신이다.

지속적인 혁신을 위한 품질관리의 사이클에 PDCA~Plan-Do-Check-Action~라는 흐름이 있다. 먼저 고객의 만족을 얻기 위한 상품과 서비스 제공을 계획~Plan~

해서 실시한다Do. 다음에 그것이 고객의 만족을 얻었는가를 확인(측정)한다Check. 만약 충분한 고객의 만족을 얻지 못했으면 그 원인을 조사해서 조치를 취한다Action. 이러한 사이클이 순환되면서 서비스 품질이 주기적으로 측정되고 고객만족도가 지속적으로 높아진다.

경영에 대한 격언 중에 "측정할 수 없다면 개선할 수도 없다"는 말이 있다. 골프나 농구, 야구, 테니스 같은 운동경기에서 자신의 실력이 상대와 비교하여 어느 정도인가를 알아보는 유일한 방법은 점수를 매겨보는 것이다. 수능시험이나 서비스 측정도 마찬가지다. 기업들도 방법이야 다르지만 운동경기에서처럼 서비스 품질 품질을 측정하고 있다. 건강검진과 마찬가지로 고객만족도라는 점수로 주기적으로 측정하고 서비스 품질의 문제점을 찾아내는 것이다.

그러나 많은 기업이 '고객만족과 고객만족도 조사' 자체만을 강조한 나머지 CS활동이 고객에게 진정한 만족을 주고 있는지, 고객의 충성을 확보할 만큼 충분한 것인지, 기업의 성장과 수익성 향상에 정말 도움이 되는지에 대한 고민은 소홀했던 것도 사실이다. 건강검진을 받았다고 건강 자체가 좋아지는 것이 아닌데 그걸 믿고 방심하는 것처럼 말이다.

고객만족도는 높아졌는데 '실속'이 없다?

고객만족도 자체는 CS경영의 목적이 아니라 전략적 수단이다. 그러므로 고객만족도가 서비스에 대한 고민을 모두 해결해주는 확실한 지표라고 오해해서는 안 된다. 이를 잘못 활용하면 건강검진의 경우처럼 독이 될 수도 있다. 건강검진이 결과적으로 좋은 것인지 나쁜 것인지가 본인 스스로의 해석과 행동 변화에 의해 결정되듯이, 기업에 유익하게끔 고객만족도를 측정하고 해석하여 효과적으로 활용하는 방법을 생각해보기로 하자.

그 첫번째는 '고객만족도가 높으면 수익성은 향상되는가'를 묻는 것이다.

CS추진 업무를 담당하고 있는 S백화점의 심 상무는 요즘 심각한 고민에 빠져 있다. 전년도에 비해 고객만족 지수가 더 이상 향상되지 않아 금년 목표를 달성하지 못했기 때문이다. 이 회사 담당 임원과 현업 점장들에게 고객만족도는 중요한 성과지표 중의 하나다. 따라서 고객만족도가 향상되지 못하면 성과 평가에 큰 영향이 있을 수밖에 없다.

그렇다면 S회사와 심 상무는 고객만족도가 향상되지 않는다고 무조건 고민만 해야 할까? 반대로 고객만족도가 높아졌다면 마냥 좋아해도 될까?

가장 유념해야 할 부분은 시장점유율과 수익으로 연결되지 못하는 고객만족도 조사는 아무 소용이 없다는 사실이다. 한 예로 1980년대 GM은 고객만족도의 개선 정도에 따라 경영진에게 보너스를 지불했다. 그 결과 1980년대 GM의 고객만족도 지수는 올라갔지만, 시장점유율과 이익은 계속 떨어지는 기현상을 보였다. 고객만족도 지수는 90퍼센트 이상이었으나 재구매율은 30퍼센트대에 머물렀던 것이다. 우리나라 자동차보험의 경우에도 대부분 고객만족도 지수는 80~90퍼센트에 이르지만 자동차보험 재구매율은 60퍼센트에 머물고 있다. 40퍼센트의 고객은 매년 보험회사를 바꾼다는 뜻이다. 따라서 고객만족도 지수 향상 자체를 목적으로 해서는 안 된다. 자칫하면 고객만족도 지수 개선을 위한 투자가 시장점유율 및 수익성 증대로 연결되지 못하는 함정에 빠질 수 있다. 장기적인 수익성을 고려하지 않은 기념품 증정이나 할인판매 등의 단기적인 캠페인으로 지수를 끌어올리는 것은 무의미하다.

두번째는 '동일한 고객만족도는 모두 동일한 충성고객으로 받아들여야 하는가'를 묻는 것이다.

새로운 고객을 유치하는 데 드는 비용은 기존 고객을 유지하는 데 드는 비용에 비해 5배나 더 든다고 한다. 더욱 신경이 쓰이는 부분은 고객의 4분의 1가량이 기존에 거래하던 회사보다 조금이라도 더 만족스러운 서비스를 제공하겠다는 회사가 나타나면 바로 떠나버린다는 연구결과다.

우리는 흔히 고객만족도 조사에서 5단계 척도일 경우 'Top 2 방식'이라 하여 '만족한 고객,'과 '매우 만족한 고객,'을 만족한 고객의 범주로 간주한다. 그리고 4점 또는 5점의 점수를 주는 고객 비율을 몇 퍼센트까지 올리겠다는 목표를 세워서 성과지표에 반영한다. 그러나 고객만족도가 갖는 궁극적 의미는 고객만족도 점수 자체를 올리는 것이 아니라 '고객이 우리 상품을 계속 구입할 것인가'를 예측하는 수단으로 활용하는 데 있다. 설사 고객이 만족한다고 말했더라도 같은 회사의 제품을 사지 않고 다른 브랜드로 바꾼다면 이것은 드러내지 않은 불만족을 표시한 것이다. 미국의 경우에는 자

'매우 만족'과 '만족'의 차이는?

동차에 대한 고객만족도 조사결과 90퍼센트 이상이 만족4과 매우 만족5이라고 응답했지만 40퍼센트만이 재구매한 것으로 나타났다.

1980년대 중반 제록스는 고객만족도 측정을 통해 제품과 서비스 수준을 향상시키기 위해 투입된 막대한 비용이 어떤 결과를 가져오는지를 연구했다. 제록스의 관리자들은 설문조사에서 제록스에 4점을 준 고객과 5점을 준 고객들의 재구입 의사를 서로 비교해보고는 모두들 깜짝 놀라고 말았다. 5점매우 만족을 준 고객들이 4점만족을 준 고객들에 비해 무려 6배나 많은 재구입 의사를 갖고 있었기 때문이다. 만족과 고객충성도의 상관관계는 일직선을 그리는 비례관계가 아니라 하키 스틱처럼 활 모양을 그리고 있었던 것이다. 4점으로 응답한 고객들은 '그냥 넘어갈 만하다'라는 뜻으로 별 의미가 없는 집단이었다.

이 대목에서 우리는 동일한 만족도 지수가 동일한 고객충성도를 의미하지 않는다는 것을 알 수 있다. 고객만족도 지수가 고객들의 이질성을 정확히 반영하지 못하기 때문이다. 예를 들어 A라는 회사의 고객만족도 지수는 70-70-80-90-90점으로 분포되어 있으며 평균 80점이고, B사는 10-90-100-100-100점의 분포로 평균점수가 A사와 같은 80점이라고 할 때, 고객만족도 지수를 100점이라고 평가한 고객이 많은 B사가 A사보다 고객만족이 고객충성도로 연결될 가능성이 훨씬 높다는 것이다.

아직도 기업들은 심 상무의 고민처럼 고객만족도를 높이기 위해 평균점수를 높이는 데 주력한다. 그러나 평균을 높이기 위해 낮은 점수대의 고객에게 서비스를 집중한다면 기업에 높은 가치를 제공하던 우량고객의 만족도는 떨어질 것이고 수익성은 악화될 것이다.

이런 점에서 볼 때, 고객만족도 조사에서 평균치 정도에 대부분의 고객이 분포한 기업보다는 극단적인 만족과 약간의 불만을 가진 분포를 지닌 기업이 충성도가 높은 핵심고객을 더 많이 갖고 있다고 볼 수 있다.

아울러 활용가치가 높은 척도 중의 하나로 '스니저를 양성하라' 편에서 설명한 '추천 의향'을 묻는 방안을 고려해볼 수 있다. 로열티경영의 대가 프레더릭 라이히헬드가 「하버드 비즈니스 리뷰」에 발표한 논문에서 "성장을 추구하는 기업이 알아야 할 것은 고객만족도에 대한 복잡한 결과가 아니라, 단순히 고객이 그들의 친구들에게 어떤 말을 전하는지를 아는 것"이라고 말했듯이 추천 의향에 대한 응답의 분포를 분석하여 '순추천고객Net-Promoter Primer'을 파악, CS전략 수립에 활용하는 것이다.

감성서비스는 한물 갔다?

한 기업의 만족도 향상 노력은 다른 경쟁기업에 의해 얼마든지 모방될 수 있다. 그 결과로, 이것을 하지 않으면 나만 손해인 것 같고 해도 별 이익을 보지 못하는 흡사 '죄수의 딜레마'와 같은 현상을 초래한다. 즉, 기업들이 고객만족도 향상을 위해 비용을 투자하면 어느 정도 매출의 감소를 면할 수 있지만, 다른 기업들 역시 고객만족도 향상을 위한 비용을 투자하기 때문에 어느 기업도 고객에게 특별한 차별성을 부각할 수 없는 것이다. 그렇다면 어찌해야 할까?

이러한 딜레마를 타개하기 위해서는 지금까지와는 다른 방향에서 고객만족도의 향상에 도움이 될 만한 요소를 찾아야 한다. 그것은 바로 특별한 고객경험과 감성서비스를 제공하는 것이다.

미래학자 존 나이스비트는 그의 저서 『하이테크 하이터치』에서 하이테크

화될수록 인간은 더 깊숙한 터치와 교감을 원한다고 했다. 고객만족도 다양한 과학적 기법과 같은 기계적 서비스를 통해서가 아니라 감동을 주는 감성 서비스를 통해 높일 수 있다는 이야기다. 고객과의 모든 접점이 바로 고객의 만족도를 결정하는 순간임을 알고 매 순간 감성적인 터치가 일어날 수 있게 해야 한다.

감성마케팅의 대명사격인 스타벅스가 2008년 세계 금융위기로 위기를 맞았다. 창립 이래 처음으로 매장당 방문고객 수가 줄었고 주가도 전성기 대비 절반 이하로 떨어지는 등 어려움을 겪었다. 지난 10년간 연평균 22퍼센트의 매출신장을 기록해왔고 2007년까지만 해도 94억 달러의 매출에다 전 세계 44개국에 1만 6000여 개의 매장을 거느린 세계 최대 커피전문점이 흔들거렸다. 이와 관련하여 이제 CS경영, 고객경험, 감성서비스는 한물 간 것 아니냐는 회의론을 제시하는 시각도 있었다. 하지만 이런 시각은 일면적인 것이다. CS경영은 기업의 지속적 성장과 연속성을 위한 필요조건이지, 이 자체가 성공을 보장하는 충분조건은 아니기 때문이다.

고객만족경영이 기업의 성패를 좌우하는 유일한 요인은 아니지만, 장기적으로 기업의 수익성을 높일 수 있는 중요한 전략적 수단이라는 점은 분명하다. 그러나 고객만족도를 높이는 요인과 고객의 재구매요인 사이에 현실적 괴리가 존재하므로 만족도 지수를 높이는 작금의 방법론은 다시 고민되어야 한다. 고객경험 등 지금까지와는 전혀 다른 개선의 여지가 많다는 '불편한 진실'을 깨닫는 일이 그래서 중요하다.

선택은 포기다

서울의 한 대학원에서 '서비스 품질관리론'을 강의하면서 학생들과 나눈 수업 내용의 일부를 그대로 옮겨보았다.

나 "그럼 제주특별자치도의 CS활동은 무엇이어야 한다고 생각하십니까?"

학생들 네, 통상적으로 지방자치단체의 CS활동은 크게 주민들을 위한 친절활동과 신속하고 편리한 민원처리가 아닐까 생각합니다.

교수 좋습니다. 그럼 여러분이 CS팀장이라면 어떤 활동을 해야 합니까?

학생들 • '인사 잘하기'입니다.

　　　• 상냥하고 부드러운 말을 사용해야 합니다.

　　　• 전화 잘 받기 운동을 해야 합니다.

- 스마일운동도 있습니다.

- 복장도 단정해야 합니다.

- 고객 편의를 위해 공무원들 근무시간을 늘려야 합니다.

- 고객 편의를 위해 동사무소에도 순번대기표를 설치해야 합니다.

나   여러분이 이야기한 것들이 모두 주민들을 위한 좋은 서비스에 도움이 되리라는 점은 틀림없습니다. 그런데 주민 관점에서 제주도청에서 가장 해주기를 바라는 사항은 무엇일까요?

학생A   정부든 제주도이든 간에 결국 국민과 도민들을 위해서는 경기활성화를 통한 개별 주민의 소득증가가 궁극적 목표가 아니겠습니까?

나   정확하게 핵심을 짚었습니다. 그러면 제주도민의 소득을 높이는 일들을 생각나는 대로 하나씩 말씀해보세요.

학생들   • 귤 재배 면적을 넓히는 일입니다.

- 더 많은 전복을 채취하도록 해녀 양성소를 건립하는 일입니다(웃음).

- 더 많은 골프장을 건설하는 일입니다.

- 국내외 관광객을 더 많이 유치하는 일 아니겠습니까!

나   그럼 이 중에서 주민소득을 높이는 데 효과가 큰 사업들을 생각해봅시다. 가장 효과가 큰 사업은 무엇일까요?

학생B   관광객 유치 사업입니다.

나   모두 동의하리라 믿습니다. 그렇다면 더 많은 관광객을 유치하는 데 문제가 되거나 제주도청에서 관심을 가져야 할 사업이나 활동사항은 무엇이 있을까요?

학생들   • 국내 골프팬들이 제주도를 찾지 않고 동남아 등으로 골프여행을 갑니다. 비용이 더 싸기 때문입니다.

- 신혼여행객들도 마찬가지입니다. 볼거리가 많지 않아서 해외로 떠납니다.
- 여행객의 들뜬 마음을 노려 관광지에서 바가지를 씌우는 일도 없어야 합니다.
- 택시기사들의 불친절과 승차 거부도 없어져야 합니다.
- 한마디로 말하면 관광이건 골프건 제주도 여행은 너무 비싸다는 것입니다.
- 관광지 음식점이 불결하고 맛이 없다는 소문도 들었습니다.
- 비행기 스케줄이 맞지 않고 어떤 때는 표를 구할 수가 없습니다. 비행기표가 없는데 무슨 재주로 갑니까?

나   관광객을 유치하기 위해서 여러 가지 활동을 해야 하는데, 여러분들 의견으로는 가장 문제가 되는 것이 '너무 비싸고 불친절하다'로 요약되는군요. 그럼 제주도청에서는 이런 문제들과 관련된 행정절차를 해결하고 유관기관의 협조를 통해 관광마케팅 활동을 전개해야겠지요.

학생C   그런데 손님 반겨주기, 승차 거부 안하기, 음식점 청결 등은 쉽게 추진할 수 있지만 고비용 문제는 주민들 입장에서 오히려 소득의 감소로 이어지지 않겠습니까?

학생D   저는 생각이 다릅니다. 관광마케팅에 집중하면 가격 경쟁력이 생겨서 신혼여행이나 골프 고객들이 다시 제주도로 올 것이고 그들이 관광, 음식, 택시, 특산품 구입, 숙박, 골프장, 술집 등을 이용하게 되어 궁극적으로 주민소득 증대에 기여하게 될 것입니다.

물론 이것은 지금 제주특별자치도의 현실을 그대로 이야기한 것은 아니고 단지 토론주제로 삼기 위한 것이다. 내가 여기서 수업시간의 토론을 길게 인용한 까닭은 고객만족과 재무성과가 과연 어떤 관계에 있는지를 생각해보자는 뜻에서다.

재무성과로 연결되는 CS활동의 포인트

오늘날 거의 모든 기업이 고객만족을 기업의 핵심전략으로 추진하고 있다. 정기적으로 고객만족도를 측정하고 그 결과를 바탕으로 새로운 고객만족 활동을 계획하고 실천한다. 물론 기업들이 이런 노력을 기울이는 이유는 고객을 만족시키면 만족한 고객들이 자사 제품을 재구매하거나 다른 사람에게 추천함으로써 기업에 재무성과를 가져다줄 것이라는 기대 때문이다.

한편 고객만족경영에 대한 상당한 경험이 쌓이면서 많은 기업이 처음에 가졌던 기대와는 다르게 고객만족경영이 기업의 재무성과에 별 다른 도움이 되지 않는다는 회의적인 시각이 제기되고 있다. 단적으로 말해서 고객만족도는 높은데 시장점유율은 그만큼 높아지지 않는다는 것이다. 고객만족도 향상이 항상 재무성과를 보장하는 것은 아니라는 말이다. 최근에 활발히 진행되고 있는 고객만족과 재무성과에 대한 학계의 연구결과도 이런 고민들을 담고 있다.

CS가 재무성과에 별로 도움이 되지 않는다는 시각은 CS활동 자체가 무의미해서라기보다는 재무성과에 연결되도록 CS활동을 추진하지 못한 탓이라고 나는 생각한다. 그렇다면 CS활동이 재무성과와 연동되도록 하는 포인트는 과연 무엇일까?

첫째, 재무성과 관점에서 CS활동을 추진하라는 것이다.

앞서 제주도의 사례에서 보듯이, 친절운동은 그 자체는 좋은 것이지만 CS 활동이라고 해서 덮어놓고 친절운동부터 시작해서는 곤란하다. 재무성과 관점에서는 활동목표를 제주도민의 소득증가와 같은 성과 중심으로 정한다. 그리고 나서 이를 달성하기 위한 행정절차를 마련하고 유관기관의 협조를 통해 관광객 유치라든가 불만·불친절 개선 등 집중할 활동 방향을 잡는다. 그다음 요금 인하하기, 승차 거부 안 하기와 같이 우선순위를 선정하여 구체적인 활동을 추진한다.

둘째, 투자에 비해 고객만족도 상승효과가 큰 요소부터 추진하는 것이다.

어느 기업이나 고객을 만족시킬 수 있는 방법을 있는 대로 찾으라고 하면 100가지도 넘게 나올 것이다. 하지만 기업이 가지고 있는 예산과 인력에는 한계가 있기 때문에 적은 비용으로 고객만족도를 극대화함으로써 재무성과를 향상시킬 수 있는 방안이 필요하다.

한 예로, 초고속인터넷업체가 고객만족도 1점을 향상시키기 위해 통신속도$_{고객만족\ 요소}$ 업그레이드 비용 5000만 원$_A$을 투자했을 때 1억의 매출액 증가$_B$가 예상된다고 가정하자. 이때 비용 대비 투자효과$_{B/A}$는 2배가 된다. 그런데 A/S$_{고객만족\ 요소}$에 2000만 원을 투자$_A$하여 전반적인 고객만족도가 2점 높아지고 충성고객의 재구입 등을 통해 4억의 매출 증가$_B$를 예상할 수 있다면 B/A는 20배가 될 것이다. 그렇다면 당연히 A/S를 향상시키는 데 우선순위를 두고 투자 결정을 해야 하는 것이다.

셋째, 대단히 만족한 고객만 '돈이 되는' 충성고객이 된다는 것이다.

기업의 고객만족도 조사 결과 '보통 이상으로 만족한다'고 응답한 고객이 90퍼센트 정도 나왔다고 해서 기존 고객의 90퍼센트가 자사 제품을 재구매할 것으로 해석한다면 그것은 착각이다. 자동차에 대한 만족도 조사를 하면

'보통' 이상의 점수를 주는 '만족' 고객이 90퍼센트지만, 실제로 재구매하는 고객은 평균 47.9퍼센트에 불과하다. 프레더릭 라이히헬드에 따르면, 이탈 고객의 60~80퍼센트는 고객만족도 조사에서 '만족' 이상의 점수를 준 고객들이라고 한다.

앞의 '고객만족도의 불편한 진실'에서 설명했듯이 만족도가 높아진다고 실제 재구매나 추천 행동을 할 확률이 그에 비례해서 늘어나는 것은 아니다. 롯데캐논과 AT&T의 경우, '매우 만족한' 고객의 유지율이 '만족한 고객'보다 50퍼센트나 더 높았다고 한다.

이는 고객만족도가 아무리 상승해도 '매우 만족한' 고객의 비율이 감소하면 재구매 가능성은 떨어질 수밖에 없고 기업의 재무성과도 함께 저하된다는 것을 알려준다.

'더 소중한 고객'에 집중하라

넷째, 만족시켜야 할 우량고객을 선정하여 서비스를 집중하는 것이다.

앞서 고객만족도 향상이 항상 재무성과를 보장하는 것은 아니라고 말했는데, 그 대표적인 사례가 티파니다. 2001년 고급 보석 브랜드인 티파니의 인기가 높아지면서 신흥 상류층 고객들이 티파니 매장에 한꺼번에 몰려들었다. 그러다 보니 고객응대가 순서대로 이루어지지 않아 고객들의 불만이 높아졌다. 티파니는 그에 대한 개선책으로 삐삐를 활용했다. 매장에 손님이 들어오면 삐삐를 하나씩 나눠주고 순서가 오면 삐삐를 울려 점원이 응대할 준비가 되었다고 알리는 것이다. 그 결과 신규고객인 신흥 상류층들은 순서대로 응대받는 이 시스템에 상당히 만족해했다. '삐삐'라는 것을 경험해봤기 때문이다. 그러나 기존의 최상류층 고객들은 이 시스템에 불만스러워하면서 이탈해버리고 말았다.

너무도 잘 알려진 파레토의 '20:80 법칙'에 따르면, '20퍼센트의 우량고객이 80퍼센트의 수익을 창출한다.' 실제로 대부분의 회사에서 전체 고객의 20퍼센트가 회사 수익의 반 이상을 창출한다. 반대로 20~30퍼센트는 회사의 이익을 축내는 비수익성 고객이다. 비수익성 고객을 상대로 고객만족도를 높이는 것은 회사의 성과에 아무 보탬이 안 된다는 것은 자명한 사실이다.

고객만족을 기업의 재무성과와 연결하는 첫걸음은 먼저 '만족시켜야 할 고객을 분명하게 정하는 일'이다. 모든 고객을 만족시키는 것보다 공헌도가 높은 20퍼센트의 우량고객을 선별하여 이들의 욕구를 충족시키는 것이 더 중요하다. 우리가 만족시켜야 할 고객을 분명하게 정하지 않는다면, 그래서 모든 고객을 만족시키려 한다면, 그래서 결국 기업의 수익에 기여할 고객을 떠나게 한다면, '티파니의 실수'는 어느 기업에나 현실로 닥칠 것이다.

여기서 또 하나 짚고 넘어갈 대목이 있다. 기존의 고객만족 추진 전략은 개별고객을 모두 동일하다고 보는 총계적 분석이었다는 점이다. 예를 들어 어느 은행이 모든 고객을 대상으로 고객만족도를 산출하여 고객만족도 향상 방안을 찾아낸다고 하자. 그러면 당연히 표본 수가 월등히 많은 일반 고객의 중요 니즈인 '창구 대기시간'이 시급한 개선항목으로 꼽힐 것이다. 상대적으로 표본 수가 적은 우수고객의 '맞춤화된 충분한 금융상담'은 부차적인 개선사항으로 밀릴 것이다. 만약 이러한 조사결과를 바탕으로 개선항목의 우선순위를 정해서 한정된 자원을 쏟아붓는다면, 전체 고객의 만족도는 높아지겠지만 자기 니즈가 충족되지 않은 우수고객들은 타 은행으로 이탈하게 된다. 결과적으로 고객만족도는 높아지지만 경영성과는 악화되는 꼴이다.

　고객만족을 공부해본 사람이라면 누구나 고객만족경영으로 세계 최고의 항공사가 된 스칸디나비아항공SAS의 성공사례를 들어보았을 것이다. 그리고 그 성공의 핵심개념인 '역피라미드 조직'과 '결정적 순간MOT'에 대해서도 알고 있을 것이다.

　그러나 '결정적 순간'과 '역피라미드'라는 2가지만으로 SAS의 성공을 모두 설명하기에는 부족하다. 이 2가지는 성공의 필요조건이지 충분조건이 아니다. 여기에 우리가 놓치고 있는 충분조건이 있다.

　얀 칼슨은 사장으로 취임하자마자 "SAS는 비즈니스 손님에게 최고의 항공사가 될 것이다"라고 선언하고 그것을 실행했다. 고객의 만족을 추구하기 위해 적자를 내고 있음에도 4500만 달러의 추가투자와 연간 1200만 달러의 영업비를 증액했다. 대신에 목적에서 벗어나는 관광 관련 예산이나 시장조사 비용은 과감히 삭감했다. SAS의 성공에는 이 전략이 주효했다.

　SAS의 성공요인은 누구를 만족시킬 것인가, 누가 가장 많은 이익을 가져다줄 것인가를 알고 그 표적을 철저하게 파고든 결과다. 즉, 제한된 고객의 편익을 고객의 입장에서 끝까지 추구한 것이 성공의 열쇠였던 것이다.

　"모든 동물은 평등하다. 그러나 어떤 동물은 다른 동물보다 더 평등하다."

　조지 오웰의 『동물 농장』에 나오는 구절이다. 여기서 동물을 고객으로 바꿔보면 이렇게 된다.

　"모든 고객은 소중하다. 그러나 어떤 고객은 다른 고객보다 더 소중하다."

　모든 여자를 사랑하는 것은 어느 여자도 사랑하지 않는 것과 같다. 마찬가지로 모든 고객을 똑같이 만족시키는 마케팅은 그 누구도 만족시킬 수 없는 마케팅이다. 모든 고객이 평등하지 않다. 열 손가락 깨물어 더 아픈 고객이 있다.

어느 금융기관의 CS담당 임원들과 토론하는 자리에서 차별받는다고 생각하는 고객들의 항의가 상당히 거칠다는 말을 들었다. 그렇다고 그냥 '회사의 마케팅 방침'이라고 설명하고 넘어가기에는 국민 정서상 어려운 점이 많다는 것이다. 그럴 때 나라면 고객의 해명 요구에 프레더릭 라이히헬드의 말을 인용하여 이렇게 대답했을 것이다.

"고객을 선택하는 것은 우리가 건방져서가 아닙니다. 우리는 모든 고객을 특별하고 소중하게 모실 능력이 없습니다. 그러므로 이것은 우리의 한계를 인정하는 겸손에서 비롯된 것입니다."

하나를 선택하면 하나를 포기해야 한다. 그래서 피터 드러커는 "선택은 포기다"라는 말을 했다. 80퍼센트의 성과를 차지하는 너무나 소중한 20퍼센트의 고객에게 서비스를 집중하고 차별화해야 한다. 여기서 한 가지 유의할 점은 우량고객과 비우량고객에 대한 차별적인 응대가 결코 인격적인 차별화가 아니라 시스템적 또는 상황적인 차별화를 의미한다는 것이다. 시스템적 차별화란 이렇게 이해하면 될 것이다. 예를 들어 항공기의 퍼스트클래스는 좌석 간 간격도 넓고 의자도 크고 기내식도 다르다. 항상 승무원이 대기하고 있어 언제든 서비스를 요청할 수 있고 도착해서는 먼저 내릴 수 있다. 한마디로 서비스가 고급스럽냐 덜 고급스럽냐에 따라 서너 배의 가격 차이가 난다. 그렇다고 승무원들이 퍼스트클래스 승객에게만 친절하게 응대하고 이코노미 좌석의 승객에게는 덜 친절하게 대하는 식으로 차별하지는 않는다. 차별화에서 가장 유의해야 할 것은 차별화 시스템을 적용받는 비우량고객이 그러한 차별화를 느끼지 못하도록 제도화하는 것이라고 할 수 있다. 즉, 차별적인 제도나 시스템을 통하여 우수고객이 특별한 대접을 받도록 해주어야지 직원들이 고객의 등급에 따라 차별적인 응대태도를 취해서는 안 된다.

이제까지 고객만족을 통해 재무성과를 향상시킬 수 있는 몇 가지 경영포 인트를 짚어보았다. 다시 한 번 강조하고 싶은 것은 고객만족을 기업이 추구해야 할 궁극적인 목적으로 생각하고 무조건 고객만족도 점수를 향상시키는 것이 전부가 아니라는 점이다. 고객만족은 기업의 목적인 장기적인 이윤 추구와 성장을 달성하기 위한 핵심수단이며, 고객만족과 기업의 재무성과를 연결시키기 위해서는 '성과 지향적인 고객만족 전략'이 필요하다. 고객만족도가 기업의 재무성과로 연결되느냐의 여부는 고려하지 않고 무턱대고 고객만족을 외치며 맹목적으로 고객만족 활동에 시간과 비용을 투자하면 재무성과와 수익성은 따로 놀 수밖에 없다. 따라서 고객의 재구매를 유도하고 이탈을 방지할 수 있는 고객가치를 끊임없이 제공하여 수익성에 기여하는 CS전략을 수립할 필요가 있다.

바람난 고객을 잡아라

지인 A가 어느 날 털어놓은 이야기다.

결혼 10주년을 몇 달 앞둔 즈음, A는 업무차 종종 미팅을 가지던 B양의 말투를 떠올릴 때마다 언제부터인가 자기도 모르게 빙그레 미소가 지어졌다. "왜 아니겠어요?" 하는 특유의 말버릇을 가진 B양은 톡톡 튀는 말투에다 양 검지손가락으로 토끼 귀를 만들어 화났다는 표시를 하는 등 귀여운 제스처로 늘 미팅자리를 편안하고 유쾌하게 만들곤 했다. A는 막 연애를 시작하는 사람처럼 설레는 마음으로 몇 번인가 B양과 데이트를 했고, 그때마다 10년은 젊어지는 느낌이 들었다. '나도 이런 감정을 다시 느낄 수 있구나…' 하며 스스로 신기해하기도 했다.

그러다가 언젠가 수첩을 펼쳐들게 되었다. 순간 가슴에 아릿한 통증이 왔다. 결혼

10주년이 되는 날에 적혀 있는 글자, '다이아몬드 반지.' 돌이켜보면 10년 전의 아내는 다소곳하면서도 똑부러지는 매력으로 자신의 마음을 사로잡았다. 반지는 근 10년간 한결같이 부지런을 떨며 살아온 아내에게 주고 싶었던 선물이었다. A는 그날 사랑과 믿음으로 쌓아온 10년이라는 무게에 대해 오래도록 생각했다고 한다.

A는 아내를 사랑한다. A의 짧은 바람은 새로운 사람, 새로운 분위기를 만나면서 일시적으로 느끼게 된 묘한 흥분과 호기심 때문에 생긴 일이었다.

나는 A의 말을 듣고 깊은 인상을 받았다. 바람은 결코 부부 사이에만 일어나는 특수한 일이 아니다.

고객은 언제든 떠날 준비가 되어 있다

'고객'이란 말에는 언제든 다른 곳을 볼 수 있다는 의미가 내포되어 있다. 현재 당신의 서비스에 만족한다고 해서 평생고객이 되어줄 것이라 생각한다면 큰 오산이다. 더 좋은 제품, 더 유익한 정보, 더 만족스런 서비스를 제공해주는 곳이 있으면 뒤도 돌아보지 않고 떠날 수 있기 때문이다.

고객의 요구와 기대는 만족한 상태로 남아 있지 않으며 더 좋고, 더 싸고, 더 빠른 것을 좇아 항상 변화한다. 한때 새롭다고 느꼈던 제품과 서비스에 익숙해지면서 소비자들의 기대도 변화한다. 와튼스쿨의 스튜어트 드 브뤼커 교수는 이를 '고객경험 요인' 때문이라고 설명한다. 그의 분석에 따르면, 어떤 제품이나 서비스에 대한 기대가 높아질수록 고객은 이를 만족시켜줄 수 있는 다양한 방법을 찾게 된다. 문제는 기업이 어렵게 고객의 기대수준을 충족시키더라도 다시 고객의 기대가 높아지면서 이들의 요구와 동기도 함께 변한다는 사실이다. 멀리 홍콩에서 부친 특송우편이 다음 날 아침 서울 사무실의 책상 위에 놓여 있는 것은 생각해보면 기적과 같은 일이었다. 하지만 이제는 그 정도의 우편서비스에 감동할 사람은 아무도 없다. 앞에서 설명한 이른바 '페덱스효과' 때문이다.

경쟁이 가속화되면서 표준도 하루가 다르게 격상되고 있다. 백화점이건 의류브랜드건 타 매장에서 만족한 고객은 지금까지 잘 거래하던 브랜드에 당장 불만을 갖게 되었다. 더구나 이를 부채질하는 '세력'이 있다. 제품과 서비스를 바꿔보라고 권유하는 텔레마케터의 전화가 그것이다. 통신사들의 고객유치 경쟁과 그에 버금가는 인터넷사업자들 간의 전면전은 보기에도 숨이 가쁠 정도다. 인터넷업체를 바꾸라는 전화가 하루에도 몇 통씩 걸려온다. 권유하는 사람이 아예 "이번에 바꾸셔서 많은 혜택도 누리시고, 의무사용기간이 끝나면 또 조건 좋은 다른 곳으로 바꾸셔도 괜찮아요"라며 대놓고 고객의 바람기를 한껏 부추긴다.

더 심각한 것은 제품 및 서비스에 불만족한 고객만이 이탈하는 것이 아니라는 사실이다. 아직도 아내를 사랑하지만 잠시 신선한 느낌을 주는 다른 여자를 만나 설레는 마음으로 데이트를 하고 바람을 피우는 A처럼 고객은 쉴 새 없이 다른 제품과 서비스를 곁눈질한다. 한 연구에 따르면, 기존 고객들이 타사 제품을 선택하는 이유 중 21퍼센트가 바로 바람기, 고상한 용어로 '다양성 추구' 때문이라고 한다. 새롭고 신선한 것이 좋은 것이다. '다른 제품도 한번 써보고 싶어서', '새로운 서비스는 어떤가 경험해보기 위해' 기존 브랜드를 버리고 다른 브랜드를 선택한다는 말이다.

고객의 바람기를 잡는 3가지 방법

기업이 자사의 고객들이 지닌 다양성 추구 성향, 즉 바람기를 파악하기 위한 한 가지 방법은 연속구매에 따른 고객만족도의 변화를 알아보는 것이다. 고객들이 연속적으로 구매하는 횟수가 증가할수록 고객의 만족도가 상대적으로 떨어진다면 다양성 추구 행위가 증가할 가능성이 높다고 판단할 수 있다. 그렇다면 고객의 바람기가 발동할 조짐이 보일 때 이를 어떻게 잡을 수 있을까를 고민해보아야 한다.

바람기를 잡기 위해서는 제품이나 서비스의 끊임없는 변신을 통해 고객에게 특별하고 신선한 자극을 주어야 한다. 때로는 아내가 예쁘게 화장을 하고 정장 차림으로 남편 회사 앞에서 기다리는 변화를 주는 것처럼 말이다. 즉, 색다른 시도나 이벤트를 하는 것이다.

선택의 폭을 넓혀주는 방법도 있다. 고객이 제품을 바꾸더라도 같은 상품 안에서 옮겨갈 수 있도록 다양한 대안을 마련해주는 것이다. 어제 왔던 손님이 자장면을 먹었으면 오늘은 짬뽕이나 볶음밥을 권하는 식이다. 그러려면 물론 다양한 메뉴가 준비되어야 한다.

협박(?)이 바람기를 잡아주기도 한다. 어느 엔진오일의 광고에서처럼 "차 값이 얼만데…"라는 메시지를 통해 다른 값싼 엔진오일로 바꾸었다간 큰일 날 것처럼 협박하는 것이다. 마치 '바람 피우다 배우자한테 들키면 살아남지 못할 거라'고 겁을 줌으로써 바람 필 엄두를 못 내게 하는 것과 같다.

"브랜드에 만족했다"고 응답한 고객들에게 "그렇다면 미래에 이 브랜드를 다시 구매할 의향이 있느냐"고 물으면, 대부분이 말로는 "그렇다"는 답을 한다. 그러나 불행히도 구매할 의향이 있다고 말한다고 해서 실제로 구매를 하는 것은 아니다. 경품을 주거나 특별할인 등 조건만 좋다면 경쟁사의 제품을 마다하지 않는 것이 고객이다.

고객의 습관을 정복하라

CS전문가인 닐 마틴에 따르면, 만족한다고 대답한 고객들 중 기껏해야 8퍼센트 정도가 실제로 재구매를 한다고 한다. 이와는 또 다르게, 불만족한다고 말한 고객이 재구매를 기피하는 것도 아니다. 자기가 이용하는 항공사의 서비스에 불만이 있더라도 마일리지가 누적되어 있으면 다른 항공사로 쉽게 옮겨가지 않는 것과 마찬가지다. 조금 불만스러워도 그대로 붙어 사는 부부처럼 말이다. 이처럼 대단히 서비스가 좋은데도 고객이 찾아오지 않거나 거래처를 바꾸지 못하는 이유가 있다는 사실에 우리는 주목해야 한다.

이 같은 사실에 비추어 고객만족도가 기업의 성장과 재무성과에 중요한 참고지표필요조건는 될지언정 고객만족에 모든 것을 걸어야 할 만큼충분조건은 아니라고 보는 견해가 나오고 있다. 그 이유 중의 하나가 고객의 반복구매 요인은 고객만족이 아니라 '고객습관화CH, Customer Habituation'라는 것이다.

우리 일상을 보아도 그렇다. 한 달을 어떻게 보냈는지 생각해보면 비슷비슷한 선택의 반복이었음을 깨닫게 된다. 항상 같은 식당, 늘 가는 술집, 밥 먹고 나면 어느 커피숍…. 미용실도 새로운 곳을 찾기까지가 힘들지 일단 마음에 들면 계속 다니게 된다. 이처럼 우리는 무엇이든 한번 마음에 들고 편해지면 그것을 습관화한다. 웬만해서는 바꾸지 않는다. 이때부터 다양한 대안을 생각하는 사고가 매우 제한되면서 기존의 선택과 행동을 계속 되풀이하게 되는 것이다.

출근길도 어제와 오늘이 다르지 않다. 여러 가지 교통수단이 있지만 늘 같은 교통수단을 이용한다. 노선이 바뀌어 지하철보다 버스로 가는 것이 시간이 덜 걸리고 앉아서 갈 수 있는데도 그냥 지하철을 탄다. 자신도 모르게 익숙해져서 편안한 방식을 자동적으로 선택하는 것이다. 이 과정은 심리학적으로 보면 대뇌의 피로를 막기 위한 것이다. 두뇌는 행동의 많은 부분을 자동화해서 습관화함으로써 효율을 높이려고 한다. 심리학자 수잔 피스크는 이것을 '인지적 구두쇠cognitive miser'라 칭한다. 사람들은 제품을 구매할 때도 그 제품을 새로이 평가하는 것이 아니라 늘 하던 대로, 즉 습관에 따라 구매한다는 것이다.

그래서 기업들은 고객에게 새로운 습관을 형성시키고 이를 유지시킬 여러 장치를 마련한다. 대표적인 것이 마일리지다. 같은 주유소를 계속 가게 되는 것도, 한 가지 신용카드를 계속 쓰게 되는 것도 마일리지 적립 등의 장치로 유도한 습관 때문이다.

스타벅스의 성공요인에도 편의성을 통한 습관이 한몫 하고 있다. 물론 좋은 원두나 고객경험이라는 감성적 서비스의 영향도 있지만, 찾기 쉽고 접근하기 쉬운 스타벅스 커피에 혀가 길들여진 사람들은 습관적으로 스타벅스를 찾는다.

인생에서 성공하는 사람은 스스로 자각해서 하는 행동과 무의식적으로 선택하는 행동을 수시로 체크해보고, 지금 하는 행동이 어떤 결과를 가져올지 자문하고, 기존 방식에서 벗어나 새로운 시도를 하는 사람이다. 이렇게 무의식적으로 선택하고 있는 부분과 스스로 자각해서 하고 있는 부분을 구분함으로써 우리는 자신이 선택한 행동을 더 잘 이해할 수 있고 나아가 삶을 변화시킬 수 있다.

오랜 습관을 파괴하고 끊임없이 새로운 습관을 창출하는 것은 기업의 숙명이다. 기업들은 고객이 왜 습관을 바꾸었는지를 알아보고 습관을 바꿀 유인을 창출하여 고객에게 제공해야 한다. '기분 좋은 변화'라는 메시지를 통하여 다른 이동통신사 고객들의 바람기를 자극하는 LG텔레콤의 광고도 이런 노력의 일환이다. 사람들이 습관적으로 같은 우유를 사는 것을 저지하기 위해 저온살균 방식을 상기시킨 파스퇴르 우유나 침대를 가구처럼 구매하는 소비자들의 습성을 깨뜨리기 위해 '침대는 가구가 아닙니다'라고 주장한 에이스 침대는 고객에게 의식적으로 선택하도록 모멘트를 제공함으로써 경쟁자의 시장을 빼앗은 대표적 사례에 속한다.

경영의 초점을 고객만족에 맞추되 고객의 습관을 파악하고 그 습관을 바꾸는 동기를 제공하는 노력을 게을리해서는 안 된다. 브랜드 선택의 90퍼센트 이상이 습관에 의한 구매라고 한다. 시장에 변화를 주고 싶다면 "습관은 습관에 의해 정복된다"는 독일의 수도사 토마스 아 켐피스의 말을 깊이 되새겨야 한다.

삼성경제연구소와 1253명의 CEO가
추천한 바로 그 책!

이건희, 잭 웰치, 피터 드러커, 저우언라이…
왜 세계적인 CEO·학자·리더 들은 '디테일'에 주목하는가!

바로 지금 자신이 하는 일부터 세심하게 처리하는 것
그것이 성공으로 가는 가장 확실한 지름길이기 때문이다

작지만 강력한 **디테일의 힘**

왕중추 지음 | 공병호 추천 | 304면 | 12,000원

매력이 있는 곳에 돈과 사람이 몰린다!

**전국적 화제를 몰고 온 윤은기 박사의
매력 강의, 드디어 출간!**

세상을 사로잡는 '매력의 코드'를 읽어라.
항상 매력을 생각하라. 매력 없는 것은 과감히 버리고,
매력이 약한 것은 강하게 바꾸고, 전에 없던 매력을 새롭게 창조하라.
어떻게? 바로 이 책에 답이 있다!

매력이 경쟁력이다

윤은기 서울과학종합대학원 총장 지음 | 12,000원